陶行知

艺友制教育思想
对现代学徒制的启示价值

丁水娟 著

U0749821

浙江工商大学出版社
ZHEJIANG GONGSHANG UNIVERSITY PRESS

·杭州·

图书在版编目(CIP)数据

陶行知艺友制教育思想对现代学徒制的启示价值 /
丁水娟著. — 杭州：浙江工商大学出版社，2021.10
ISBN 978-7-5178-4551-5

Ⅰ．①陶… Ⅱ．①丁… Ⅲ．①陶行知(1891—1946)
—乡村教育—教育思想—研究②职业教育—学徒—教育制
度—研究—中国 Ⅳ．①G40—092.6②G719.2

中国版本图书馆 CIP 数据核字(2021)第 123465 号

陶行知艺友制教育思想对现代学徒制的启示价值
TAOXINGZHI YIYOUZHI JIAOYU SIXIANG DUI XIANDAI XUETUZHI DE QISHI JIAZHI
丁水娟　著

出 品 人	鲍观明
策划编辑	沈　娴
责任编辑	费一琛
责任校对	沈黎鹏
封面设计	雅萦斋文化
责任印制	包建辉
出版发行	浙江工商大学出版社
	（杭州市教工路 198 号　邮政编码 310012）
	（E-mail:zjgsupress@163.com）
	（网址:http://www.zjgsupress.com）
	电话:0571－88904980,88831806(传真)
排　　版	杭州朝曦图文设计有限公司
印　　刷	浙江全能工艺美术印刷有限公司
开　　本	710mm×1000mm　1/16
印　　张	15
字　　数	254 千
版 印 次	2021 年 10 月第 1 版　2021 年 10 月第 1 次印刷
书　　号	ISBN 978-7-5178-4551-5
定　　价	58.00 元

　　本书为 2018 年度教育部人文社会科学研究一般项目"陶行知'艺友制'教育思想对现代学徒制的价值研究"(18YJA880011)和杭州市哲学社会科学重点研究基地"高等职业教育(陶行知教育思想)研究中心"的研究成果。

前　言

　　艺友制是我国伟大的人民教育家陶行知先生于 20 世纪初为推广乡村教育而创造的一种培养乡村师资的教育模式，也是他师范教育思想的一大特色。何谓艺友制？陶行知在《艺友制的教育》中解释道："艺者艺术之谓，亦可作手艺解。友为朋友。凡以朋友之道教人艺术或手艺者，谓之艺友制教育。"艺友制的根本方法是教学做合一，主张在实践过程中通过"做"打通"学"与"教"，用陶行知先生的话说就是："事如何做便如何学，如何学便如何教。教法根据学法，学法根据做法。先行先知者在做上教，后行后知者在做上学。共教、共学、共做方为真正之艺友制，亦惟艺友制始能彻底实现教学做合一之原则。"①

　　艺友制教育的特点是以"艺"为载体，注重学生与教师之间的"共教、共学、共做"，倡导建立师生、师师和生生之间"亦师亦友"的民主、平等、合作的教育人际关系，注重对学生全过程、全方位的培养。艺友制也是陶行知对传统师范教育观念的一种根本性颠覆，是对传统师徒制的一种改革，属于本土化中国师范教育改革的一种有益探索。这种探索不仅限于师范教育改革，还适用于各行各业技术技能人才的培养。正如陶行知先生所说，"艺友制之成功在乎指导之得人。故凡有指导能力者，皆可以招收艺友，初不问其事业之粗细也……使有志青年得以依据兴趣才能，充当一种事业专家之艺友，以

---

　　①　方明：《陶行知全集》第 2 卷，四川教育出版社 2005 年版，第 476 页。

谋上进"。^① 这里强调的几个关键因素是"有指导能力者"就可以招收艺友；艺友必须是那些"以谋上进"的"有志青年"；艺友的目标是"依据兴趣才能"特长，成为"一种事业（的）专家"，指出了艺友制的培养前提、对象、目标，其内涵与方法对于今天职业教育现代学徒制的开展，依然具有深远的影响和丰富的参考价值。

"现代学徒制是将传统学徒培训与现代学校教育相结合的合作教育制度。"^②新型的师徒学习方式与学校职业教育相结合是其人才培养模式的突出特点，其实质是一种基于现代职业教育的技术技能人才培养制度。^③ 也就是说，现代学徒制的表现形式是校企合作，使学校教师和企业师傅共同参与教学指导的现代教学模式；其教育目标是以技能课程为纽带培养学生（学徒），以实现将理论与实践、知识与能力相结合，教学场所与实际情境同步合一的现代职业技术培育路径变革。从国际视野来看，英国是最早实施现代学徒制的国家。德国的"双元制"职业教育制度作为现代学徒制的一种成功范式而引世人瞩目，并在北欧地区和加拿大、澳大利亚等国得到了很好的发展和完善。西方国家普遍建立和发展的现代学徒制教育对正处于经济社会发展转型升级新常态、需要构建现代职业教育体系的我国来说显得十分重要。

"中国制造2025"和创新驱动发展战略需要大量技术精湛的、具备创新精神与能力的大国工匠和技术技能人才，这给现代学徒制教育的开展提供了广大的发展前景和机遇，也对职业院校革新人才培养模式提出了更多、更高的要求。产教融合、校企合作是职业教育的基本规律，更是现代学徒制教育的主要特征。现代学徒制通过校企深度合作、学校教师与企业师傅联合

---

① 方明：《陶行知全集》第2卷，四川教育出版社2005年版，第478页。
② 赵志群、陈俊兰：《现代学徒制建设——现代职业教育制度的重要补充》，《北京社会科学》2014年第1期，第28—32页。
③ 徐国庆：《我国职业教育现代学徒制构建中的关键问题》，《华东师范大学学报（教育科学版）》2017年第1期，第30—38页。

培养学生(学徒)的职业教育人才培养模式,有利于解决我国在经济社会转型发展过程中对高素质技术技能型人才的需求问题。基于此,中华人民共和国人力资源和社会保障部、中华人民共和国财政部早在 2015 年 8 月就颁布了《人力资源社会保障部办公厅、财政部办公厅关于开展企业新型学徒制试点工作的通知》(人社厅发〔2015〕127 号),在此基础上制定了《企业新型学徒制试点工作方案》,对在部分省(区、市)开展企业新型学徒制试点工作做出了规划,要求创新技术技能型人才的培养模式。对此,中华人民共和国教育部也先后下发了《教育部关于开展现代学徒制试点工作的意见》(教职成〔2014〕9 号)、《关于开展现代学徒制试点工作的通知》(教职成司函〔2015〕2 号)、《教育部办公厅关于做好 2017 年度现代学徒制试点工作的通知》(教职成厅函〔2017〕17 号)等一系列文件,指导职业院校、企业、行业等参与现代学徒制试点工作。国务院办公厅颁布的《国务院办公厅关于深化产教融合的若干意见》(国办发〔2017〕95 号),也明确提出,"深化全日制职业学校办学体制改革,在技术性、实践性较强的专业,全面推行现代学徒制和企业新型学徒制。"2018 年初,国家发展和改革委员会、教育部、工业和信息化部、人力资源和社会保障部、财政部、国家税务总局等 6 部门联合印发了《职业学校校企合作促进办法》(教职成司〔2018〕1 号),明确了职业学校和企业可以"根据企业工作岗位需求,开展学徒制合作,联合招收学员,按照工学结合模式,实行校企双主体育人"。可以说,国家已经吹响了培养大国工匠、独立自主创新型科技人才的集结号,把现代学徒制上升为国家层面的发展现代职业教育的一项重要举措。研究陶行知艺友制教育思想,汲取其培育人才方式方法之精华,能够为我国大力开展现代学徒制教育提供理念、内涵、方法、路径等方面的借鉴。

研究可见,陶行知先生倡导的艺友制教育思想在内涵要求和要素结构上与我们今天的现代学徒制有许多惊人的相似点。例如,两者的培养目标都注重学生职业能力和综合素养;培养方法都坚持"教学做合一";培养路径都是通过学校和企业岗位双主体育人;考核评价也都强调以实践活动为主的过程评价。因此,艺友制教育思想对我们发展职业教育现代学徒制有着十分重要的借鉴、指导作用。本书在通过对陶行知艺友制教育思想的时代背景、内涵特征、历史意义的深度阐述,比较分析其与传统学徒制、现代学徒制的异同点,探索艺友制对发展现代职业教育尤其是开展现代学徒制的启示价值。同时,本书总结了笔者所在单位——杭州科技职业技术学院创造性运用艺友制指导开展现代学徒制试点工作、培养区域产业升级和实现技术创新所需的技术技能人才的实践经验,论证了在大力发展我国职业教育、改革人才培养模式的过程中,既要加强对外国先进经验和成功范式的学习力度,也要充分挖掘和有机吸收本土文化中具有前瞻性的理论精髓和实践成果,以此指导我国的现代职业教育改革实践,探索具有中国特色的职业教育发展之路,大力推动中华本土优秀传统文化在新时代新形势下的创造性转化和创新性发展,以努力实现党的十九大报告提出的"不忘本来、吸收外来、面向未来,更好构筑中国精神、中国价值、中国力量,为人民提供精神指引"的文化价值目标。这是时代赋予我们的历史使命,也是本书提出要立足杭州行业企业实际,借鉴艺友制发展现代学徒制的研究宗旨与育人目标。

目　　录

第一章　艺友制与现代学徒制的比较研究 …………………… 001

第一节　传统学徒制与艺友制 ……………………………… 003

一、传统学徒制的发展与特点综述 ………………… 003

二、艺友制教育思想的提出和实践 ………………… 009

第二节　现代学徒制及其在我国的开展 …………………… 032

一、现代学徒制的"现代"定义 …………………… 032

二、现代学徒制的提出背景 ………………………… 034

三、现代学徒制的最早实践与优势 ………………… 038

四、现代学徒制的引进与开展 ……………………… 043

第三节　艺友制与现代学徒制的比较 ……………………… 046

一、艺友制与现代学徒制的相同点 ………………… 047

二、艺友制与现代学徒制的不同点 ………………… 061

第二章　借鉴艺友制开展现代学徒制的实践研究

——以杭科院现代学徒制试点工作开展情况为例 …… 077

第一节　杭州科技职业技术学院职业教育概况 …………… 079

一、历史沿革 ………………………………………… 079

二、办学条件 ………………………………………… 079

三、办学规模 ………………………………………… 081

四、价值追求 ·· 082

五、办学目标 ·· 082

六、办学成效 ·· 083

第二节 杭科院借鉴艺友制开展现代学徒制的文化优势 ········· 084

一、杭科院传承行知思想创建特色文化的本源与落点 ····· 085

二、杭科院借鉴生活教育学说的育人实践探索 ··········· 093

三、杭科院借鉴艺友制探索现代学徒制的应用价值 ······· 098

第三节 杭科院借鉴艺友制开展现代学徒制的实践探索 ········· 104

一、扎实开展现代学徒制的试点工作 ··················· 104

二、努力开拓实践现代学徒制的工作路径 ··············· 113

三、杭科院借鉴艺友制实践现代学徒制的工作成效 ······· 145

第三章 借鉴艺友制对现代学徒制建设的启示价值 ·············· 161

第一节 在教学过程中渗透现代学徒制教育的核心思想 ········· 163

一、借艺友制"师生合一"关系,显现代学徒制"以人为本"思想

·· 164

二、借艺友制全过程教育方式,达现代学徒制全面育人目标

·· 166

三、借艺友制全过程评价方式,促现代学徒制可持续人才培养

·· 168

四、借艺友制言传身教方法,育现代学徒制社会个体兼顾人才

·· 173

第二节 在现代学徒制教育中建构平等合作的教学关系 ········· 177

一、借鉴艺友间的相亲共志关系,构建拥有共同愿景的教学

共同体 ··· 177

二、借鉴艺友授受共体特征,实现工学一体的"双师""双身份"
………………………………………………………………… 180

三、借鉴艺友制亦师亦友的教学关系,拓展师生(徒)个性特长
发挥新路径 …………………………………………… 181

第三节 制订现代学徒制教育具体实践的专业标准 ……………… 184

一、借鉴艺友制学习内容具体规定,制订学徒教育课程、专业
教学的标准 …………………………………………… 184

二、借鉴艺友制分期分层分内容教学实践,有序落实教学目标、
建构制度体系 ………………………………………… 196

三、借鉴艺友制教学做场所合一,建设工学一体学习空间和教学
平 台 …………………………………………………… 199

第四节 诠释现代学徒制技能人才培养的教育内涵 ……………… 201

一、借鉴艺友制即时层级评价,促进职业能力及专业素质的持续
提升 …………………………………………………… 201

二、借鉴艺友制边学边做边教教学内涵,契合社会持续发展创新
需要 …………………………………………………… 203

三、借鉴艺友制应时应世顺势实践,培养精细化分工需要的个性
化人才 ………………………………………………… 205

四、借鉴艺友制因应时代危情教育,培养现代社会亟需的创新型
技术技能人才 ………………………………………… 208

参考文献 ……………………………………………………………… 216

后 记 …………………………………………………………… 225

第一章

艺友制与现代学徒制的比较研究

第一节　传统学徒制与艺友制

一、传统学徒制的发展与特点综述

1.传统学徒制的定义

学徒制也被称为艺徒制,是人类社会传承职业技能(技艺)最为普遍、延续时间最长的学习培训模式。在职业性学校出现之前,学徒制这种在实际生产过程中口传手授技能、技艺的职业教育,是作为人类社会传承知识、技能、文化最重要的培训形式存在的。在这一制度或体系中,学徒通过与掌握高技能的师傅签订契约或协议,在管理或管教下,师傅通过"言传身教"的形式,负责给学徒传授某个行业、某个职业的技艺和技能,学徒由此获得预定的工资或由师傅提供的膳宿。这是一种带有附属关系的学艺制度。

2.传统学徒制的历史综述

学徒制起源于技术集成,形成于职业分工。人类生产活动的经验和技能需要通过教育传承发展,受生产规模和分工有限影响,这种教育传承以父子相传为主要形式。农业文明出现之前,人类学习的是渔猎、采撷技术(技艺、经验);农耕文明出现之后,有关农业生产的技艺及日常生活的经验传授变得越来越普遍和重要,它决定了原始人类生存延续的一个重要依靠,尤其是手工业及原始手工技艺的传授更趋于专业化,使职业技艺的传授和发展变得更为重要,如制陶、织布、治具等工艺的传授,开始出现师徒相授的学徒制学习形式。这一学徒制学习形式,在我国战国时期及古埃及、古希腊、古罗马的书籍中均有记载。当然,这种古代学徒制主要以子承父业的家庭关系为基础,还未形成完整的制度。

人类历史进入封建社会时期后,学徒制的发展到达了鼎盛时期。在西方,随着中世纪行会制度的产生,行会对学徒进行全方位的管理,行会学徒制在这个时期得以全面盛行。这种行会学徒制或传统学徒制,对欧洲经济社会的发展产生过重大影响:无论是气势恢宏的宫廷建筑,还是精制细密的街头饰品,都留下了历代工匠高超的手艺和技术的印记,几乎所有的生产工具和生活用品都属于工匠手艺的结晶。中世纪后,欧洲从封建社会过渡到资本主义社会,行会逐渐衰落,基于行会制度的学徒制也随之瓦解。人类社会进入工业革命时代后,由于科学技术的飞跃,机器化大生产的推行,原先师傅授徒的单一学习形式被学生在职业学校里接受教育这一大范围集中培训的形式所取代,这使职业教育的形式发生了质的升华:教学模式从一对一的传统学徒制转变为一对多的学校教育和技能培训,教学内容从以实践经验为主转变为以科学理论为主,管理机构从行会组织转变为政府组织为主。因此,工业革命的工厂制生产方式宣告了传统学徒制时代的终结。

在我国,学徒制又被称为艺徒制,是存续时间最为长久的一种学徒教育方式。早在原始农业出现时,就有了传授和教育"刀耕火种"、农具制造、松土播种、成熟收割等农业技术的教育方式,如《白虎通义》中记载神农氏"因天之时,分地之利,制耒耜,教民农作"。在第一次社会大分工后,畜牧业从农业中分离出来,饲养牲畜、防治疫病的技艺也需要传承。第二次社会大分工出现后,手工业从农业和畜牧业中分离出来,骨器、陶器、石器、竹木器的制造和使用以及农业出现后人类定居所需的房屋建造等,逐渐成为一种拥有专项技术的产业,这就需要为延续传承这些技能而进行一些传授与培训活动,于是学徒制在我国萌芽。随着生产技术的发展,农耕技术的提高和商业、手工业的繁荣,手工业变成比较复杂、综合的生产活动,并逐渐形成相对独立的生产部门,这就需要对从事手工业的生产者进行大范围的技艺训练。但此时民间传艺方式比较流行的是"父子相传",有的甚至"职业为氏,行业族居"。例如大禹治水时就有治水的工人在会稽山地区聚集,由此繁衍出了水氏族群。此外还有陶工家族的陶氏、绳工家族的索氏及马缨工家族的繁氏等。由于传统社会信息闭塞,比较复杂的手工技艺往往是几年乃至几代人的摸索、积累所得,为防止这些技术外泄,人们会选择家族继承技艺,这是一种保密性较高的传承方式。如《周礼·考工记》记述的:"巧者述之守之,世谓之工。(父子世以相教)"对此,《国语·齐语》说明了"父子世以相教"的好处:"其父兄之教,不肃而成;其子弟之学,不劳而能。夫是,则工之子恒为工。"即通过"言传身教"使学徒耳濡目染,学会技能,因之也有"工匠之子,莫不继事"(《荀子·儒效》)的说法。

　　除家族继承技艺外,为了垄断较高生产技术的官营工业也开始培养艺徒,且规定需世代相传。如《礼记·学记》中记载:"良冶之子,必学为裘;良弓之子,必学为箕。"意思是,善于冶炼的工匠的儿子,如果要把冶炼技术学到手,必须先学会缝制皮衣的技术;优秀的弓匠或射手的儿子,如果要把制造良弓的技术学到手,也必须先学会用竹条做簸箕的技术。这种官营手工业中"父传子"的技艺传承之法,强调的是学习的先易后难、由浅入深、循序渐进。到春秋战国时期,除家业世传外,还有设学收徒(如孔子创办的私塾)、以师带徒等技艺传授形式。当一些原有职官司流散民间或一些世传家业突破家庭圈子个别授徒后,官府的技艺与民间的技艺进行交流,并与生产实践相结合,促进了生产技术的发展。以墨家为代表的手工业师兄弟及师徒关系,体现了组织的绝对严密性和服从性,旨在保证行业技术的保密与代传。此外,官营手工作坊中还出现了"工师授徒"制度。"工师"是技艺传播者,也是管理"百工"生产的负责人。例如著名冶师干将铸剑时,就有300童男童女为其鼓风装炭。"童男童女"既是师傅的工作辅助者,也是师傅以身试法的观摩学习者。在封建社会,随着封建经济的高水平发展,相关职业技艺的传授、教育水平得以保持长足的进步,全国性管理官营手工业的机构逐渐形成,并采用艺徒制教育形式授艺,培养出了代表当时各行业最高水平的能工巧匠,推广了各行业的最高技术,从而极大地提高了各行业的职业技术水平。尤其是按照"法式"授徒,更是规范了传授技艺的教学方式,进而使广大的学徒能在生产实践中跟师学艺,促进授徒的实效提升和广度拓展。

到了秦汉时期,官府对工匠的培训制度更趋成熟和完善;唐代时,官府工匠根据工种的难易程度对学徒培训做出严格规定。随着工商业的发展,在封建社会中后期出现的行会组织,将传统学徒制变为一种附属于行会的教育制度,限制了学徒招收的数量和培训时间。进入近代后,新兴的工业资本家为了牟利,开始挑战旧式行会制度,突破了学徒招收的规模限制,从而使学徒群体逐渐演化为最廉价的劳动力,导致这些"学徒"的社会地位下降和生活状态恶化,甚至面临随时被解雇的威胁。这样,学徒的生产积极性和创造性就不断下降。被解雇的学徒为了能在竞争中生存,不得不自立门户,招收大量学徒,并降低生产成本,最终导致产品技术含量的降低及生产质量标准的平庸化。这种恶性循环,导致师徒间的密切关系被破坏,言传身教的透彻性降低,因此,打破了传统学徒制继续发展的基础。这样,曾经在古代技艺传承中扮演重要角色的传统学徒制,逐渐退居社会教育的幕后。

3. 传统学徒制的特点

传统学徒制作为最为典型的职业教育形式,具有鲜明的授受特色:(1)"言传身教"的授受学习形式,体现为师傅与徒弟面对面的教育传授,以将师傅所掌握的技术要点、经验方法、知识体系和操作方法等悉数传授、演示给学徒。在此过程中,学徒对师傅的耳提面命绝对照搬和依从,对每个工序、每个细节都要彻底掌握,以保证技艺的代传延续。(2)"心传"领悟式传授,即在实践过程中师傅让徒弟通过自己内在领悟以求技能传授的学习形式,其更重要的是学徒对行业精神和技术的一种无形感觉,突出了学习的过程性和实践的感知性。(3)边看边学式授受,即徒弟在现场看着师傅干活,在为师傅做些辅助性工作的过程中,学习师傅做工的技术与方法,并琢磨自己做工的秩序与路径,以实现所谓"师傅领进门,修行靠自身"的教育目标。最终学到多少或有没有创新提高,要靠学徒自己的学习态度、聪明才智和探索精神。(4)密切关系式授受,即师傅与徒弟的关系是十分密切的,或为父子关系,或为父子般的师徒关系。形成这般师徒密切关系的目的是既保证技艺的延续性,又保证技艺的保密性,于是就出现"一日为师终身为父"的亲密关系。在古代学徒制中,尊师是衡量学徒品行的道德准绳,也是维系师徒关系的情感核心。

4.传统学徒制演变、发展的原因

学徒制发展于技术的专业化,衰落于大生产的机械化。以英国为例,传统行会学徒制的产生、转型和衰落轨迹,彰显着社会生产力的发展与学徒制演变的深刻关系,显示的是一段技术传承制度因社会发展而兴盛、发展和更替的历史。13世纪时,学徒制发展到最辉煌阶段,此后则逐渐回落。因此,这一制度的变迁是受社会转型制约的,在生产力发展过程中被更高效的制度所取代。仅在工作场所开展教育培训的传统学徒制,由于周期长、规模小,难以满足社会经济迅速发展过程中劳动力市场对技术技能型人才的大量需求,缺乏基础理论和通用能力培养又导致学徒对岗位技能的理解训练过于狭窄,再加上限于行业和家庭手工作坊的单一培训特征,使学徒无法得到国家层面从制度到经费的全方位关照,传统学徒制已难以适应技术快速变革及个体职业流动的时代需要。

分工更细、专业性更强和有着大规模生产线的近现代工业革命,对社会生产造成巨大冲击,导致人类技术发生革命性、根本性的变化。生产的专业化、精细化、规模化、科技化和标准化是生产力提高的表现,也为建立学校招收学生进行集中系统的理论讲授和实践教学提供了条件。由于技术活动是一种由某些集团或个体参加的社会性活动,参与者的互相协作关系显得非常重要,学校教育制度批量培养技能人才的高效率适应了这一需求,而作为和技术关系较为密切的传统的师徒关系和学徒制则显得相形见绌。由于师傅掌握的技术活动基本上是一种个体性单独活动或小规模群体性活动,其技术活动的完成不需要或较少需要互相协作、相互依存、相互影响,故单一授受活动已经不适用于科技革命带来的整体性协作要求,这导致个体性较强的传统学徒制受到巨大冲击而走向衰微,逐渐被近现代的职业教育所取代,学校教育日益成为社会教育主导形式,普适性职业教育和专业技术的传承得以迅速发展。在两次工业革命的发明者数据中,工匠在科技发明中的重要性发生了很大变化:第一次工业革命处于传统学徒制的消亡时期,因此完成工业革命发明的主要是那些经历过学徒学习生涯的技工;而到了第二次工业革命,主要由限于极小圈子的专职科学家们完成,那些曾经具有最大创造力的基层群众则被拉上了机器生产下廉价劳动的战车,日复一日地重复某个简单生产工序的劳动,技术、技艺的创新对于这些雇工已经没有可能和动力了。

然而,"二战"后学校职业教育也曾出现过诸多弊端:工业革命使新技术不断产生,劳动力市场越发充满竞争性,再加上自由放任的政府,使得专业技术的代际传承和对工人技术的更高要求遇到了障碍,虽然导师制的采用在一定程度上弥补了程序性职业教育的缺陷,但是学习考核的过程及其标准明显缺失。尤其是一些职业学校的教学内容相对于迅速发展的科技水平及操作要求已经显得陈旧过时,教学方法也落后于社会需求。针对这一问题,西方各国又对在工业革命过程中已冷落的学徒制重新进行了审视和评价:只要结合现代经济、文化和社会发展的新要求,对传统学徒制的弊端进行规避和改革,将学校职业教育与传统学徒制这两种教育培训制度的优点进行有机结合,可以完全形成一种具有集体商议特征的现代学徒制度,以此适应现代经济发展的需要。它既可以保留学校教育制度,以班级作为基本的教学组织形式传授文化和专业理论,解决"为什么要这么做"的问题,又可以保持企业作为技能操作实践基地的特性,解决"怎么做"的问题。"现代学徒制"的出现,既能够传承传统学徒制的精髓,又能够结合新时代专业教育的普适性,即既重视文化和专业理论学习又重视工作过程和生产操作,既重视显性知识学习又重视隐性知识(经验)积累。更为重要的是,随着公民意识的兴起,社会个体的主体意识和主体解放导致个体维护、争取自身自由和权利的意识十分强烈,同时关注、尊重与维护社会中其他个体的自由和权利,师徒关系已成为政府与国民的关系,而且是一种相互平等的关系。原有的传统学徒制中的人身依附和宗法伦理色彩荡然无存。这种综合了传统学徒制和现代学校教育制优点的现代学徒制,体现了统筹兼顾的培训优势,因而成为各国引用、借鉴的主流模式。特别是德国双元制职业教育的异军突起,更加激起了西方世界对现代学徒制的充分重视并纷纷效仿。现代学徒制成为各国进行职业教育和培训的主要形式。

与西方现代学徒制的许多精神相吻合,中国近代伟大的人民教育家陶行知先生早在 20 世纪 20 年代提出了类似于现代学徒制的教育形式——艺友制,从而为近代中国开辟了一种承前启后传授技艺和知识的职业教育新路径,并在教育实践中取得了良好的成效。其结合时代与社会实际的精髓思想,依然能为今日的现代学徒制提供有益的实践借鉴与理论指导。

二、艺友制教育思想的提出和实践

1. 陶行知提出艺友制教育思想的时代背景

20 世纪初,由于受到帝国主义列强更加深入的侵略,中国自给自足的经济遭到巨大破坏,中国完全变成了一个半殖民地半封建社会,中华民族面临着空前严重的政治和经济危机。救亡图存成为近代中国的中心任务和时代主题。出生于这个时代的陶行知,以"我是一个中国人,要为中国做出一些贡献来"的崇高理想留学美国刻苦学习,又怀着"要使全中国人民接受教育"的宏愿返回祖国,决心以改变中国贫穷落后的教育来挽救中国危亡的命运,并积极投身到救国救民、改造社会的中国教育改革实践之中。陶行知认为,中国教育的首要问题在农村,因为当时的农村人口占了全国人口的 85%,但农村所占的学校只有 10%。城乡教育资源的极度不均衡,严重影响了中国教育的发展和国民素质的提高。因此,1926 年 12 月,陶行知发表《中国乡村教育之根本改造》一文,清晰地指出中国乡村教育存在的弊端。他认为:"中国乡村教育走错了路! 他教人离开乡下向城里跑,他教人吃饭不种稻,穿衣不种棉,做房子不造林。他教人羡慕繁华,看不起务农。他教人分利不生利。他教农夫的子弟变成书呆子。他教富的变穷,穷的变得格外穷;他教强的变弱,弱的变得格外弱。"①陶先生提出了"师范教育下乡"的口号,指出乡村教育才是立国的根本大计。他大声疾呼,中国必须对乡村教育进行彻底的改造! 因为乡村教育办得如何,直接影响到 3.4 亿人民的幸福:如果办得好,可以让农民上天堂;如果办得不好,则会叫人下地狱。为此,陶行知提出了乡村教育的宏伟目标:"为我们三万万四千万农民服务。我们已经下了决心,要筹募一百万元基金,征集一百万位同志,提倡一百万所学校,改造一百万个乡村。"②陶行知认识到乡村教育是改造乡村的灵魂,但要改造百万个乡村,普及平民教育,急需千万名的师资。而当时的中国,乡村教育师资一直非常匮乏,办学的资金也非常难筹集。为改变这一状况,培养出适应于农村基础教育所需的知识与技能兼具的合格师资,1927 年陶行知来到了南京北郊的老山脚下,创办了我国第一所试验乡村师范学校——晓庄师范,并把"老山"改成了"劳山",即劳动之山。

晓庄师范是陶行知为中国乡村教育开创的一所具有新生命的试验学校,它一改中国传统教育脱离生活实际、脱离广大民众、培养的只是书呆子的弊端,强调教育与生活、学校与社会的联系,倡导"教学做合一"的办学精神。因此,晓庄师范的培养目标、招生方式、组织管理制度、教学方法、学习科目等完全不同于一般的普通学校,它开创了中国乡村师范教育的办学新模式,独具陶氏风格。晓庄师范的培养目标是:使学生具有"农人的身手,科学的头脑,艺术的兴趣,改造社会的精神"③(后来陶行知又加了一个目标"健康的体魄")。晓庄师范的招生考试独具一格,考试科目包括:"(1)农事或土

① 方明:《陶行知全集》第 2 卷,四川教育出版社 2005 年版,第 275 页。
② 方明:《陶行知全集》第 1 卷,四川教育出版社 2005 年版,第 83 页。
③ 方明:《陶行知全集》第 2 卷,四川教育出版社 2005 年版,第 317 页。

木工操作一日；(2)智慧测验；(3)常识测验；(4)作国文一篇；(5)三分钟演说。"①这些科目的设置，注重实践与理论、操作与表达相结合，有利于培养能够传授生利知识与技能的师资。晓庄师范的设施也与农工生活相结合，"田园二百亩供师生耕种，荒山十里供师生造林"②。学校没有校舍，师生以最少的经费自造茅草屋，师生同吃同住同劳动，共教、共学、共做。晓庄师范的图书馆叫"书呆子莫来馆"，大礼堂称"犁宫"，厨房谓之"食力厅"。由于学习的许多内容属于实践操作，所以学校各科的教师都称为指导员，而不是教员。作为"指导员"，其主要的职责不仅是在能力培养上指导学生教学做，而且在生活中还要与学生共教、共学、共做。而当学生的水平达到较高级的程度时，学生就要担负起对低级程度学生的指导教育之责，成为"小指导员"。正是在晓庄师范的教育改革实验中，陶行知教育理论的核心——"生活教育"学说逐渐建立了起来。

在陶行知的理念中，教育是为了改造社会服务的。晓庄师范是一所乡村试验学校，服务乡村、改造乡村社会便是晓庄师范教育目标的重要内容之一。陶行知认为："乡村学校是今日中国改造乡村生活之唯一可能的中心！"③而要从根本上改造乡村教育，需要有好的中心小学担当改造重任的向导，"中心小学以乡村实际生活为中心，同时又为试验乡村师范的中心……中心小学是师范学校的主脑，不是师范学校的附属品；中心小学是师范学校的母亲，不是师范学校的儿子；中心小学是太阳，师范学校是行星。师范学校的使命是要传布中心学校的精神方法和因地制宜的本领"④。基于这一认识，陶行知指导晓庄师范相继在晓庄、燕子矶、尧化门、和平门等地开办了 8 所中心小学，安排晓庄师范的学生到这些中心小学进行教学训练，使他们成为拥有改造乡村生活能力的合格乡村教育师资。

---

①　方明：《陶行知全集》第 2 卷，四川教育出版社 2005 年版，第 277 页。
②　方明：《陶行知全集》第 2 卷，四川教育出版社 2005 年版，第 277 页。
③　方明：《陶行知全集》第 2 卷，四川教育出版社 2005 年版，第 277 页。
④　方明：《陶行知全集》第 2 卷，四川教育出版社 2005 年版，第 277 页。

在深入乡村地头、改造乡村生活的同时,陶行知又进一步观察到,乡村的许多儿童几乎处于一种放任自流、自生自长的状态。贫穷家庭的家长为了生计,没有时间和精力在家陪伴、照顾这些小孩,"没有一个人来和他们讲一句亲切的话;没有一个人伸出一双慈爱的手来给他们一次抚摸。他们所受的痛苦,有像火烫的,有胜鞭挞的,有忍饥受寒的,有被截指断踵的,……种种痛苦,不忍卒述"①。这便是当时中国农村社会无数儿童的生活缩影。为了改变这些农村孩子可怜而悲惨的命运,陶行知决定设立乡村幼稚园,招募农村儿童入园接受生活教育。于是,中国第一所乡村幼稚园——燕子矶中心幼稚园于1927年在南京郊外诞生了。在燕子矶中心幼稚园的开学典礼上,陶行知先生曾这样说:"……第一次我觉得乡村里有设立幼稚园之必要,是宋调公君告诉我:农忙时往往有母亲一只手抱着小孩子,一只手拿着凳子,到学校里来托先生给她看管。她只求先生守着小孩子不给她走开,她就感激不尽了。又一次看见一位母亲在田中做事,对面地下放一个筐子,里面坐着一个小孩子,这孩子便是他的儿子。又一次我遇了一个小学生,我问他为什么不进学校,他说现在田里很忙,他要帮助妈妈带小妹妹。受了这三次感触,我便想创办乡村幼稚园。"②除燕子矶中心幼稚园外,陶行知还开办了晓庄幼稚园、和平门幼稚园、迈皋桥幼稚园、蟠桃学院等5所幼稚园及研究所。同时,晓庄师范还创办了民众学校、乡村医院、中心茶园等乡村社团组织,这些机构都是围绕生活教育的要求进行多角度、多层次、多类型的教学试验点。教育农民和他们的子女学习文化,为他们普及科学知识,丰富业余生活,改善生活环境,提高生活能力,让晓庄师范成为一所深受农民欢迎的新型学校。陶行知指出,"乡村教育的生路是:我们要从乡村实际生活产生活的中心学校,从活的中心学校产生活的乡村师范,从活的乡村师范产生活的教师,从活的教师产生活的学生、活的国民"③。

---

① 孙铭勋、戴自俺:《晓庄幼稚教育》,儿童书局出版社1934年版,第6页。
② 方明:《陶行知全集》第2卷,四川教育出版社2005年版,第305页。
③ 方明:《陶行知全集》第2卷,四川教育出版社2005年版,第278页。

陶行知的"生活教育"理论实践搞得轰轰烈烈,吸引了很多中外教育家、社会名流和各界人士前来参观、访问、学习。但是,如何解决中心小学、中心幼稚园不断发展的师资问题,又成为生活教育路上的巨大障碍。针对这一严重的"师荒"现象,陶行知结合中国传统学徒制经验,独具匠心地创造了一种穷国办教育的有效"土法"——艺友制。

陶行知探寻艺友制教育形式最早发端于 1927 年。当时,由陶行知任总干事的中华教育改进社,协同南京的燕子矶小学、尧化门小学、开原小学等预设了一些教育铺位,以方便那些慕名远道而来参观学习生活教育理论实践的人可以长时间地观摩晓庄的教育实践,及时学艺。这一形式既可以保证安排"学艺"的量,又可以提升观摩学习的质,因而得到了与会学习同志和教育专家的认可与支持。就连当时著名的教育改革家、时任江苏省教育厅厅长的江恒源,也委派自己的侄子江希彭到燕子矶小学观摩学艺,与晓庄师生一起学习生活 3 个月,返回后仿照晓庄式样创办小学。燕子矶小学校长丁超和他的夫人也于 1927 年带领两位女生跟从教育家张宗麟和徐世璧学习创办乡村幼稚园的方法和技艺,并取得了很大进步。这种拜师学艺式教学观摩活动的开展及其取得的成效,使陶行知感觉到拜师学艺观摩教学"不但为培养人才最有效力之方法,而且为解除乡村教师寂寞与推广普及教育师资之重要途径"①。但陶行知一时没有恰当的名词来命名这一教育方法。1928年 1 月 5 日,他结合传统学徒制及观摩教学的松散特点,想出了既具传统师徒特点又兼朋友民主关系的教育方法新名词——艺友制,并把这一教育方法正式定名为艺友制教育。艺友制教育一经定名,陶行知便大张旗鼓地于 1928 年 1 月 8 日在南京晓庄试验乡村师范学校、市立实验小学、燕子矶小学、尧化门小学、鼓楼幼稚园、燕子矶幼稚园 6 所学校和幼稚园,联合招收志同道合的教学艺友,共同实施艺友制教育的实践。同时,他于 1 月 9 日在《申报》和《民国日报》发表《艺友制师范教育答客问》,详细地向社会各界介绍艺

---

① 方明:《陶行知全集》第 2 卷,四川教育出版社 2005 年版,第 477 页。

友制教育开展的内涵、引用的原理、实施的方法,使艺友制教育这一新教育形式为社会所理解和响应。例如,时任南京市教育局学校教育课课长的陈鹤琴,在征求了南京女子中学和南京中学师资科有关人员的意见后,随即派出了即将毕业的学生前往南京市立实验小学,并成为这所学校的教学艺友。陶行知的实践推动、理论宣传以及学界的支持,使艺友制教育这一新教育形式得以逐渐推广,并在中国近代师范教育和农村基础教育领域产生了不小的影响。

2. 艺友制教育与传统学徒制的区别和联系

(1)艺友制教育思想的内涵

陶行知在《艺友制的教育》中对艺友制的定义是:"艺者艺术之谓,亦可作手艺解。友为朋友。凡以朋友之道教人艺术或手艺者,谓之艺友制教育。"同时,他也解释了"学做教师有两种途径:一是从师,二是访友。跟朋友操练比从师来得格外自然,格外有效力。所以要想做好教师,最好是和好教师做朋友。凡用朋友之道教人学做教师,便是艺友制师范教育"①。

作为一种以艺访友、以艺交友、学艺成友的学习或交流技术、技能的平等合作制,艺友制与传统师范教育的最大不同是将理论学习与实践技能有机结合,融为一体。陶行知认为,一般的师范教育培养教师,通常是先理论后实践,"现行师范教育将学理与实习分为二事,简直是以大书呆子教小书呆子,所出的人才和普通中学不相上下"②。陶行知把这种做法形象地比喻为早上烧饭,晚上请客。他认为理论教育与实践教育应该融为一体,必须同时进行。"大多数受过师范训练的人,至今办不出一个可以令人佩服的学校,岂不是大可叹息的事吗? 我们再看看木匠徒弟所做的桌椅,裁缝徒弟所做的衣服,漆匠徒弟所做的牌匾,不由人要觉得十分惭愧了。"③因此,他认为

---

① 方明:《陶行知全集》第 1 卷,四川教育出版社 2005 年版,第 129 页。
② 方明:《陶行知全集》第 1 卷,四川教育出版社 2005 年版,第 129 页。
③ 方明:《陶行知全集》第 1 卷,四川教育出版社 2005 年版,第 129—130 页。

要改革传统师范教育的办学模式,可以借鉴各行业效果良好的艺徒制形式,变艺徒制为艺友制,使师徒关系成为朋友关系。

(2)艺友制教育的特征

第一,以"艺"为基础,实现教学相长。艺友制教育以"艺"为载体,"艺"既是一种生活的艺术,也是一种专业的技艺。"生活即教育"是陶行知生活教育学说的核心思想。他认为,教育必须与生活结合才能发生作用,因为教育和生活是同一的过程。陶行知认为教师其实是一种技术性很强、实践性丰富的职业,"教师的生活是艺术生活。教师的职务也是一种手艺,应当亲自动手去干的。那些高谈阔论,妄自尊大,不屑与三百六十行为伍的都不是真教师"①。因此,艺友制教育是以"艺"为基础的生活教育,是具有"一艺之长"的教学者以"朋友之道"授"艺"于"友",是在生活实践的真实环境中而不是在课堂上进行"教""助""授"。艺友之间构成了一个共教、共学、共做的学习共同体,双方围绕共同的目标,在一起相互学习、分享学习资源,相互交流协作,共同完成学习任务。学习者在这一实践过程中不仅收获了专业的知识和技能,而且也掌握了在实践中运用这些知识、技能的方法和能力。因此,艺友制是一种从实践中掌握知识和技能,学用结合的学习制度。这一制度的特点是有明确的学习目的,易于发挥人的主动性,学习效果也很显著。教学者在指导、帮助别人的同时,自己的能力水平也得到了进一步的提升。认知心理学的研究表明,教他人和向他人解释材料都是最好的用来促进自我认知进展的方式。因此,以"艺"为基础的艺友制教育通过"共教、共学、共做"来教人长技或学人长技,能够实现艺友之间教学相长,相互发展提高,达成"互利互惠"的双赢乃至多赢的良好教学效果。这是陶行知生活教育理论在实践中的具体运用。

第二,以"做"为中心,实现"教学做合一"。教学做合一是陶行知生活教育学说的重要内涵。什么是教学做合一?陶行知解释道,"它的含义是:教

---

① 方明:《陶行知全集》第 1 卷,四川教育出版社 2005 年版,第 129 页。

的方法是根据学的方法;学的方法根据做的方法。事怎么做便怎样学,怎样学便怎样教。教与学都以做为中心。在做上教的是先生,在做上学的是学生……在做上相教相学倒成了人生普遍的现象"①。他还特别强调,教、学、做只是一种生活之三个方面,而不是三个各不相谋的过程,其中,"做"即"行动",是"教与学之中心环节"。什么是"做"? 他接着解释说:"'做'是在劳力上劳心。含有下列三种特征:(一)行动;(二)思想;(三)新价值之产生。一面行,一面想,必然产生新价值。……做是发明,是创造,是实验,是建设,是生产,是破坏,是奋斗,是探寻出路。"②由此可以看出,陶行知强调的"做"不只是机械地动手做事,而是在做事过程中的认真思考,积极行动,"在劳力上劳心",做到既动手又动脑,"手脑相长"。只有这样,才能学会生活、学会学习,提高分析和解决问题的实践能力,培养探究新价值的创新创造能力。艺友制教育的根本方法是"教学做合一",而且是"唯独"的"彻底的教学做合一"。"共教、共学、共做方为真正之艺友制。"③其中,"做"是"教"与"学"的媒介或抓手,通过"做"打通"学"与"教",把专业知识学习与教育实践有机结合起来,实现真正的教学做合一。艺友制教育既吸纳了传统艺徒制"教学做合一"注重实践动手能力培养的长处,又充分融入了师生共事共学共修养、在劳力上劳心的陶行知教育新思想。因此,当艺友制在师范教育中的实践试验获得成功后,陶行知又把这种"教学做合一"的方法在其他领域推广应用,凡是有指导能力者,都可以招收为艺友,"图画家、音乐家、雕刻家、戏剧家、电影家、著作家、新闻家、行政家、军事家、科学家、民众运动家、医生、教师、律师、技师、拳师、农夫、木匠、裁缝、商人,皆可以招收艺友"④。以此,陶行知大力倡导艺友制教育,为社会培养各类真人才。

第三,以"友"为载体,建立师友平等关系。艺友制的本质是"凡以朋友

---

① 方明:《陶行知全集》第 2 卷,四川教育出版社 2005 年版,第 528 页。
② 方明:《陶行知全集》第 2 卷,四川教育出版社 2005 年版,第 527—529 页。
③ 方明:《陶行知全集》第 2 卷,四川教育出版社 2005 年版,第 476 页。
④ 方明:《陶行知全集》第 2 卷,四川教育出版社 2005 年版,第 478 页。

之道教人艺术或手艺者"①。陶行知认为："学做教师之途径有二：一是从师；二是访友。随友学较从师为更自然而有效。故欲为优良教师，莫便于与优良教师为友。"②中国自古将朋友列为"五伦"之一，古代有些师长自谦为"友生"。陶行知继承了我国古代教育的优良传统，教育平等一直是他的主张。在《我之学校观》一文中，陶行知指出："学校是师生共同生活的处所。他们必须共甘苦。甘苦共尝才能得到精神的沟通，感情的融洽。……学校里师生应当相依为命，不能生隔阂，更不能分阶级。人格要互相感化，习惯要互相锻炼。人只晓得先生感化学生，锻炼学生，而不知学生彼此感化锻炼和感化锻炼先生力量之大。先生与青年相处，不知不觉的，精神要年轻几岁，这是先生受学生的感化。学生质疑问难，先生学业片刻不能懈怠，是先生受学生的锻炼。"③艺友制的"朋友之道"正是注重平等的教育人际关系，知识的授予与接受呈现为师与生之间的多向互动，即师生、师师和生生之间是在帮与学的过程中，实现互学、互动、互助、互进，相互之间是一种亦师亦友的平等关系。这一关系，不仅能够消除师道尊严带来的不平等，而且还打破了竞争导致的技术保守和壁垒，体现出师生（学友、艺友）之间"以朋友之道教人艺术或手艺"过程中平等合作、共教共学、学做合一的开放、共享特征。如此，教学的实效已经突破了艺友制本身，因为学生在接受教学技能训练的同时，还得到了合作能力和民主平等思想的素养培育。这样，教师"与学生共生活，日久便成为学生的朋友；与校工共生活，日久便成为校工的朋友"④。陶行知还指出，艺友制既要追求"形式的共同生活"，也要追求"真正的共同生活"。这里所说的"真正的共同生活"，是指"灵魂相见"的共同生活。通过这些"形式的共同生活"和"真正的共同生活"，"大家由相亲而达到相知相爱，

自然可以造成和乐的境界"①,于是,师生一朝成艺友,终身便是朋友。

第四,以"续"为根本,构建人才培养质量保障体系。艺友制教育强调学习时空的连续性和终身性,注重人才培养的质量和效果。陶行知说:"毕业是局部的、暂时的。学生固不可从此不学,教员也不当从此不教。所以学校对于毕业生有继续培养的责任。"②在晓庄试验乡村师范第一年的教育实践活动中,陶行知和他的弟子先后创办了多所中心小学和幼稚园,并组成中心学校,成为晓庄师范教育的主脑。在中心学校,陶行知大力推广艺友制这种行之有效的教育方法,把专业知识学习与教育实习融为一体,教师在中心学校的实践教育中培养艺友,艺友在参与中心学校的教学、管理中学习教育方法和技能。艺友制教育注重人才质量的提升,而人才质量的评价主要是通过对学生各个阶段的学习成效考察,这种实践考察又特别注重艺友能力提升的过程性、岗位性和时空性,以实现职前教育和职后教育的协调统一。如此,学生在完成规定的学习任务和实习操作培训后,还不能马上毕业,还需要经过半年左右的岗位实践考察,合格后才能颁发最终的毕业证书。这种过程性、持续性的考核评估有利于保障人才质量的提升。

从上可见,艺友制是陶行知基于近代中国乡村教育的落后状况与师资的严重缺失而开展的对应性举措,是他积极探索中国乡村教育发展新路径而进行的一场实践尝试。这一教育理念,也是陶行知对传统师范教育观念的一种根本性推翻,是对传统师徒制的一种双向改革(从隶属性师徒到平等性的亦师亦徒),属于陶行知本土化中国师范教育改革的一种有益探索。虽然艺友制是一种为解决乡村教育师资缺乏而实行的教育改革,但陶行知认为艺友制教育同样也是适用于其他任何行业的:"初不问其事业之粗细也",只要能"使有志青年得以依据兴趣才能,充当一种事业专家之艺友,以谋上进"③,都是适用于艺友制教育的。

---

① 方明:《陶行知全集》第2卷,四川教育出版社2005年版,第308页。
② 方明:《陶行知全集》第1卷,四川教育出版社2005年版,第320页。
③ 方明:《陶行知全集》第2卷,四川教育出版社2005年版,第478页。

（3）艺友制与艺徒制的联系区别

陶行知为什么要把艺徒制变为艺友制呢？陶行知对这两者之间的联系和区别进行了深刻的阐述。他认为，艺友制是从艺徒制改造发展而来的一种师资培养方法。传统的艺徒制有它的优点，如师傅对徒弟要求严格，"严师出高徒"；通过教学做合一的方法来传经授艺，师傅在做中教，徒弟在做中学，真教实学，对于这种技艺的传授，一般学校是无法达到这种条件的。从这一点上来说，艺友制属于对各种行业施行艺徒制之实效的启发，可以说是从艺徒制中脱胎而来的。但是，传统艺徒制教育存在着三个弊端："一、艺徒制下之工匠待艺徒几如奴仆，至不平等。二、工匠所有秘诀、心得对艺徒不愿轻传，故使艺徒自摸黑路，精神、时间，皆不经济。三、一切动作，偏重劳力而少用心，太无进步。"[①]对于传统艺徒制的这三个弊端，陶行知认为必须革除。师傅、徒弟在身份上不能有高下之分，不能"师傅坐着汽车让徒弟跟着跑"；师徒之间应以朋友之道平等相待，友好相处；师徒之间应该以诚相见，互帮互助，大家共教、共学、共做；双方应共同在劳力上劳心，以谋事业之进步。所以，艺友制又是对传统艺徒制的一种改造。艺友是徒弟又是师傅，是学生又是先生的双身份，充分体现了师生之间民主平等融洽亲密的新型关系。

除了构建平等合作的师徒关系，陶行知还指出学徒制在职业教育中的实际效果。陶行知认为，近代我国各种行业实行的学徒制是有相当实效的，例如，从木匠徒弟所做的桌椅，裁缝徒弟所做的衣服，漆匠徒弟所做的牌匾等例子就可以发现，我们在课堂中所教的实效与学徒制教育实效相比，还是让人觉得惭愧。因此，陶行知是十分赞赏学徒制的。他认为学徒制把学理与实习相结合、知识与技能相结合，能够培养出较好的职业人才。他分析说，由于知识和技能是连为一体的，所以不同的行业也需要有不同的技能和知识。一如木匠需要具备几何知识这一学理，以避免做出歪七斜八的桌椅来。这样的需求使学徒制能够把知识转化成技能。陶行知还在《莫轻看徒

---

① 方明：《陶行知全集》第 2 卷，四川教育出版社 2005 年版，第 478 页。

弟》一文中,以做过学徒却发明蒸汽机的瓦特和发明发电机的法拉第为例,说明学徒制中的徒弟在欧洲工业革命和电气化发展过程中曾经起过的巨大作用,进而说明我国学生也要像这些学徒一样,既用脑又用手、既劳力又劳心地综合学习。为保证持续发展,陶行知提出在做过学生后,还要再做几年的徒弟,做过徒弟后也要再做几年的学生,从而长久地把实践技能与书本知识始终如一地结合起来。陶行知非常认可社会上普及的学徒制,是因为他看到了三百六十行行行有徒弟、行行都有继承与发展。他对学徒制的重视,看重的也是其能够从技术传承中学到师资训练的方法,希望以此把学徒制运用到师资培训中,其借鉴学徒制有益之法的最终目标依然是培养乡村教育所需的大量教师。在陶行知看来,传统的、师传徒的、单一的学徒制教育形式显然是无法满足当时中国的教育需求的。

3. 陶行知的艺友制教育思想在晓庄中心学校的实践探索

艺友制教育发端于20世纪20年代的幼稚园和小学等多所中心学校。在陶行知看来,中心学校既不是师范学校的附属学校,也不是师范学校的实习学校,而是师范学校的"主脑"和"太阳"。因为附属学校有给人以附属品的观念,实习学校又给人造成"思想与实习分家"的印象。因此,师范学校的使命是必须担负起传播中心学校的精神、方法和因地制宜的本领的责任。创办中心学校有了方法后,才能再办传播中心学校精神的师范学校。"师范生要想学到真的办小学的本领,只有根据'教学做合一'的原则到小学里来,在办小学上学办小学。幼稚师范生要想学到真的办幼稚园的本领,也只有本乎此而到幼稚园里来,在办幼稚园上学办幼稚园。"陶行知主张,"师范学校要以中心学校为中心,有什么类型的中心学校就有什么类型的师范学校,有幼稚园为中心学校,就可以办幼稚师范;有小学为中心学校,就可以办初级师范;有中学或师范为中心学校,就可以办高等师范或师范大学;有各种职业机关或学校做中心学校,就可以办各种职业师范"。陶行知提出,一个中心学校就应该包含以下内容:"(一)导师是以儿童为中心;(二)生活是全部课程的中心；(三)学校是改造社会，推进社会的中心；(四)小学或幼稚园是师范的中心。"①

　　艺友制正是陶行知运用他的生活教育理论在晓庄中心学校的一种创新式教育实践。这一实践的特点是：由中心学校具有"一艺之长"的教师招收那些师范学校即将毕业的学生当艺友，双方再围绕教学之"艺"开展一系列的教学做合一的实践活动，当这些艺友掌握了中心学校教学的有效办法和能够根据变化做出因地制宜的实践技能后，他们就能够独立地到别的地方或别的环境中去创办相应的学校，达到开枝散叶的发展目标。陶行知在经过晓庄中心幼稚园和中心小学的有效实践后，为艺友制积累了许多成功的经验，使中心学校成为训练师范毕业生和乡村教师的一个中心。同时也为陶行知艺友制教育思想的进一步推广提供了良好的范本和模式。

　　下面以陶行知的学生张宗麟和戴自俺、孙铭勋创办的幼稚园为例，简要阐述陶行知艺友制教育思想当年在晓庄中心幼稚园的具体实践案例。

　　(1)陶行知关于在幼稚园实行艺友制教育意义的阐述

　　陶行知先生说："幼稚生活是最重要的生活，幼稚教育是最重要的教育。""……人格教育，端赖6岁以前之培养。凡人生之态度，习惯，倾向，皆可在幼稚时代立一适当基础。"他的学生孙铭勋认为，"譬如建筑高楼大厦不先由基础上去建筑稳固，则上面虽有雕梁画栋，总经不起风雨飘摇。教育之在人类，以前只顾到成人教育，只想在成人教育上努力建设。自从儿童心理发明，幼稚教育被人提倡以后，才知道要想向上发展，必先向下把基础建筑稳固起来方行"，"假若我们要研究儿童而能从幼稚儿童研究起，要研究教育而能从幼稚教育研究起，将来我们的研究工作怕是比较可有根基"。即，要办幼稚园，就要有幼稚教师。幼稚教师是一种专门的职业，是需要受专门训练的，"幼稚教师的训练也是一种最重要的训练。未有幼稚教师训练不好而可以办出好的幼稚园；未有幼稚园办不好而可以产生好的幼稚教育；未有幼稚

---

①　孙铭勋、戴自俺：《晓庄幼稚教育》，儿童书局出版社1934年版，第107页。

教育办不好而可以有好的幼稚生活；未有幼稚生不能过好的幼稚生活而可以建立人生的真正基础"①。而幼稚生教育比起成年人教育更难，"比方讲故事，平常我以为是很容易的，只要随意说说就行，并不像演讲一定要预备材料，还要口齿清楚，总能算好。谁知对幼稚生讲故事，比对成人演讲难得不知多少！因为对儿童讲故事，第一要精神同化，第二要彻底了解故事的内容，还不可呆板拘泥于原文，第三要有自然的姿势与动作等的本领，否则讲起来，儿童的注意力很难集中，并且顽皮的就做出种种无谓的动作，呆板的就要睡了"。"幼稚期是人的基本期，倘若在此时期内，不养成良好的习惯，不造就康健的体魄。等长大成人，再来改过是不能的了！所以幼稚园是很重要的。"因此他号召"做父母的，赶快送他们的子女进幼稚园；为乡村教育努力的同志，也注意到幼稚教育；使呱呱坠地者'易长成人'终好"②！

陶行知充分认识到了幼稚教育的重要性，但当年旧中国的教育严重落后，想要有经过专门训练的幼稚师范毕业生到农村创办幼稚园，这是很难实现的事。一方面当年中国正规的幼稚师范毕业生极少；另一方面这极为少数的毕业生肯定会留在大城市，不会跑到偏僻的乡村来当教师。因此，为了解决乡村幼儿的教育问题，陶行知在 1927 年创办了我国第一所乡村幼稚园——南京燕子矶幼稚园。接着，他的学生张宗麟、戴自俺、孙铭勋等也相继创办了几所幼稚园，并成为晓庄师范的中心幼稚园。为快速培养幼稚教育师资、解决师资匮乏等问题，这些幼稚园开始招收"艺友"，实施艺友制教育。

通过实践尝试，陶行知对艺友制下了这样的定义：艺，即艺术，也可以作为手艺来解释。友，也就是朋友。艺友即是用朋友之道，跟着别人学艺术或手艺。作为陶行知提出的艺友制的切实践行者，张宗麟阐释了在幼稚园实行艺友制教育的理由。他认为，幼稚教育的对象是幼稚生，学做幼稚教师的人，离开教育的对象——幼稚生，是不可能学好的。他认为，只有在幼稚园

---

① 孙铭勋、戴自俺：《晓庄幼稚教育》，儿童书局出版社 1934 年版，第 117 页。
② 孙铭勋、戴自俺：《晓庄幼稚教育》，儿童书局出版社 1934 年版，第 105—106 页。

里学,才能真实得到幼稚教师的教育本领。陶行知的学生孙铭勋也认为,"幼稚园就是儿童的生活力安根的地方,要培养生活力,就要从根基上培养方能收效,则对于幼稚教师就要有特别的培养,则对于幼稚教师就要有专门的充分的训练才行"。"有了好的幼稚园,就可以产生好的幼稚师范。就可以训练好的师范生。"幼稚园是一片艺术的园地,幼稚教师的事业也是一种手艺。凡用朋友之道,跟着幼稚教师在幼稚园里学做幼稚教师的,便叫作幼稚园艺友。艺友在幼稚园可以"从做上学,从做上教",他指出,师范生如果只是"在师范学了一大堆不相干的东西",真正要进行教学工作时,却发现无所适从,需要从头学起,"在他做教师的第一天,就是他真正学习的第一天"。因为本着"教学做合一"这一艺友制原则,教师们是"只在小学或幼稚园过生活","除了自己看书以外,大部分时间,就是与小朋友过生活"的,而这些"生活"即将来实际要用的技能。这样,艺友制至少"可以免去'学''用'分家的弊端",做到学为所用。如此,艺友既掌握了学识,也学到了技术;既是教师,也是劳工;从而使艺友在学习技艺时既能对技术知其然,还能知其所以然。就好比学做雨伞的学徒,如果徒弟完全机械地照搬师傅教的做,几根伞骨都不敢多加或少加,那学习就显得过于死板,思想就过于束缚了,如此学出来的教师也只能是个"教书匠"了。在艺友制学习模式中,"导师与艺友事事用研究的态度,处处是平等的精神。常常讨论为什么要这样那样的"①。当然,艺友们讨论的主要内容是某种教师的实践教学技能,减少了一些课堂教学中的示范课程,由此也避免了知其然而不知其所以然的学习局限。为此,招收幼稚园艺友的目的也不外两点:一是供给时代的需要;二是帮助一般有志于幼稚教育的人在短时间内,得到一点适用的技艺。

(2)艺友制教育的目标、原则、方法、具体步骤

①实施艺友制教育的目标

陶行知认为,教育不仅要培养学生掌握"生利"的技能和本领,也要培养

---

① 孙铭勋、戴自俺:《晓庄幼稚教育》,儿童书局出版社 1934 年版,第 17—19 页。

学生服务社会的"利群"精神和品德。他认为,传统学徒制的教育形式是一种简单传授操作技能的方式,存在"师傅所教只是技能传授,其他生活顾及较少,是一种片面教育"[①]的弊端,所以,他提出要以艺友制的方式培养合格的技术技能人才,使之既掌握熟练技术技能,又具有良好职业素养。晓庄中心幼稚园的办园宗旨是"在用教育的力量,造成适合于儿童的环境,代父母照料儿童,谋儿童身心能得到健全的发展,而减少人生的痛苦与不幸"[②]。并依据"生活教育"原理,用"教学做合一"的方法开设课程,通过"将各种活动打成一片"的形式,"培养儿童健康的身体,快活的情绪,生产的观念"。艺友制为满足培养农村教育师资而创设,在幼稚园办园宗旨指导下,艺友们跟着指导老师(师傅)全方位、全过程参与幼稚园的实践教育,经过融入、试做、见习、实习四个阶段浸润式的学习锻炼,再经历半年至一年的带班实践,艺友们不仅学到了乡村幼稚教育的实践知识技能,更重要的是受到了全身心的浸润式教育的熏陶。师傅前辈们克服艰苦的办学环境和条件,为儿童的健康成长呕心沥血、为乡村教育事业鞠躬尽瘁的奉献精神,深深地感染了艺友们,并带动了他们热爱儿童、扎根农村、投身乡村教育,培养了一支运用幼稚园的力量去推动社会的儿童教育,继而运用教育的力量去改造贫穷落后的中国乡村教育的师资力量。

②把生活教育作为艺友制教育的原则

"生活教育"是晓庄中心幼稚园实行艺友制教育的基本原则。"是生活就是教育,不是生活就不是教育;是儿童的生活,就是儿童的教育;不是儿童的生活就不是儿童的教育。生活的范围,就是教育的范围。""过某种生活受某种教育,便应该施以某种指导。""儿童的一切工作都是游戏,我们都应该加以指导。所以,只要有一个儿童到了幼稚园以后,一直到儿童完全出了幼稚园的一段时间之内,都是上课的时间,都是教师负责的时间。""'生活教

---

① 丁水娟:《陶行知职业教育思想及其当代价值》,浙江工商大学出版社 2018 版,第 127 页。
② 孙铭勋、戴自俺:《晓庄幼稚教育》,儿童书局出版社 1934 年版,第 251 页。

育'原则下是没有'课时'限制的,'摇铃上课'属于教育时间,'摇铃上课'之外也属于教育时间。""儿童是好动的,幼稚园里的课程,也要是动的课程。""一切的活动,应以实际生活环境的刺激儿童的兴趣为依归。……我们的活动,不是导师能够包办的,大多全为实际生活决定。"[①]在"生活教育"原则指导下,幼稚园艺友制就是要打破传统的教育模式,真正把幼稚师范搬到幼稚园里来。凡儿童教育领域里所需要的一切东西,幼稚园艺友都要学习,如一般的教育理论,幼稚教育的过去与未来,儿童身心研究,一般的儿童教育方法,幼稚园的一切技能——包括:医药、音乐、图画、手工、歌谣、故事、谈话、游戏、读法、设备、布置、簿记……同时,艺友要努力摒弃以前呆板的、拘泥的、不合理的幼稚生活,以"合理的生活""合理的教育""儿童的生活""儿童的教育"开拓"儿童之自由之大权与能力之使用"。改变教学场所,把幼稚生放到大自然里去,以幼稚生足力所能到的地方为教室的范围。"高山之巅可以写生,长林之内可以游唱,草坪之上可以谈心""'空气、日光,是生命的根源;运动、游戏,是健康的要素。'欲达此目的,把幼稚生带到大自然里去,是一条至好的'不二法门'"。[②] 对于改革教育课程,孙铭勋强调,"课程是一种工具,用了它们可以给儿童刺激和选择的指导,使他的自然倾向,偏于那些使生活更有实效的活动。幼稚园和一年级的教育概念,既是各循儿童的年龄、兴趣,而使其生活益加丰富,那课程绝不能是静止的。那些需要和兴趣,是依儿童的年龄、类别、家庭训练和环境而不同,那课程的基础又继续地依社会进步而改变,所以前代的儿童不必如今日儿童须晓得这许多东西。……我们不谈课程改造则已,假若要讲改造的话,这种说法是应该遵循的"。"我们要把以前的所谓'课程'改造,简单说来,就是要把以前的那种呆板的上课方式打破;就是要把以前的非儿童所需要的,不合理的取消,把是儿童所需要的,合理的建设起来!"[③]他认为,"一个个天真活泼的儿童,要靠着能

　　① 孙铭勋、戴自俺:《晓庄幼稚教育》,儿童书局出版社 1934 年版,第 35 页。
　　② 孙铭勋、戴自俺:《晓庄幼稚教育》,儿童书局出版社 1934 年版,第 84 页。
　　③ 孙铭勋、戴自俺:《晓庄幼稚教育》,儿童书局出版社 1934 年版,第 140—141 页。

有一块很好的园地培养,然后总能把那一个个的小生命弄得能发荣滋长,开花结实"①。所以课程的环境对于教育本身也是具有重大意义的,丰富教学形式。为配合"生活教育"的开展,在布置教室时要"更生活化,更方便小朋友的活动"。同时,要"把教室扩大到自然界里去,室内的桌椅也安置在僻静的地方,要用的时候才拿出来。摇铃、拍手走圈子、唱早安歌、唱散学歌等,也要极力减少。增加谈话、故事、游戏、唱歌、手工的分量而减少读书写字的分量。偏重个别活动,减少团体活动,给儿童以充分的自由。春秋佳日,要大部分过户外生活,极少部分过室内生活"②。完善教育细节,规定艺友"每周开全体会议两次:第一次开会,是报告每人所找得的下周的单元材料,如儿歌、故事、唱歌、游戏、手工之类,每人都负责找而取其较好者用之,预定下周活动大纲,讨论困难问题。第二次的开会,是报告本周的经过。评判本周的活动,讨论困难问题。预定下下周单元,分配找材料的工作。研究外出参观计划"。同时,结合农村幼稚园的特点开展教研活动,如"幼稚园可以有农事吗?幼稚园而有农事,这是幼稚园下乡以后总有的事实。从我们已往及此次我们试验的结果,觉得幼稚园之有农事,在理论与事实方面都有很多的好处可说。举其要者,可有:1.培养重视农业的心理;2.造成物质文明的喜好;3.培植活动和建设的精神;4.养成专一任事的习惯;5.可训练出有自修的能力;6.是实际生活的一方面;7.是一种野外的生活,可以促进儿童的健康;8.可以给儿童以大量的个人自由意志的发展;9.是师生共同生活的极好机会"③。

艺友制教育采用教学做合一的方法。艺友制的根本方法是教学做合一,"教学做合一的原则是广义的'艺友制'"。幼稚园既是儿童教育的场所,也是艺友制师生的教学实训场所。在教学做合一的原则下,大家都是先生,都是学生,都是以己之长,助人之短。在这里,一切以"做"为中心,幼稚园艺友在做上学幼稚教师之长,幼稚教师在做上补助艺友之短。师生共教、共

---

① 孙铭勋、戴自俺:《晓庄幼稚教育》,儿童书局出版社 1934 年版,第 156 页。
② 孙铭勋、戴自俺:《晓庄幼稚教育》,儿童书局出版社 1934 年版,第 38 页。
③ 孙铭勋、戴自俺:《晓庄幼稚教育》,儿童书局出版社 1934 年版,第 90—91 页。

学、共做，通过"做"打通"教"与"学"，实现了真正的"教学做合一"。"事如何做便如何学，如何学便如何教。教法根据学法，学法根据做法。先行先知者在做上教，后行后知者在做上学。共教、共学、共做方为真正之艺友制，亦惟艺友制始能彻底实现教学做合一之原则。"①"在学做合一的情况下，艺友是跟着师傅在做上学的徒弟或学生；在教学做合一的情况下，艺友是徒弟同时又是师傅，是学生同时又是先生。"②教学做合一的方法是集各种方法之大成。有注入式，有启发式，有设计，也有自学辅导法，没有一定的格式。有时是跟着小朋友一道做游戏，有时是在风琴上练指法，有时是回家去看幼稚教师所指定的参考书，有时也像上课一般地听讲，有时是个别谈话，有时是集体讨论。"依事的性质之不同，及个人能力之差异，用种种不同的方法以达到做的目的。"③

如张宗麟先生指导的师范生艺友的两步学习方法分为"校务教学做"和"幼稚园教学做"。"校务教学做"是为了让师范生适应在师范学校本部的共同生活，按兴趣选择或规定学习文牍、编辑、整洁、会计、庶务招待、烹饪等校务工作。"校务教学做"一般时长为 3 个月至半年。"幼稚园教学做"则是为了让艺友全程参与实践幼稚园的学习和生活。师范生作为艺友在幼稚园实施教学过程中，导师即"指导员"的现场管理指导是频繁而常见的，他们要和这些艺友共同做好多事："a. 讨论会：每星期有 3 次以上的讨论会。其中一次是预定下星期的活动大纲，并指示参考材料。其他数次，讨论教学做的实地情形，并介绍新方法，讨论后方交来的新材料来做试验。b. 教学做示范：有许多新材料与方法往往要示范的。这时候并不是学生与指导员小朋友分离的，而是合在一块儿干的。有时候指导员站在小朋友队伍里，有时候同学站在小朋友队伍里。有时竟以同学为小朋友来做，再翻转来请指导员做小朋友，同学做导师来做。c. 指导读书：'做什么事用什么书'，这是本校读书的信条。在

---

① 方明：《陶行知全集》第 2 卷，四川教育出版社 2005 年版，第 478 页。
② 方明：《陶行知全集》第 9 卷，四川教育出版社 2005 年版，第 14 页。
③ 孙铭勋、戴自俺：《晓庄幼稚教育》，儿童书局出版社 1934 年版，第 234 页。

前方的同志,当然要读书。所读的书可分两类。一类是预先规定的,一类是临时指导的。书单详后。d.共做试验:后方同志或其他机关研究所得的,我们往往拿来做试验的。这种试验都是指导员与同学共同来做的"。从每天早上7点到下午4点半,指导员都要带着这些艺友做讨论活动,带着小朋友做整洁工作,做设计活动。小朋友回家后,艺友还要"写儿童日记,搜集应用材料,有时候还要开讨论会,余下来的时间来看书",每天活动、学习很忙碌、很丰富。

张宗麟先生认为,幼稚园的教师需要"件件拿得起","尤其是乡村幼稚园"更需如此。因为,没有几个幼稚园能够请得起分科的导师。在教学做合一的方法之下,用书是做的一种方法。书是一种工具,在书本里吸收他人的经验以帮助自己,这是一件很重要的工作。为让艺友能够更快地掌握教学技能和方法,他推荐了一些开展儿童活动的参考书供艺友参考之用(见表1-1)。

表 1-1　开展儿童活动的参考书目①

序号	书名	编著者	出版处
1	幼稚教育论文集	陶行知等	儿童书局
2	幼稚园教育概论	张宗麟	中华书局
3	幼稚园课程的研究	唐毂译	同上
4	近代教育家及其理论	同上	同上
5	一个小学十年努力记	东大附小	同上
6	幼稚园教育	王骏声	商务书馆
7	实际幼稚园学	陈华	同上
8	家庭教育	陈鹤琴	同上
9	明日之学校	朱经农	同上
10	美国幼稚教育	赵宗预	同上
11	蒙得梭利教育法	但焘	同上

① 孙铭勋、戴自俺:《晓庄幼稚教育》,儿童书局出版社1934年版,第25—26页。

续　表

序号	书名	编著者	出版处
12	爱的教育	夏丏尊	开明书店
13	教育杂志:幼稚教育专号 （十九卷二号）		商务
14	鼓楼幼稚园概况		南京鼓楼幼稚园
15	乡教丛讯:幼稚教育专号		前南京晓庄学校 （现已绝版）

③实施艺友制教育的具体步骤

在陶行知先生生活教育理论的指导下,晓庄中心幼稚园的教学内容非常丰富,教学手段形式多样。例如孙铭勋在《新安幼稚园招生简章》中列举的课程包括:"卫生习惯、疾病治疗、音乐节奏、听音乐名曲、作画、剪贴、欣赏名画、游戏、故事、歌谣、戏剧、搭积木、玩科学把戏、照料小动物、照料小花木、照料菜蔬、制造玩具、洒扫拂拭、识字、写字、算数等。"除了课程外,还有许多其他工作,如设备整洁、材料采办、银钱出入、招待等园务;社会检查、妇女运动等社会活动;还有医药卫生等儿童养护方面的事务。艺友们都必须在幼稚园导师的指导下习得技能和方法。艺友制在幼稚园的具体实施步骤分为融入、试做、见习、实习四个阶段。

第一阶段:融入——学做儿童领袖。艺友初到幼稚园的时候,幼稚园的一切活动纯由幼稚教师主持,艺友实地参加儿童的一切活动,并受幼稚教师之指挥,帮助儿童。这个阶段艺友与儿童同座、同唱、同戏、同吃、同学,与幼稚园学生打成一片。除此而外,艺友还需要完成一些学习和工作任务,协助导师处理园务和社会活动,如导师讲授一般的儿童教育方法及儿童身心研究;临时谈话及解决一些问题;设备整洁、材料采办、银钱出入、招待、社会检查、妇女运动……从入园之日起,艺友每日写日记一篇,详记幼稚园一切活动之经过及心得与问题,由幼稚教师阅改。每次讲授及临时谈话与解决问题,均有笔记,由幼稚教师考核。艺友每人须结识小朋友三五人,观察其个性,考察其家庭环境,做详细记录,将来须写小朋友二三人之详细生活史,由幼稚教师考核。每日生活时间,除参加儿童活动——上午约 3 个钟头,下午约 3 个钟头——外,其余均自由支配。在自由时间内,艺友阅读幼稚教师所指定之参考书,须做笔记与批评,由幼稚教师阅改。每天最少有半小时的音乐技能练习,这在幼稚园里是很重要的。艺友在每个阶段都是需要认真做好这些工作的。这个阶段艺友需要锻炼实践 3 个月左右。

第二阶段:试做——仿施教学之法。这个阶段艺友对于幼稚园一切活动,已由前期之参加而得相当认识,对于儿童及教育方法,已有相当的了解,幼稚园一切活动,半由导师主持,半由艺友主持。导师讲解儿童活动的原理和方法,指导艺友拟定教学活动计划,如音乐、图画、手工、故事、歌谣、谈话、读法等,这些课程的原理与方法由幼稚园导师讲授,其材料由幼稚园导师选择,供给艺友应用。然后由艺友组织幼稚生讲故事、识文字、玩游戏、唱歌曲、做布置。导师在旁边观察指导。艺友在试做过程中边试行边反思,与其他艺友交流讨论,克服困难,提高基本技能。在本阶段开始时,艺友须受幼稚园导师之指导拟定这一阶段的教学计划,在本期终了时,由幼稚园导师与艺友共同考核。这个阶段艺友需要锻炼实践 3 个月左右。

这一阶段结束后,艺友从前方(幼稚园)再退回到后方(晓庄师范),在师范学校再学习半年或 3 个月的儿童教育理论知识和技能以及校务教学做,然后再回到前方(幼稚园)去见习实习。

第三阶段:见习——按纲独立教学。这个阶段幼稚园一切活动,多由艺友主持,幼稚教师只从旁辅导。例如医药、布置、簿记等项,每项由幼稚园导师讲解一次,一般的教育理论,亦在此期内讲授。接着,导师给艺友一个活动纲要,试着脱手让艺友独立教学。艺友在导师的观察、组织下与其他艺友相互观摩和讨论,必要时导师会指导艺友参观他处之幼稚园,讨论改进之法。在此期内,艺友须把当地适合于幼稚生之歌谣、游戏、故事等,搜集起来,加以改造,以供幼稚园之应用,并须自出心裁,创造二三个,由幼稚教师阅改后,以供幼稚园之应用。关于玩具、布置等,亦须创造二三件,以供幼稚园之应用。在本期终了时,由幼稚教师拟定问题若干,请艺友作答,并须做一份创办幼稚园的计划及两个小朋友的生活史,由幼稚教师阅改。

这一阶段,外出参观学习是艺友一项十分重要的学习内容,为了让艺友们切实学到别人的长处和经验,孙铭勋先生和戴自俺先生创设了一套独特的指导艺友参观学习他处之幼稚园的方法。首先,艺友要思考"参观什么",必须带着问题及标准去参观。如果没有问题和一个衡量问题的标准,则无法发现人之长而汲取之以补己之短,有时甚至只见到人家的短处,这就会使"参观"陷入茫无头绪、走马观花的无效境地。其次,"怎么参观"? 为了能够"看出一个究竟",甚至有"针针见血,追究根底"的收获,孙铭勋和戴自俺拟定了观察的一些方向:"由教师的装饰可以看到他的头脑及精神;由儿童的成绩及室内的设备布置可以看出导师对于儿童的态度习惯与方法;由儿童对于教师的反应可以看出导师与儿童间之情感;由儿童所发生的问题及教师所给以儿童的答复,可以看出他们教育上的方法与效力。园舍是新建筑的还是由旧屋改造的? 是否合于经济条件及教育原则? 园舍怎样支配? 怎样设备? 有无新的及特别的设备? 若有,其制法与用法如何? ……是不是儿童与导师合力创办的?"最后,"参观完后我们该干什么"? 孙铭勋为艺友们指明了学人之长的 3 个目标:"a. 值得我们取法的是些什么? b. 应该避免的是些什么? c. 我们不明了而应该提出讨论的是什么?"参观回来后,每位艺友还要对应 3 个目标写 3 个报告。孙铭勋还列举了 3 个报告的写法:"a. 值得我们取法的:教师有充分的预备,由他们的活动中可以看得出来。教室内有三壁完全是黑板,可以任意给儿童应用。凳子放在壁下,要用的时候才由小朋友自己拿出来。b. 应该避免的:教师对客人表示一种矜骄的态度,对小朋友毫无和气温柔的神情。唱歌、谈话时,教师和小朋友,好像比谁的声大,弄得非常噪耳。自由活动时,没有教师在旁边照料。四壁的挂图,不是教师和小朋友做的,而是从外国买来的,而且不是为小朋友挂的,也不是小朋友所能欣赏的。吃点心时,是由仆妇进手巾与点心,而且小朋友不会说'谢谢'。c. 应该讨论的:滑梯应否设在室内? 幼稚生应否有篮球,而且篮球是否在室内? 积木应否用架子把它一格一格地陈列起来？自由活动时,除了危险的事件外,应不应由小朋友任意跑跳叫号？"[①]这样的参观学习指导,使艺友真正领悟到"事如何做便如何学,如何学便如何教"的生活教育真谛!

第四阶段:实习——开展完整教学。经过以上三个阶段的训练,艺友基本掌握了幼稚园教育的实践技能,因此,这个阶段艺友可以独立开展完整的幼稚教学,导师完全旁观。每周讨论反思与制订活动大纲、准备教学资料。先是一组四人"同做幼稚园一切活动"两星期,然后"每二人担任一个月"的专责工作以提高效率。

以上四个阶段的学习锻炼时间一般在一年半到两年,艺友在这个时间段内若能努力学习,而又能将所得触类旁通、举一反三,再经过半年或一年的外出教学实践,在实地考察后符合要求的艺友就可以颁发相应的毕业凭证,就可以单独主持一个幼稚园了。

第二节　现代学徒制及其在我国的开展

一、现代学徒制的"现代"定义

"现代学徒制是将传统学徒培训与现代学校教育相结合的合作教育制度。"[②]新型的师徒学习方式与学校职业教育相结合是其人才培养模式的突

---

① 孙铭勋、戴自俺:《晓庄幼稚教育》,儿童书局出版社 1934 年版,第 30—35 页。
② 赵志群、陈俊兰:《现代学徒制建设——现代职业教育制度的重要补充》,《北京社会科学》2014 年第 1 期,第 28—32 页。

出特点,其实质是一种基于现代职业教育的技术技能人才培养制度。^① 在现代学徒制下,学校和企业深度合作,教师与师傅联合传授,对学生进行多元技能培养。^② 据此可知,现代学徒制是一种基于校企深度合作,结合学校供给引导和企业专业需求以培养学生(学徒)成为合格技术技能型人才的新的学徒培养模式。它以技能课程、工作岗位作为教育的纽带,以教师、师傅的深入指导为支撑,因此既有别于传统的学徒制,也不同于单纯的学校职业教育。因此,现代学徒制可以说是一场试图解决以往理论与实践相脱节、知识与能力相割裂、教学场所与实际情境相分离等问题的职业教育变革。当然,现代学徒制的这种变革需要有各方力量的支持与参与,这不仅需要学校与企业双方的有效合作,而且需要政府在政策制度层面的顶层设计及服务保障,更需要行业的积极主动参与指导协调,通过现代学徒制的开展,实现政、行、企、校四方联动,使产教进一步融合,学生与师傅进一步融合,学习场所与实习实训场所进一步融合,以达到学生学习生涯与工作岗位的进一步融合。

现代学徒制的基本特征一般包括:(一)属于国家战略层面的制度管理。现代学徒制被纳入国家发展战略的顶层设计,由国家出台现代学徒的劳动和教育法律政策作保障,建立管理和监督现代学徒制的机构,规范具体实施,实行分层管理:中央部委负责总体规划和领导,非部委独立政府机构负责项目开发与总体规范,地方教育管理机构和行业组织负责具体管理,企业与职业教育机构负责具体实施和培训。(二)利益相关方利益分配的均衡保障。既要协调政府、行业、企业和学校等利益相关方之间所得利益的相对均衡,协商利益相关方在决策权方面的相对平衡,在保证企业需求利益的同时,也保障学校学徒的利益。(三)以"企业为主、工学结合"形式培养技术技能型人才。企业是职业院校教育培养人才的使用者,因此也应该是职业能

① 徐国庆:《我国职业教育现代学徒制构建中的关键问题》,《华东师范大学学报(教育科学版)》2017年第1期,第30—38页。
② 叶东、吴晓:《中国式"现代学徒制"》,《中国产经新闻报》2013年11月21日,第2版。

力标准的主要制订者,让学校培育的人才能够符合企业发展的需求;企业还是培训学徒的主要场所,因此,受训学徒的主要培训时间应该在企业中度过,地点也应该在企业。(四)学习者的双身份和学徒工身份特征。拥有"学徒"身份的学习者首先被界定为"企业的人",以此提高企业对"学徒"教育与培训投入资源的积极性;同时,由于企业对"学徒"身份学习者的投入成本较正式员工低,也保护了企业提供现代学徒制岗位的积极性。(五)教育具有统一规范的培训标准。在德国、英国、澳大利亚等学徒制比较成熟的国家,都有国家部委统一颁布实施学徒培训的标准性文件,对教育培训的内容、方式和对学徒完成培训应该达到的知识、技能水平等做出明确、细致、统一的要求。(六)学习评价由国家职业资格体系统一进行。由行业开发或普遍认可的国家职业资格认定标准,能够保障拥有相应资格学徒的专业地位和就业优势,从而增强青年人对现代学徒制的参与兴趣。

这些特征显示,现代学徒制既是一种职业教育制度,也是一种劳动资格制度,还是一种有助于职业教育制度特性发挥的现代教育制度,是一种基于职业能力需求导向之上、侧重于广博基础和技术技能转换创新的学习制度。它与传统学徒制最明显的不同是:现代学徒制明确规定学徒工即为雇佣工,因此雇佣学徒工的雇主就有义务支付学徒工报酬;学徒工的服务时间及其证明其能力的职业资格证书由国家培训组织决定和授予。

二、现代学徒制的提出背景

现代学徒制的提出是传统学徒制、职业学校教育体制与社会发展出现不适应而导致的。学徒制是一种古老的职业教育形式,早在职业学校产生以前,它是人类社会知识、技术、文化传承的主要形式。到 18 世纪下半叶,随着工业革命的进行,近代生产体系的逐渐建立导致了"师传徒"这种单一的学徒制逐渐走向了崩溃,它被具有普及性、适应生产线的学校教育所取代,大量的企业所需标准技能型劳动者被培养出来。于是,适应于工业革命机械化生产的学校教育的出现和普及,似乎已宣告学徒制这种适合于家庭手工作坊的技术传承制度的结束。但随着"二战"中战败的德国在战后的异军突起,人们开始重新关注、认识和思考学徒制。战后德国之所以能从战争残局和东西德分裂中迅速复苏,并在战后短短十多年间就获得经济的高速发展,并于20世纪60年代再次超越英、法成为西方第二大的经济强国,就是得益于实行了以双元制为代表的职业教育体系,即将学校教育与企业培训紧密结合的新学徒制教育。德国的这一成功,引来了许多西方国家的纷纷研究和效仿,也使现代学徒制逐渐成为西方现代技术教育的一种新的重要形式。

第二次世界大战后,以原子能技术、航天技术、电子计算机应用为代表的第三次科技革命(又称"信息技术革命"或称"数字化制造为标志的工业革命")广泛兴起。20世纪末和21世纪初再生性能源技术、绿色低碳材料技术、数字制造技术的不断创新,以及与互联网技术的高度融合与运用,导致了现代社会生产方式、制造模式、生产组织方式、生活方式、思维方式的重大变革和新兴产业的诞生与发展。技术的科学化、智能化、高端化需要培养更为高端的创新型人才,技术的群体化和产业化也需要培养大量的能熟练利用互联网信息平台和操作相关技能的现代劳动者。在科学技术成为第一生产力的"科技经济一体化"过程中,那些具备科学研究和生产的高素质创新型人才已成为推动科技和经济发展的主力。在此社会需求下,负有培养科技人才职责的职业院校,就要与社会科研机构、企业进行深度合作、资源共享、产研协同、做学结合,与社会形成亲密发展共同体,共同培养创新型人才和实践性人才。创新型和实践性人才的核心素养是创新能力和动手能力,因此,职业院校培养人才不仅要注重学科的基础知识、专业素质和专业实践能力,更要注重创新品质和社会情绪能力的培养。第三次工业革命"3D或4D"打印技术的成熟与DIY制造的普及,将使人的个性化得到极大的实现,从而出现高技术背景下的自给自足,实行个性化分散式合作生产,即自第二次工业革命以来的雇用大量工人进行大规模的机器化、标准化的生产方式将被个性化基础上的合作生产所取代,生产的材料、能源和过程变得持续、环保和数字化。这样,适应于前两次工业革命标准化生产的学校一元化人才培养的模式就需要改变,构建成新的由学校、家庭、企业、社会等多元化交互式培养的教育体系,以培养适应于个性化生产的高素质基础性劳动者。这种高素质应该包括:有较高的文化素养和创新能力、终身学习等意识;能熟练驾驭数字化智能化设备,通过互联网获取、整合信息;具有与人合作、分享、创新、诚实、服务他人等良好品质;拥有先进的理念、整体的思维、全球性的视野,如生物圈意识和亲自然情结等,成为良好的拥有个体劳动技能、创新素养和生产效率的技术技能人才。[1]

要培养这类高素养技术技能人才的发展需求,使工业革命后一直占据职业教育主要地位的学校职业教育,与社会经济发展的现实出现了越来越大的偏离。曾经培养过工厂生产所需初级技能劳动者及推进教育民主化的学校职业教育,因其供给引导的计划教育模式和"学问化"的理论教育内容,使学徒所学知识与企业工作实践不相吻合,从而导致了供需失衡引起的结构性失业和技能型人才的短缺。这种现象使原先整齐划一的学校职业教育形式受到企业界、教育界和学生的质疑。有些职业教育专家认为,如果传统的企业培训是基于企业内部的一种思考,那么传统的学校教育也是基于学校自身发展的一种思考,而现代经济的发展,需要的是有跨界升华的综合性思考。现代学徒制所具有的这种跨界性,最终得到了国家、社会、业界的逐步认可和推广。

但是,处于初创和模仿阶段的新学徒制培训,由于教学方法落后,政府自由放任,青年人参加技术培训的主动性、积极性不足,再加上培训结构不符合社会发展的需求,所以生产技术进一步发展所需的技术人才尤其是中等层次的技术人才严重缺乏,无法满足社会生产快速发展的需要。要解决这种"工学脱离"的教育弊端,就需要使职业技术教育能够更上一个台阶,提

---

[1] 关晶:《职业教育现代学徒制的比较与借鉴》,湖南师范大学出版社 2016 年 6 月版,第 18 页。

高工作中需要的知识技能和职业理解能力。为此，一些发达国家，尤其是曾经的学徒制成熟发展的国家，在结合传统学徒制和现代生产技术的基础上，改变了技术工人培训的方法。例如在英国，他们将传统学徒制和现代职业教育相融合，开发出了别具特色的国家职业资格制度（NVQ），作为对英国业内人士的等级评价标准，如表 1-2 所示。

表 1-2　英国国家职业资格等级表①

NVQ	能力标准	对应职务
1 级	有能力从事日常工作活动，具有在一定范围内从事常规的、可预测的工作活动的能力	半熟练工
2 级	有能力从事活动，包括一些非日常性的、并需负有个人责任的活动。具有在较大范围和变化条件下从事一些复杂的、非常规的工作活动的能力。负有一定的责任和自主权，并能与工作中其他的成员进行合作	熟练工
3 级	有能力在不同的条件下从事一系列复杂的、非日常性的、需要为自己和他人负有责任的活动。具有在广泛领域从事各种复杂多变的、非常规的工作活动的能力。负有相当的责任和自主权，经常需要对他人的工作进行监督和指导	技术员 技工 初级管理人员
4 级	有能力在较广的范围内、各种不同的条件下从事一系列复杂的、技术性的或专业性的工作活动，并能对自己、他人和资源的分配负有较大的责任。具有在广泛领域从事技术复杂、专业性强、条件多变的工作活动的能力。负有很大的个人责任和自主权，通常需要对他人的工作和资源的分配负责	工程师 高级技术员 高级技工 中级管理人员
5 级	有能力从事一份高级的职业，能在广泛范围内、难以预测的条件下应用大量基本原理和技术。负有极大的个人自主权，经常对他人的工作和重要资源分配负有重大责任，并具有个人独立分析、决断、设计、规划、实施和考评工作结果的能力	高级工程师 工程师 高级管理人员 中级管理人员

---

① 黎娜：《英国、澳大利亚职业资格考评实践及其对我国的启示》，华东师范大学硕士学位论文，2005 年。

现代学徒制适应了现代社会经济发展的需要，但仍然存在实施方面的问题。例如，学徒工虽然地位得到了大大提升，不再是手工业底层的劳动力，他们广泛地参与企业的管理、工程的设计、零售的组织，成为企业的一分子，但在实际操作中，学徒工要获得相应证书及就业比例仍然不易，许多年轻人很难通过学徒制这一途径获得较高层级的工作机会。再如，在实行现代学徒制的过程中，学校和企业到底应该由谁起主导作用呢？不同国家文化教育传统的不同，普通教育传统和职业教育传统强弱不同，企业参与职业教育意愿强弱不同，使学校和企业在谁起主导作用方面存在着持续的矛盾。这些问题，在西方发达国家的改革中逐渐得到了一些改善。

三、现代学徒制的最早实践与优势

现代学徒制最早出现于"二战"后的德国。1969年，德国颁布《职业教育法》，实行"双元制"职业教育，将职业院校常规的教育与企业的培训有机结合，以培训新型学徒。《职业教育法》规定，企业需要严把学生的入门关，通过严格的选拔和技能评价，选择高质量的学生进行培养。学徒的培训地点主要在学校和企业，但考核机构则属于第三方。这样的职业教育模式，不仅有益于促进企业间的良性竞争，而且有利于保障学徒的利益和劳动力市场的健康稳定，促进德国社会经济的快速发展。德国"双元制"职业教育模式的成功，一方面是因为德国教育体系的分轨制为职业教育输送了优质、稳定的生源，另一方面是通过严格选拔企业和学徒参加学徒制培训，以"利益协调"整合所有相关方的利益，同时使其共同承担培训的规划、实施和责任。这一教育模式为德国制造业的强盛提供了充足的应用型人才，也为德国经济的高速发展提供了稳定的劳动力市场。这一成效，不仅得到全社会的高度认可，也获得了世界上许多国家的认可与借鉴。

由于国家体制和背景的不同，各国采取"现代学徒制"的形式即人才培养方式和实施手段也有所不同。例如英国采取的"三明治"模式，这是一种

"学习—实践—学习"的工读交替、产教结合的模式,其特点是让学校与培训机构的作用得到充分的发挥。而澳大利亚的"新学徒制"模式,则是由国家统一制定规范的教学标准或培训标准,然后让企业或行业自行增设其行业特色内容,最终由企业与学校共同完成教学培训任务的教育制度。新学徒制的课程注重专业性和实用性并重,内容注重岗位工作和课堂教学结合,尽力将国家、地方和企业的标准有机衔接在一起,使其更凸显社会化特征。再如,瑞士的"三元制"模式是由企业、职业学校和行业培训中心三方共同举办学徒培训:首先由企业提出培训要求,然后由行业与学校制订培训标准,再由学校、企业、行业三者共同实施教学和监督教学,保证学生定时在学校接受通识教育和专业基础理论知识学习,同时保证学生定时到企业实习,并到行业培训中心学习专业的跨行业课程,以弥补企业实践、职业学校学习时内容的不足……目前,世界上较为流行的"工学结合"的职业教育模式是美国的"合作教育"模式,其特点是把课堂学习与相关领域的生产性工作经验的学习密切结合,从职业岗位需要出发,确定培训的能力目标。在这一学习过程中,学徒可选择到能承担相应能力目标的育人企业学习,这使学徒也有了更为宽广的学习与从业选择的空间。

现代学徒制教育使学徒与教育机构及企业、行业之间形成了合作伙伴关系,不仅规定了各自需有的责任,还因工学结合的灵活性和培养学生岗位能力的原则性,调动了企业积极主动参与职业教育,让多方合作关系融入人才培养的全过程,在国家法律政策的保证下,培育出一批适合于现代信息技术革命生产的新型技术人才。这些创新型技术技能人才具有现代学徒制教育的主要优势。(1)社会参与的普及化。在现代学徒制中,除了雇主和学徒外,还有社会机构与政府的培训管理参与。政府不仅设置各类机构积极参与学徒制的管理,还为学徒脱产、兼职提供培训费用。培训机构就是通过学徒培训从政府获取学徒培训经费的。在社会参与者中,雇主扮演着最为重要或者说主导的作用:主导国家学徒制的重要决策,是学徒制培训标准和框架结构的制定者和开发者,并由此开发出国家职业标准和资格要求;学徒培训的具体方式和内容也由雇主自行灵活决定。（2）体系构建的阶梯化。例如,英国的学徒制梯级分为青年学徒制、前学徒制、学徒制、高级学徒制、高等学徒制,以适应社会经济生产水平的层级需求及符合这些需求的不同层次技术培训的需要,吸引学徒继续学习,参与更高层级的技能深造培训。（3）能力考评的注重度。虽然对学徒的培训有知识理论体系,也有具体操作技能,但培训和考评最为注重的核心标准是学徒通过培训所掌握的能力水平,即培训考评等级不注重学徒的培训过程,而注重培训结果;不注重培训的时间长短,而注重学徒在自然工作状态下的实际工作能力。（4）提升学习的持续性。由于社会及经济是不断发展的,任何等级的培训和考核都有时代局限性和相应特征,故学徒必须适应各类企业不同专业技术的需要和转型升级的需要。学徒可以灵活参与各类企业各个等级的培训,以寻找适合自己特长、喜好、时间等方面的学习方式。这使现代学徒制培训学习呈现出终身学习的特点。

但是,高等教育大众化的冲击,经济与劳动力市场的快速变化以及全球化与人才流动导致培训人才的流失,对企业参与高端人才培养的积极性产生了影响。为此,西方国家从 21 世纪初开始不断改革现代学徒制,对学徒制的制度、内容、证书、资格做出统一的标准界定,明确扩大学徒制的范围、培训质量的具体目标和提升产业覆盖率、学徒结业率。他们扩大了学徒制的培训对象范围,向着广泛的职业领域扩张;学徒制的学习项目呈现出阶梯化和模块化,同时注重基础理论与通用技能的培养;学徒制教育与正规系统教育结合起来,呈现出综合两大制度优势的新型职业教育模式;委托第三方进行学徒培训使合作方的维度得以更加扩大。

例如,英国一方面放宽了学徒的年龄限制至 14 周岁,另一方面规定学徒工的分级从 2 级开始,3 级及以上为高级学徒;同时通过资金倾斜和基金鼓励等举措,增加高级学徒的培训机会,并增多其就业岗位,提高学徒工的质量,规定学徒工的培训时限,防止雇主单位套现获取政府补助资金,保障多行业、多工种、多层级现代学徒制的健康运转。① 因此,英国现代学徒制这种多渠道、多路径的发展模式,使学生、雇主和政府之间形成了多赢的局面:(1)由于学徒规模较大,形成以市场需求为导向、政策扶持为保障、平台建设为支撑、全员参与为基础的良性发展机制;(2)将学徒制资质与学位对接后,结业的学徒作为高技能人才易于在企业就业;(3)除2级工数量较多外,高级工学徒的比例增加了;(4)学徒在接受正规系统培训时,可以获得企业岗位的最低工资;(5)学徒工培训的相应责任由政府保障,除了制订学徒制培训的发展规划,学徒培训的相应费用由政府与企业共同承担;(6)学徒通过与企业签订协议,约定了工种、行业、技能、职业、要求、培训时限等。

英国现代学徒制这种多赢的局面自然也促成了多赢的结果:第一,对于学徒工来说,学徒制的分级对应了普通教育的相应等级,使社会对学徒工职业低下无前途的观念有了很大程度的改变,通过分流体制也让部分学生重新规划了职业生涯,他们通过继续学习,学到了技能,拓宽了就业道路,甚至改变了人生;学徒如果取得更高等级的证书,那么就相当于取得了学士或硕士学位,这样不仅能减轻家庭教育负担,还能取得良好的就业前景。第二,对于企业雇主来说,参与现代学徒培训的企业能大大提升服务质量和生产力,从而使雇主能在几年内就赚回为学徒培训所投入的成本。第三,对于社会来说,政府的投入与学徒的回报之间获益率非常高,学徒工的终身收入也大大增多,绝大多数以学徒出身的雇员不仅能获得长期的全职工作,而且被解雇的概率更是非常低。

这样,现代学徒制的多赢结果为现代职业教育制度的改革发展提供了有利的依据:(1)功能目的从生产性为主到教育性为主,培训性质也从私人性转向了公益性,促使国家把现代学徒制作为"人才发展战略"进行投资和参与。(2)教育的性质内涵从就业技能培训转变为职业系统培训,从狭隘走

---

① 张俊勇、张玉梅:《英国现代学徒制的发展及其启示》,《职业技术教育》2017年01期,第74—79页。

向广泛,从边缘走向中心,从封闭走向开放。这样使教育在关注学生的可持续发展及职业流动需求的同时,强化了学徒基本素质、通用技能及基础理论的培养。于是,学徒完成学业培训后,就拥有了与学校教育相等水平的岗位地位。由于学徒的职业培训从一次性、终结性的培训变成不同层次、不同专业的持续甚至终身的培训,学徒更能适应社会不断发展的需要。(3)制度规范的制定权从行会转到国家。现代学徒制的规范和保障已上升到国家立法层面,国家及地方往往设立专门机构来管理现代学徒制,强制性地统一学徒制的课程框架,具体规定学徒培训应该达到的知识和技能水平及培训的内容和方法。这一规定也使学徒获得的国家职业资格可以在全国通行。(4)利益相关方的关系从传统的简单师徒关系转变为包括现代政府、企业、产业指导委员会、工会、学校、企业师傅、学校教师、学徒甚至第三方培训或中介机构的众多复杂的关系。这不仅可以促使跨部门的合作,还对学校、企业、师傅、学徒之间签订的培训合同进行了约束,使其能接受多方的严格监督,从而保证了培训的质量和效率。(5)教学的组织呈结构化趋势:"校企合作、工学结合"。这一趋势也促成教学场所从原先单一的学徒在企业学习和学生在职业学校学习,变成包括职业学校和企业两个方面甚至包括第三方培训机构的多方位场景学习;担负教学培训任务的教师或师傅也不仅是一人、两人,而是一个由不同课程的授课教师和不同岗位的技术师傅共同组成的师资团队,通过结构化设计课程框架,详细规定培训职业的名称、时间长度和进度、学习范围和目标、教授技能和内容及证书考核等,以此来保证教学质量的优质和统一。进入 21 世纪后,政府与企业、培训机构不断改革、完善现代学徒制,使其成为以市场需求为导向、政策支持为保障、平台建设为支撑、全员参与为基础的良性培训机制。现代学徒制的教育培训优势及对社会经济发展的推动,促使这一源于西方的新型职业教育模式传入到我国。

四、现代学徒制的引进与开展

进入 21 世纪以来,我国人口红利逐步结束,粗放式发展经济已经难以持续,这就迫切需要转变社会经济的增长方式,调整产业结构和实现技术升级。产业结构的升级换代及新兴企业的创新发展需要更多的技术工人。我国职业教育的人才培养目标依然突出体现在技能型人才的培养,以就业为导向,为企业培养大规模、标准化的成熟生产技术人才。"校企合作""顶岗实习"即技术的"师徒相传"属于适应第二次工业革命需要的教育方式,但不能适应第三次工业革命下的人才需求,加上许多大学生动手、实践能力的欠缺,使当前的高等教育已不能满足企业亟待生产运作的个性化、专业性用人需要。再加上社会未能对职业教育予以足够重视,这一方面导致了广大大学毕业生就业越来越困难,另一方面也导致了社会出现用工荒、招工荒,高技能人才短缺情况突出的矛盾局面。而劳动生产率的落后会大大抑制企业向高增加值和产业价值链上游的升级换代,削弱企业产品的市场竞争力和盈利能力,最终影响企业的生存与发展。

基于经济转型、产业结构调整、企业转型与技术升级对人才的需求,职业教育的人才培养模式也需要做出相应的调整。采用现代学徒制既是一项成效显著的选择,也是职业院校主动适应区域社会经济发展需求的重要举措。职业院校职业性、高等性和教育性的三者合一,体现了对社会发展的适应和学习者获取生存技能的需求,也体现了学习职业的层次定位和教育分工的引领责任、社会责任、进步责任及文化传承。尤其是由于我国的文化教育传统对普通教育的重视度无疑比职业教育更强,公众的认可度也更高;在市场化的背景下,缺乏高等性和教育性的企业出于尽快获得利益和追求高额利润的考虑,对企业员工的投资意愿和对职业教育的参与意愿远比西方发达国家要弱。因此,不同于西方国家政府、企业、学校协作及企业的积极参与,我国的职业教育只能主要由政府举办,公办职业学校也因此成为我国职业教育体系中的主体形式,学校也因此成为我国现代学徒制教育的主导方。但是,拥有高等性和教育性的职业院校缺乏行业的职业性,需要政府通过有形之手引导企业积极参与到学校教育中来。只有在政府、行业协会、企业和学校等的共同努力下,才能建立现代学徒制的运行机制、构建制度以及质量保障体系,实行校企合作、产教融合、工学结合,在多元互动、合作共赢的前提下,培养适应社会发展和企业需求的技术技能型人才,促进企业经济的增长和学校教育的发展。我国在借鉴德国职业教育培养模式基础上,通过开展"现代学徒制试点"的理论研究和实践探索,取得了一定的成效,积累了一定的经验,但在实施范围和办学内涵建设上没有合适的校企合作方法。

为此,教育部于 2014 年下发了《教育部关于开展现代学徒制试点工作的意见》(教职成〔2014〕9 号),在借鉴英国现代学徒制的成功经验基础上,根据企业的需求,在政策支持、资金提供、平台搭建、学徒质量和资格标准等方面提出了相应的举措,指出了几个工作的对接:对接专业设置与产业需求的吻合;对接课程内容与职业标准的适切;对接教学过程与生产过程的推进;对接毕业证书与职业资格证书的颁发;对接职业教育与终身教育的开展。

通过对发达国家现代学徒制的考察和分析,结合我国现代学徒制的试点研究,广泛实施现代学徒制还需要整合相关方的利益,构建起行之有效的多方参与、合作"共赢"机制。首先,我国可以借鉴国外多方参与协同治理的现代学徒制模式,梳理协调相关方即组织与个人、组织之间、个人之间的利益关系,从而建立起政府、学校、企业、学生及社会多方协同、合作共赢的育人机制,再明确相关方的其中权责,保障各主体的利益。其次,需要引导和监督企业凸显学徒培训过程中的主导性作用,以协调学校、行业能够各负其责、各司其职,把现代学徒制建设当成自己的责任和应尽的义务,同时保障企业、学校、学徒(学生)各方的权利和利益,以充分调动学习培训的积极性。最后,需要尽快建立国家层面的现代学徒制相关法律法规,规范参与相关方的法律关系和法律行为,建立现代学徒制教育可操作性强的系统配套管理制度,如提供企业主体地位、学徒薪酬标准、学徒劳动保障、财税支持政策、各方奖惩标准、教学评价标准等法律依据，以及建立国家级职业资格标准和多方考核问责机制等。

近代之前，"边学边做"是被大家认可的职业教育主要手段。随着工业革命的产生和发展，正规的学校职业教育取代了学徒制成为职业教育的主要形式。但第三次工业革命后，随着现代职业教育理念创新与技术技能的发展，出现了将学校本位教育与工作本位培训有机整合的现代学徒制模式。也就是说，在教育理念和教育技术发展的前提下，学徒制以一种新的形式"重新"出现。

在现代学徒制下，职业院校的教育理念应完成从培育"自然人、社会人"到培育"生态人"的转变；培养目标从培育"标准化"技术人才到培育"个性化"综合性人才转变；培养内容从知识传授的"因果关系"到大数据平台"相关关系"的转变；培养方法和途径从学校"封闭式"到社会"开放式"的转变，即由单纯的学校教育转变为学校、家庭、企业、社区的教育综合，由单纯的正规教育转变为正规教育与非正规教育的统一，由现实的课堂转变为现实课堂与网上课堂、虚拟课堂、在线学习相结合的课堂，由现实的学历、文凭转变为现实学历、文凭与微学历、文凭并行的考核标准等；培养评价体系和管理机制从学校"单一"评价到社会"多元"评价的转变，即由政府评价、学校自我评价、结果评价为主转变为社会评价、企业评价、家庭评价、过程评价、在线评价为主，由精英评价体系转变为全员评价体系，由侧重技能水平、就业能力评价转变为侧重创新品质、社会情绪能力和亲自然情结评价，由结束在校学习时的静态、单一评价转变为学习过程与上岗后持续发展的动态、多元评价等，在集约化办学利益相关方管理体制基础上，实行全员管理、社会管理、学生自我管理，以充分利用协会、学会、中介机构等社会治理力量；扮演培养主体的教师角色从知识技能的"传授者"到知识学习的"引领者"和培养对象的"协作者""服务者"的转变。

但是，我国在现代学徒制的试点实践中招收的培养对象基本是企业的在岗员工，主要的原因是遇到了一个法律的疑难，即1995年1月1日我国劳动法生效施行后,同年8月劳动部又印发了《关于贯彻执行〈中华人民共和国劳动法〉若干问题的意见》(劳部发〔1995〕309号)。该法律明确规定"在校生利用业余时间勤工俭学,不视为就业,未建立劳动关系,可以不签订劳动合同"。这一规定使职业学校参加现代学徒制培养的学生在参加顶岗生产实习时,要取得相应的报酬就缺少了法律的保护,再加上有些企业懒散的师傅没有认真对待实习的学生,使学生无法完成准员工的全过程培养。对于这一困境,陶行知先生的艺友制教育思想,给我国职业院校建设实施现代学徒制提供了一些可以借鉴并实践探索的培育路径。

第三节　艺友制与现代学徒制的比较

艺友制是我国伟大的人民教育家陶行知先生于1928年1月5日提出的培养乡村小学、幼稚园师资的一种创造性教育模式,是陶行知对传统师范教育观念的一种根本性推翻,是对传统师徒制的一种根本性改造,属于本土化中国师范教育改革的一种有益探索,也是陶行知师范教育思想的一大特色。艺友制虽然是陶行知为解决乡村教育师资缺乏而实行的一种教育改革,但陶行知认为艺友制教育同样适用于其他任何行业,"艺友制之成功在乎指导得人。故凡有指导能力者,皆可以招收艺友,初不问其事业之粗细也。……使有志青年得以依据兴趣才能,充当一种事业专家之艺友,以谋上进"①。这种只要拥有一技之长即可招收艺友的教育思想,大大开拓了职业教育培养的范围,与现代技术和现代教育相结合后,即可为今天我国学习西方现代学徒制培育创新型技术技能人才提供借鉴。现代学徒制与艺友制虽然确立于不同时代、立足于不同背景,但仍然能够跨越世纪时空的隧道,发生积极的

---

① 方明:《陶行知全集》第2卷,四川教育出版社2005年版,第478页。

碰撞。植根于华夏浓厚文化沃土之中的艺友制星光,依然能在我们建设实施现代学徒制的路途中,折射出闪耀的光芒,对我们培养新型职业人才的探索实践具有指导价值。

艺友制的内涵特征和要素结构与现代学徒制之间存在着许多相同性,如两者的培养目标都注重学生职业能力和综合素养;培养方法都坚持"教学做合一";培养路径都是通过学校和企业岗位双主体育人;考核评价也都强调以实践活动为主的过程评价等。同时,这两者也有因时代变迁、发展变化和内外部环境迥异而呈现诸多差异性,需要我们对这两者出现时空不一的教育制度进行比较和借鉴,使它们在中国这块兼容并包的土地上,呈现出新的魅力和教育成效。

一、艺友制与现代学徒制的相同点

1. 教育本质的一致性

传统学徒制是单一的以师傅评价或行业考核作为学徒技术技能的评定标准的,而艺友制则强调学习和工作实效的持续性,评定标准是基于学生在各个阶段的岗位实践的综合表现。艺友制教育过程分为融入、试做、见习、实习四个阶段,每个阶段有不同的学习形式和学习任务。因此考核评价既是对这四个阶段的实践考察,又是基于前一阶段的考核评价,对下一阶段的学习实践进行安排与开展。这是一种在学习过程中,围绕教学技能、方法学习和实践展开,注重对学友进行教学技能训练又注重学友间合作能力及民主平等思想培养的考核评价制度。因此,艺友制的教育评价是过程性考核,贯穿学生实践活动的全过程,涉及学校和实训学校等评价主体,有利于监控人才培养的整体质量。

现代学徒制是校企双主体协同育人的新方法,学校和企业共同参与人才培养全过程的评价考核。对于学生(学徒)所拥有的专业技能和综合能力,由校企双方共同进行综合考评。学校一方重点考核的是学生掌握与职业相关的专业知识和综合素养及全面发展、可持续发展的能力水平;企业一方重点考核的是学徒掌握专业技术技能的水平以及对技术技能进行应用、转换和创新的能力水平。通过校企双方的"共管共评",可以把控现代学徒制的人才培养质量。同时,由于职业具有连续性、专业性和事务性等特征,甚至包括机械劳动或从事有收益工作具有的时间统一性和生长性特征,评价还必须包括任何一种艺术能力、特殊的科学能力以及有效的公民品德发展的考核,这要求现代学徒制考核不能过分地强调职业的专门化,即只注重简单的技术方法考核,而牺牲其中所包含的意义,而应随社会的发展不断提升人才自身的能力。

据此,艺友制和现代学徒制的教育本质,都是为不同阶段生产力和经济发展培养相适应的专业人才,或者说是为社会培养教育发展所需的教师或社会经济发展所需的从业技术技能人才。其促进经济发展和人类进步的教育本质以及通过终身学习适应社会发展需要的持续性等,都是基本一致的。

2.教育契约的共通性

在传统学徒制中,师傅与徒弟之间是有着明显的契约关系的,即师徒之间通过书面契约或口头约定的形式,具体规定师徒间的关系、责任、义务、工作时间和报酬等。在艺友制中,师徒之间的关系属于亦师亦友的民主平等关系,艺友既是徒弟也是师傅,既是学生也是教师,师徒合一通过"共教、共学、共做"培养成为教师,共同获得提升。虽然没有国家或社会层面的法律法规契约,但其成为艺友"师者""学者"双方的条件及分阶段培训艺友的过程,反映了艺友制的规范与内涵,体现着多方之间约定俗成般的"契约关系"。

首先,陶行知先生指明了艺友制中多方的条件:(1)招收艺友的学校必须是拥"有优良教师之学校",可"成为训练教师之中心",中心学校既是儿童教育的处所,也是师资培训的处所;(2)招收艺友的师傅必须具有一技之长,如"优良乡村教师",甚至"图画家、音乐家、雕刻家、戏剧家、电影家、著作家、新闻家、行政家、军事家、科学家、民众运动家、医生、教师、律师、技师、拳师、农夫、木匠、裁缝、商人,皆可以招收艺友"①,即将招收艺友的条件从"优秀教师"扩展至"有指导能力者",凡有一技之长者均可成为艺友制者的"师者";(3)艺友的来源包括发端时的"远道来校参观的人"以"留校作较长时期之研究"②,以及即将毕业的师范生、中学学生和行政部门推荐委派的培训人员。这些人员都应该是有兴趣、有才能的有志青年;(4)艺友制中的教学关系必须是朋友般的"平等相待""至诚相见"及"共同在劳力上劳心,以谋事业之进步",即艺友双方属于一个共同成长体,没有保留,相互促进;(5)艺友制拥有制度保障,不仅获得行政部门、学校的同意,几所学校联合招收,还通过"筹集艺友贷金,俾贫寒天才不致因经济压迫而失学"③,为参与艺友制的"学者"在政策、时间、空间、内容、经济等方面做出了规定和保证。

其次,陶行知先生规范了艺友制的培训步骤、方法和内容。《晓庄幼稚教育》系统地阐述了艺友制的四个实施步骤:"第一期:这期实地参加幼稚生各种活动,做一个儿童领袖为主……第二期:……指示他几种简单的方法,如讲故事的简明点,认方块字的变化法,带小朋友在地上玩的应注意诸点。他得了方法,就看时机给他一群小朋友去试做……第三期:这期里还是继续做各种基本技能的练习,一面又在幼稚园里实地做,这个时期的做,与前期有些不同了,就是导师常常放手,只和他们定一个活动的大纲,给他们找材料的方向。他们找到材料,依着预定的大纲,在那里自己做主地干。导师在旁边看……所以这期有一个重要的工作是参观。参观有本校各中心幼稚园互相的参观,到庄外参观。在参观以前导师有一次谈话,指示某处可以看到什么,这次大家集中看什么。参观回来之后,有一次谈话,用对比的方法来讨论,我们幼稚园应该改进诸点。第四期:……在这期里,每两个艺友担任

---

① 方明:《陶行知全集》第 2 卷,四川教育出版社 2005 年版,第 478 页。
② 方明:《陶行知全集》第 1 卷,四川教育出版社 2005 年版,第 131 页。
③ 方明:《陶行知全集》第 2 卷,四川教育出版社 2005 年版,第 478 页。

整个幼稚园工作两个月,导师完全处于旁观地位,每星期开讨论会三次,其中一次是预定下周活动大纲,指示材料所在地,方法所在地。其余二次,都是讨论做过的情形……总共四期合起来,大约要一年半以上或者延长至两年。四期以后,我们还不给凭证,要看他出去做事的成绩,经过半年或一年以后,我们去考察实地情形如何,再给以毕业凭证。"①这四个步骤阐述了艺友制中学习的时长,规定了学习的步骤及每个步骤的教师指导方法、艺友学习目标要求和学习具体内容、总结反馈要求、考核评价途径及凭证颁发标准等。这些规定规范了艺友之间的相互学习合作关系,形成了富含操作性的教育"约定",限定了培养幼稚园教师的具体义务。

现代学徒制作为一种新的人才培养模式,具有"双主体""双身份"和"双导师"等特征,更注重学校与企业、企业与学生、教师(师傅)与学徒等利益相关方的法律法规和契约关系。在现代学徒制实施过程中,我们首先要厘清校企合作的权责边界,遵守自由平等的契约精神,界定好学徒的权利义务,构建起师徒学习的共同体。从学校、企业、学生(学徒)、教师(师傅)四方主体利益诉求出发,阐释校企、企徒、师徒等利益主体之间的相互关系。例如,先由学校、企业、学生三方签订书面的培养、就业协议,从中具体说明学校和企业在学生(学徒)培养过程中的培养程度和接纳就业义务,同时规定学生在学校完成相关学业并在企业完成实习毕业后到企业定向就业的义务,以从内在角度激发校企双方合作、学生参与现代学徒制的积极性和创造性,切实巩固现代学徒培养过程中的平等师徒关系,化解学校、企业、教师(师傅)、学生(学徒)等利益主体在学习培训中可能出现的矛盾与冲突,推动校企双方在平等自由和互利共赢的契约中构建新的长效合作机制,保证现代学徒制的可持续发展。从德国的"双元制"、美国的注册学徒制、英国现代学徒制体系、瑞士的"三方协作"现代学徒制和澳大利亚的"新学徒培训制"等的分析可见,西方发达国家现代学徒制的契约关系主要特点包括:契约制度比较

---

① 孙铭勋、戴自俺:《晓庄幼稚教育》,儿童书局出版社1934年版,第17—21页。

健全,分层管理契约各方,参订契约行业众多,契约参与成员面广,并规定校企双方合作以企业为主,实行统一的培养评价标准,达成职教和普教的互补融通。现代学徒制机构和人员的多元化和相互关系的复杂化,需要调整学习关系和平衡利益关系。利益相关者包括政府、学校、企业、学校教师、企业师傅、学生等多个方面,所组成的利益关系包括学校与学生,学校与企业,学校、企业与教师(师傅),学生(学徒)与企业、师傅等,既有双边关系,也有多边关系。在这一多维关系网中,任何一方面的关系出现问题,都可能影响整个学徒制的推进。加上学生不再是被管理的对象,而是这一制度的参与者和利益相关者,因此,需要将契约理念引入现代学徒制教育中,使双方或多方的不同利益个体的自身权利,通过契约在法律层面得以维护,在法律框架内进行双方或多方的博弈、合作、协商和对话,能够保证现代学徒制的健康有效推进。

据此可见,艺友制和现代学徒制在严格契约关系方面虽然存在规模、范围、文字化等方面的差异,但其在规范学习内容、学习时长、学习场所、学习方法、培养目标、考核标准、评价过程、就业方向、利益保障、主体责任等方面具有高度的相似性,都是在平等民主的关系下培育学校教育或企业岗位等社会需求的合格的甚至优秀的专业技术技能型人才。

3.教育目标的传承性

虽然都是为了培养品德兼具的专业技术技能人才,但是艺友制在具体专业和层级要求上的培养目标与传统学徒制的培养目标还是有明显不同的。传统学徒制"父子相传"或"师徒相传"的关键目标是学到技术技能。即使到了工场手工业时期,学徒制的培训规模因产业发展对人才需求的增长而不断扩大,但其教育目标还是注重技能的传承,以使学徒能在学习技能后可以迅速从事手工业生产。这种以技能培养为标准的教育目标,相对现代生产需要是较为单一的。一直到工业革命后,由于需要适应规模化的大生产,技术以外的协调配合等素质才变得越来越重要。在职业学校进行系统培训和现代学徒制的多元合作要求才使得教育的传承内涵更为丰富。除了学徒(学生)要从师傅(老师)那里学习技能这一基本目标外,注重相互合作、系统协调的品质与素养等都成为培养优秀学徒的核心内容。与之相比较,艺友制教育的目标是培养育人成长发展的师资,这使"艺友"的培养对象选定和担任教育示范任务的"导师"选定,更要注重、更加强调教育目标的"德艺双馨"。因此,艺友制与现代学徒制是不同时期、不同国家实行的职业教育模式,两者具有因应不同时空需求的各自特性,但在教育目标上具有类似的传承性,即除了技术技能的传授指导,更注重、更强调人才培养的责任目标。

陶行知"生活教育"人才观包括"生利"的技能、本领和"利群"的品德、精神,即要把人培养成为德智体美劳全面发展的"真善美活人"。陶行知认为传统学徒制中师傅简单传授操作技能是一种片面的教育,提出"凡是愿意把他的一颗热烈的鲜红的心捧出来献给儿童的人,都是我们和儿童所最欢迎的艺友"①。这里,艺友制为满足培养农村教育师资而创设,其服务对象是为农村的小学、幼儿园等提供合格的教师,具有明显的社会教育功能,因此人才培养的首要条件是"利群"的品德与精神。所以,艺友制教育的过程不但注重学生实践教学能力的培养,更强调综合职业素质的培养,如平等民主、合作交往、服务社会等思想的教育。

现代学徒制是一种开放的教育类型,跨越职业与教育、企业与学校、工作与学习等许多的界域,是一种真正的典型的"跨界"教育。因此,在我国教育与技能形成的过程中,现代学徒制是具有双重功能的,即既具有人的独立精神与社会属性,又具有人参与企业实践工作的丰富内涵和多重功能。这样,现代学徒制培养的专业技术人才不仅需要契合企业岗位的需求,体现着职业教育的"职业属性",而且要彰显挖掘人的潜能、关注人的成长的"教育属性",使人文素养、职业素养的养成能够贯穿高技能人才的培养过程。这

---

① 孙铭勋、戴自俺:《晓庄幼稚教育》,儿童书局出版社 1934 年版,第 233 页。

也意味着现代职业教育对学习与工作、教育与职业、企业与学校等几个界面的同时跨越，具有相当多面的复合特点。同时，现代学徒制的教育实践是一种培育人的实践，这也要求职业教育的最终目的和过程方法都要以人为本：让学生（学徒）既能在职业生活中获得幸福感，又能在社会发展需求和美好生活需求上获得满足感。尤其在信息化时代，更要强调学生（学徒）的多元发展，重视企业对学徒（学生）在岗工作能力的培训，规定学校开足课时强制提高学徒文化素质，使学生（学徒）既具备工匠精神，又拥有独立人格，从而把个人和社会、精神现象和行为现象等融入职业教育的"统一性"内涵之中。通过校企合作、工学结合等形式，将理论与实践系统贯穿于整个教学过程，再让学生走出校门，提前接触社会、认识岗位，并到实际的工作岗位中磨炼意志、锤炼品格，使学生的综合职业能力和职业素养得到切实的提升。这种教育路径，会使教育的"针对性""有效性"和"个性化"得到大大加强，学生的职业生涯得以持续性发展，学生的需求得以全面发展，职业教育呈现出不同于职业培训的内在价值。

2012年联合国教科文组织（UNESCO）在上海举办的世界国际职业教育大会上，就已经形成了现代职业教育的"上海共识"，其主要内容之一就是将职业教育的使命，从向年轻人传授基本技能而使他们能够入职，转变为面向他们终身职业生涯的教育。[①]

综上所述，艺友制与现代学徒制在培养"德艺双馨"全面发展人才这一本质特性上是基本一致的，两者对合格人才的标准也具有多方面的同质性，在思维、思想品质与技术技能的兼备，理论知识与实践能力的并进等方面，目标一致。

---

①　查建中：《关于"现代职业教育体系"讨论中若干名词术语的思辨》，《高等工程教育研究》2014年第6期，第6—11页。

4. 注重实践的操作性

（1）重实践操作

传统学徒制和现代学徒制，都着重于让学生（学徒）通过学习掌握实际操作技能或技术，以更快地适应职业或工作岗位，在教学过程中都需要重视实践操作，强调在"做中学""师带徒"，注重以"职业实践"为主要内容开展现场教学。

"职业实践"的核心精髓是"教学做合一"。艺友制与现代学徒制的人才培养方法就是"教学做合一""工学合一"。

陶行知的生活教育学说是以"生活""社会""实践"为核心内涵，强调"教学做合一"。艺友制就是"教学做合一"思想在实践中的具体运用。晓庄师范主张小学教师的培养要在小学里完成，在小学里做，在小学里学，在小学里教。小学既是培养小学教师的中心，也是培养教师的师范学校的中心。因此，中心学校既是儿童教育的场所，也是艺友制师生的教学实训场所。艺友制的最早试验场所就是这些中心小学和中心幼儿园。师生通过共教、共学、共做，通过"做"打通"教"与"学"，实现真正的"教学做合一"。陶行知认为传统师范教育的做法是先理论后实习，这是把一件事分成了两截来做。他举例说，请客吃饭本是一件事，可现在分成早上烧饭和晚上请客，这就把一件事硬生生断成了两件事，其结果就是要么让客人吃冷饭，要么把饭重新烧过。而采取"教学做合一"的中心学校，就是把烧饭请客同时做，把理论与实习合为一炉而冶之。他说："事如何做便如何学，如何学便如何教。教法根据学法，学法根据做法。先行先知者在做上教，后行后知者在做上学。共教、共学、共做方为真正之艺友制，亦惟艺友制始能彻底实现教学做合一之原则。"[①]教育没有一定的模式，艺友所要学的一切，可以跟着小朋友一道做游戏，可以在风琴上练指法，可以回家后看幼稚教师指定的参考书，可以像上课一般的试讲，有时可以是通过个别谈话或集体讨论了解教育进步或交

---

① 方明:《陶行知全集》第2卷,四川教育出版社2005年版,第476页。

流教育经验，即依事之性质不同和个人能力差异，以不同方法达到做的共同目的。

现代学徒制则十分注重实践能力的培养和创新价值的应用，综合实践能力的培养是职业教育的根本，所有的理论知识都是为培养实践能力提供基石和支撑。通过学校和企业、教师和师傅双主体共同培养完成学生"职业的典型工作任务"所需的综合职业能力，并在真实工作情境中获得"工作过程知识"，这是职业教育的真谛。实践性教学包括各项技能实训和综合实习，如专业见习、跟岗学习、顶岗实习等，是校企双方深度合作基础上的校企一体化学习，以扩大学生的工作历练和实践锻炼，有效提升学生相应的实践能力和社会适应能力，包括创新创业、沟通协调、团队合作能力，以满足企业对人才的需求。因此，现代学徒制人才培养的路径就是在具体的工作情境和整体化的工作过程中培养学生（学徒）的应用型技术和技能，其教学内涵是校企合作、工学结合、知行合一，教学灵魂是"教学做合一""做中学"。

为此，职业教育要通过促进师生双向互动、使教育与生产劳动相结合、构建完善的评估体系等方面的改革创新，将现代学徒制实践性教学与职业教育实践性教学有效结合起来，培养具有超强实践能力的建设型人才。例如，在企业生产岗位开展共享课堂的教学模式，可以为师生教育提供一种零距离、开放性、共享性的教学场景，在企业生产实践中，以生产任务为目标，以生产岗位为载体，以岗位师傅为指导，将教育实践与教育理论在工作岗位中密切结合，实现"双主体、双身份、双导师、双管理、双考核"的现代学徒制教育创新。当然，要实现这一目标，校企双方要严选师傅，严格限定企业师傅带徒数量，以确保学徒的培养质量。还要从教学规律、认知规律和岗位要求出发，校企双方共同构建双向互动、生产与教育相结合的专业课程体系。学校与企业要互聘班主任，加强校企双班主任对学生（学徒）的双重性、过程性管理等。

（2）重示范培育

艺友制和现代学徒制都以"校校（企）合作"为人才培养模式，注重岗位工作的操作示范。

陶行知十分强调教育与社会的紧密联系,"社会即学校"即是他历来的主张,他明确指出"不运用社会的力量,便是无能的教育;不了解社会的需求,便是盲目的教育"①。早在 1926 年,陶行知先生就在《事业之境界》一文中提出了职业教育要实现跨界教育的主张,认为"若囿于职业,不能办好职业教育;囿于教育,亦办不好职业教育"②,而艺友制正是将学校与社会、教育与职业两者有机结合的一项实践尝试。就当年陶行知开展艺友制教育来说,"校"指的是晓庄师范,"企"是指晓庄小学、燕子矶小学、尧化门小学和晓庄幼稚园、燕子矶幼稚园等诸多晓庄的中心小学、中心幼稚园。陶行知认为,中心学校(企)是师范学校(校)的主脑和前方,晓庄师范是后方,后方应该为前方服务。就拿打仗作比方,要取得一场战争的胜利,前方和后方必须是一个相辅相成的有机整体,双方相互配合,相互支持,充分发挥各自的特长和优势,才能取得战争的胜利。"幼稚教育的对象是幼稚生,学做幼稚教师的人,离开对象——幼稚生,又怎么能够学得好。所以,认真说起来,学做幼稚教师要在幼稚园里学,才能得到真实的本领。"③艺友制教育把师范生派往中心小学、中心幼稚园当艺友,并跟随指导员(师傅)边学习边实践教育,把校外实训场所(中心学校)与学校教学紧密结合,这是一种典型的"工学结合""校企合作"的办学模式。

现代学徒制作为一种现代职业教育人才培养模式,把学校和企业两种完全不同角色融合在了一起,通过学校与企业联合招生、联合培养,实现校企的深度合作,还把学徒和学生两个不同的身份有机地统一在一起,把师傅和教师两个不同行业的从业人员有机地联系在一起,把课堂和工作岗位两个不同领域的场所也有机地结合在一起,把学习和工作两个不同性质的活动有机地融合在一起,从而培养适应产业转型升级和企业技术创新需要的

① 方明:《陶行知全集》第 3 卷,四川教育出版社 2005 年版,第 505 页。
② 方明:《陶行知全集》第 11 卷,四川教育出版社 2005 年版,第 221 页。
③ 孙铭勋、戴自俺:《晓庄幼稚教育》,儿童书局出版社 1934 年版,第 231 页。

发展型、复合型技术技能人才。这种多方位、多层次的统一与联系,更加关注师傅对学生(学徒)的示范操作,突出岗位生产的实际场景展示与技术指导,因此,校企深度合作是现代学徒制人才培养模式的有效途径,能够适应时代发展的新需求,并与艺友制一样,突显着示范培育的特征。

5. 做学合一的过程性

(1)负责学徒教育过程的"师者"都是技艺高超或经验丰富者

"教师生活是艺术生活,其职务亦是一种手艺,应当手到心到躬亲实行者。彼惟高谈阔论,妄自尊大,不屑与三百六十行为伍者,岂能当 20 世纪教师之名?"①艺友制中招收艺友的师傅必须是一些具有一技之长、经验比较丰富、专注于躬亲实践的人,如"优良乡村教师"或者"图画家、音乐家、雕刻家、戏剧家、电影家、著作家、新闻家、行政家、军事家、科学家、民众运动家、医生、教师、律师、技师、拳师、农夫、木匠、裁缝、商人……"②。作为艺友制的教育工作者即担负"师者"任务的艺友,必须对正在完成"学者"任务的艺友以及其学习培养的整个过程负责:从选择招收艺友跟随自己的教育见习,到指导艺友适时参与教学过程的教育实习,再引领艺友全面教育的独立上岗工作,最后到观察评价艺友后续教育实践的考核颁证……都显示了"做学合一"过程中的专长指导。

"在学做合一的情况下,艺友是跟着师傅在做上学的徒弟或学生;在教学做合一的情况下,艺友是徒弟同时又是师傅,是学生同时又是先生"③。陶行知一贯强调实践第一,做是教育的中心,做贯穿教育的全过程。在幼稚园的艺友制教育中,具有教育经验的幼稚教师以教学做合一的方法指导艺友,同时作为学生学习艺友的专长和优点,以己之长,助人之短。幼稚园艺友在做上学幼稚教师之长,幼稚教师在做上补艺友之短。

---

① 方明:《陶行知全集》第 2 卷,四川教育出版社 2005 年版,第 477 页。
② 方明:《陶行知全集》第 2 卷,四川教育出版社 2005 年版,第 478 页。
③ 方明:《陶行知全集》第 9 卷,四川教育出版社 2005 年版,第 14 页。

现代学徒制中的教师（师傅）更是一支具有系统教育理论、掌握高超技艺的职业教育专家团队。职业院校的教师是一批具有专业理论知识和教育教学技能的专职人才，企业的师傅同样是一批拥有丰富操作经验、熟知操作规范与流程的技术高超专业人才。教师（师傅）的"双师制"和学生（学徒）的"双身份"，对在现代学徒制中从事"师者"工作的师傅要求更高。在现代学徒制中，师傅不是一个个体，而是一支包含授课教师和企业师傅的专业师资团队，依附于企业的专业师傅和依附于学校的专业教师，要打破部门界限，建立利益分配和项目合作机制，形成师傅利益共同体。在这一共同体中，师傅通过兼职、特聘、双向聘任等方式签订契约，明确双方的权利和义务，具体约定师傅对于参与课程设计、实践任务、学徒评价、现场指导等教学活动的权利、义务及违约责任，从而使双方合作内容实现任务化，合作过程呈现结构化，以共同推进现代学徒制的改革。

（2）对参与培训的"学者"都有贯穿学习过程始终的评价

艺友制和现代学徒制都强调教师（师傅）与学生（学徒）在同一情境下共同完成学习任务，通过师生间的平等关系以及岗位体验共同实现职业教育。艺友制的思想滋生于"教学做合一"这一生活教育原则，其根本方法自然就是教学做合一。因此，教育实习贯穿于艺友培养的全过程，并按学习的不同要求和能力层次安排不同的任务，开展对应性的教学指导，提供充足的实习时间和空间。针对艺友在各个阶段实践表现的考察，形成阶段性评价，并基于这种评价开展下一阶段的学习。在艺友修业结束及此后半年到一年间的工作能力追踪考核期里，学校将派出教员去艺友岗位所在地进行实地考察，再酌情颁发相应证书。

现代学徒制兼顾学生职业能力与可持续发展能力培养，设置的课程是将专业知识学习与实践技能训练相结合，短期见习与长期实习相结合的。通过灵活化的课程，构建起"教学—实践—教学—实践"的循环教学模式；再通过校企合作、工学结合的形式，充分整合校内外资源，将理论学习与实践操作进行对接，全过程实施教育培育与考核评价。这种全程化的实践教学要求学生从学校教育中走出来,进入校企合作实践、工作场所,以充分整合校内外的理论与实践资源。教师或师傅负责学生或学徒的教育全过程,对学生的发展能力和发展倾向进行有针对的教育和培养,对学生或学徒开展形成性评价,使评价形成过程化、多维化的特点。

现代学徒制的学徒培训是与国家职业资格认证相结合的,以此作为对培训成果的检验。在英国,学徒完成基础现代师徒制培训后可以获得 NVQ2 级证书,而在完成高级现代师徒制的培训后则可以获得 NVQ3 级证书。在德国,工商总会的 AHK 职业资格认证体系,规定校企双方要共同制定科学严谨的考核评价制度,并以 3 个月为一个节点,对学徒进行理论考试、技能考核、综合职业素养测评和岗位能力评价,以此全面监控学生的培养过程。在校期间的综合考评,依据的是学生的学业成绩、职业素养、实践操作;在企业期间的综合评价,则是根据学徒在交替培训、轮岗与顶岗各阶段的表现。等级证书作为评价培训结果的标准,保证了现代学徒制培训的完整性和实效性。

无论是艺友制还是现代学徒制,都注重贯穿学生(学徒)学习培训全过程的教育评价,都提倡终身的学习和实践,都主张知识和技能的获得必须来之于实践,具有鲜明的过程性特征。

6. 师徒关系的平等性

传统学徒制强调"情同父子"紧密的师徒关系,但学徒没有独立的社会地位,对师傅存在着一种人身的依附关系。因此,传统学徒制这种"情同父子"的师徒关系,其关键是学徒为从师傅那里学到或获得技术技能、方式方法,必须与师傅发展为附庸的关系,这种关系对学徒而言是没有权利的,所有的就是服从甚至屈从。因此,这种师徒关系是极其不平等的。

艺友制的关系是学生(艺友)与有经验的教师(导师)交朋友,在教学实践中边干边学当教师。因此艺友制是一种新型的教学关系,倡导的是"用朋友之道"探讨教学艺术,"用朋友之道"教人艺术或手艺,强调的是师友关系或学友关系的平等性：教者在教学过程中与求教者即学生之间的关系是一种亦师亦友、以技会友、与技为友的平等交流、相互合作、共同提高的关系。同时，艺友制强调的"教学做合一"和师徒共教、共学、共做的教学过程，也是一种民主、独立、平等的关系，是教学双方地位的相互转化关系。在这一关系体中，师生、师徒都能在整个教学活动过程中学到各自的专攻，在教学相长、平等相处中获得整体的提升。此外，艺友制还体现为学校与实训场所之间的深度合作关系。陶行知非常重视师范学校与中心学校的合作。他认为，中心学校作为师范学校的实训场所，两者之间应该相互融合、相互借鉴和学习。师范学校要根据中心学校的需求制订自己的办学目标和人才培养方案，以适应中心学校的办学风格和精神。

现代学徒制显示的则是利益多方在自愿前提下通过契约形成的多元雇佣关系，是一个共同发展、共同进步的合作利益共同体，其体现为育人双导师、学生双身份的师生关系，更体现为全方位、多维度的互动合作关系，即学校与企业的深度合作、教师与师傅的紧密结合、学生与学徒的身份合一、工作与学习的交替融合等。师生具有双重的身份关系，他们在学校是人格平等、友好合作又相互独立的教学相长关系，在企业则是员工之间平等、独立、合作与义务的工作关系。这种师（教师）师（师傅）结合、亦生亦徒的教学关系，避免了学校学习理念的滞后性及理论与操作技能的脱节性，使学生能够通过掌握过硬的专业知识和实践技能，提升独立分析、思考和解决问题的能力，在与人合作中提高质疑、批判、改进、创新的能力及书面表达的能力。这些能力恰恰都是现代企业必须掌握的"软技能"。

因此，艺友制和现代学徒制中学徒都具备双重的身份，学生（学徒）不仅仅是学生，也是一名徒弟，享有一个公民应有的自由和平等的权利。更主要的是，师徒关系不再是依附与被依附的关系，教学关系也属于互通有无、相互合作的多向关系，所有这些都显示了现代社会多元发展的教育特征。

二、艺友制与现代学徒制的不同点

近百年的时空差异对艺友制教育与现代学徒制教育产生的影响是不同的。

艺友制发生于 20 世纪二三十年代,时处第二次工业革命时期,更处于灾难深重、贫困落后的中国。了解西方发达资本主义国家职业学校教育情况的陶行知,面对战乱频繁、积贫积弱的中国现状,尤其是更为落后贫穷的农村,要发展中国的教育是多么的不易。其教育理念契合的是当时中国现状下提出的旨在改变中国落后面貌的教育改革需要,与今天的职业教育相比,尤其是与适应第三次工业革命浪潮的现代学徒制相比,都存在一些难以抹平的差异。这种差异虽然不会从根本上影响艺友制对中国现代学徒制的借鉴作用,但必然使艺友制的许多具体做法,在结合时代和中国现状的前提下,做出相应的改变。只有认清基于不同时空的认知差异,才能使今天的现代学徒制教育真正吸收艺友制教育的精华,从而促进现代学徒制的开展实施,为我国经济的持续发展培养合格的创新型技术技能人才。

艺友制与现代学徒制的差异性主要表现在目标导向和培育主体的不同、等第层次和培育平台的不同、应用指向和培育内涵的不同、利益获得和培育空间的不同、素养要求和培育制度的不同、关联范围和培育影响的不同。这些差异,为借鉴艺友制精华促进现代学徒制发展提供了启示意义和改革方向。

1. 育人主体的差异性

虽然艺友制和现代学徒制都兼顾职业能力和发展能力,但由于目标导向的不同——培育合格教师与多元技术技能型人才,因此学习主体的呈现存在着明显的差异。

(1)培育理念不同:艺友制培育目标的单一性和现代学徒制培育目标的

多元性差异

　　艺友制出现于我国灾难深重、贫困落后的 20 世纪二三十年代,其目的是为了给更为贫困落后的广大农村快速培育大量的合格幼稚园或小学教师。因此,艺友制对于培育对象的职业能力和职业倾向要求,相对比较单一和稳定,那就是能够满足农村急需大量幼稚园、小学教师的要求,并具有独立开展、组织教学的能力。现代学徒制发端于 20 世纪后期第三次工业革命期间,由于专业细分的加剧,个体基于平台综合科技进步以实现创造发展的可能性大大提升,现代学徒制的培育目标是通过工学一体培育兼顾社会需求和个体发展的复合型技术技能型人才。现代学徒制对于培育对象的职业能力和职业倾向要求,相对比较多元和适变,它是一种基于多元合作和持续发展的职业教育制度,既注重学生(学徒)的职业能力和职业倾向,并进行有针对性的教育和培养,又根据社会发展需要及时调整专业发展的方向和技术水平的提高。教师(师傅)由于和学生(学徒)长期面对一个共同的问题或者长期处于一个共同的情境,对学生(学徒)的指导具有时空优势,可以在第一时间和空间对学生(学徒)进行适切的指导,为学生(学徒)的成长和技术技能培育提出解决问题、情景改变的方法与建议。

　　(2)培育主体不同:培育理念不同导致适切于培育的学习主体差异——教师或立志成为教师的人与校企"双主体"下的学生(学徒)"双身份"

　　艺友制是以学校作为单一育人主体传授知识技能和教育方法的,艺友的学习和实践是在教育现场、学习场所同时完成的,其培育的主体是新的、合格的小学(幼稚园)教师,即具有初等技术技能的基础教育人才。在教学过程中,艺友制注重将个体的探究与群体的交流相结合,鼓励艺友主动参与、主动思考、主动实践教学活动和探讨教学问题,在比较他人看法意见的基础上,集思广益确立自己独立的见解,这有利于实现艺友教学能力的综合发展。艺友制教育主体的单一性(教师成长或成为教师)使艺友同时兼具亦师亦友的"师者"与"学者"身份,同时"师""徒"还可以在共教、共学、共做过程中,出现向能者学的"师者"与"学者"身份的相互转换,实现真正的教学相长。

现代学徒制是以企业和学校作为双主体共同参与对学生（学徒）这一"双身份"学习者的培训，教育主体和学习主体都是多元的。学生（学徒）的学习场所也会因学习的需要发生转换：从学校到企业，从企业回到学校。一般来说，学校主要承担知识的传授，而企业则主要承担技能的训练和培训。现代学徒制中的教者与学者具有一定的兼具性，如教师带学生在企业学习时向师傅学习实践操作技术，师傅从教师指导学生操作规程时向教师学习理论知识，使教师（师傅）这些担任教育任务的"师者"，同时兼具了"学者"的角色。但是，教学双方的主体身份是不可能相互转换的。教师（师傅）不会变成学生（学徒），同样，学生（学徒）也不会同时转变为教师（师傅）。唯一可能的身份转换只能发生于现代学徒制中某一方的自身，如教师学习师傅的操作规范和师傅学习教师的理论知识，学生（学徒）因学习场地变化而导致自身身份的转换，即从在校时的"学生"转换为在企业时的"学徒"或者从在企业时的"学徒"转换为在校时的"学生"，使学生（学徒）的学习真正体现出"工学一体"的综合技术技能培育成效。

（3）培育方式不同：艺友制与现代学徒制在培育艺友和学生（学徒）成才的方式上明显不同——"共教、共学、共做"与"合教合导合评"

艺友制是一种全程化的实践教育，本着现代教育民主平等的理念，通过艺友"师""学"双方全程，实现"共教、共学、共做"的"教学做合一"，培育合格的师资。尤其是在"招"与"教"中交友并学习手艺的方法，使学友关系在"共学共做共教"手艺的任务学习活动中，转化为艺友关系。这一培育方式是学生学习活动的一种创新方式。

现代学徒制与艺友制的学习方式有所不同。在现代学徒制中，企业是作为学徒培训体系的一个主体纬度，参与到对学徒的技术技能培训的。企业不仅为训练学徒提供相应专业的技术熟练师傅，对学徒进行现场及时的技术指导和监督训练，还要投入大量资金以保障足够先进的生产设备和实际训练的所需材料，供学徒培训实践所用。因此，现代学徒制是一种学徒集企业技能实训和课堂理论学习于一体的培育方式,教师(师傅)"合教合导合评"学生(徒弟)是现代学徒制培育的重要特征。

2.育人层次的差异性

艺友制培育的是幼稚园、小学教师,其育人层次只存在于幼稚园与小学的学校层次、合格与不合格的层次差异,以及对这些艺友成为合格教师的持续考核评价,却没有这些教师技术层级的细分和个体持续发展的提升考评。这受限于落后的时代背景,却受恩于这些艺友的教育大爱。因为,这些艺友学习的目标是改变中国农村落后的教育状况,其趋利性的缺乏与功利性的单一,使艺友制最早的设计者——陶行知先生在如何促进这些艺友的进一步自我提升与教育专业发展方面,未及时做出培育系统的发展性思考和体制性构建;当时中国落后的状态与混乱的政治局面,也无法为艺友制的培育建立起系统健全的考核机制和鼓励提升的方案制度。因此,由于没有时代有利条件和政府物质制度的支撑,艺友制只能着眼于培育当时社会需要的合格幼稚园、小学教师,没有条件构建起系统的、完整的培养层级和持续发展制度,以进一步促进教师专业理论和技术技能水平的自我提升。

现代学徒制既有信息化和智能化等第三次工业革命发展的时代优势,也有稳定政局下国家层面的顶层设计和全面指导,以及现代企业为追求持续发展和提高竞争力而主动积极参与的大量物质投入、培训岗位保障,这使得现代学徒制的培育可以有具体层级的细分和政策利益的引导,建立起适应于科学技术不断发展和社会持续需求的考核层级标准和提升对应机制。

信息化生产细分工作过程,使每个人负责工作过程中的一部分或承担一个岗位的操作,这有利于提高工作效率;智能化生产则"高度集成"生产过程,使生产系统让技术技能人才的工作模式产生了根本性的改变:员工数锐减,工作范围扩大,整条线甚至一个车间的生产监控将由几名员工独立完成。这种"高度集成"式的生产,对监控生产的员工提出了综合把控的要求,即他们不仅要充分了解生产过程中各个环节的知识原理、操作技能、工具使用等,而且还要宏观地把控整个生产流程,充分应对生产过程中出现的各种问题。这使现代学徒制教育的培育人才需要同时具有专业化、综合化的素养,即除了要有分工状态下技术技能人才专业水平的不断提升,还要有集成状态下技术技能人才综合素养能力的不断提高。因此,对现代学徒进行层级考核认证,增加这些学徒持续提升的层级空间,对鼓励他们不断自我提升以适应企业、经济发展需求和促进社会持续进步方面,具有积极的引导性意义。在传统的企业中,工程技术人才按技术层次的高低一般被分为工程型人才、技术型人才和技能型人才三个层面,职业院校的人才培养目标和培养模式也匹配于上述关于不同层次类型的人才的要求和技能标准。例如,英国通过确立国家职业资格体系(NVQ),规定 5 个不同层级的能力要求考核标准及相应职务,其中 1 级职业资格对应半熟练工,2 级职业资格对应熟练工,3 级职业资格对应技术员、技工或初级管理人员,4 级职业资格对应工程师、高级技术员、高级技工或中级管理人员,5 级职业资格对应高级工程师、工程师或中、高级管理人员。对于第 5 级即最高级人员获得资格证书的能力标准,反映了对职业院校或企业培训应该匹配的教育要求:"有能力从事一份高级的职业,能在广泛范围内、难于预测的条件下应用大量基本原理和技术。负有极大的个人自主权,经常对他人的工作和重要资源分配负有重大责任,并具有个人独立分析、决断、设计、规划、实施和考评工作结果的能力。"[①]这明晰了现代学徒制培育人才的独立性、整体性、综合性、前瞻性能力要求以及与之相适应等级的权力和责任关联。层次的划分乃至细分,既为学徒能力提高注明了努力方向,也给职业学校教育提出了具体要求。

智能化生产体系下人才结构相互融合的趋势,既要求员工能做产品设计决策,还要求员工能完成执行工作,即在生产第一线从事决策的工艺设计与生产产品的设备操作,将技术理论和技能操作融合于生产过程之中。这

---

① 黎娜:《英国、澳大利亚职业资格考评实践及其对我国的启示》,华东师范大学硕士学位论文,2005 年。

就需要现代学徒制能为社会培育出不同层次的复合型人才。与此对应,职业院校与企业合作的现代学徒制培育平台也需要具有综合性的功能。通过观察教师(师傅)的理论讲述和生产示范、细节经验传授,学生(徒弟)在真实生产实践过程中,运用教师传授的理论知识,领悟和感知师傅的技能方法,并在师傅的指导下慢慢掌握生产技能,从而将"边看、边做、边学"的情景学习和"系统、高效、科学"的规范化学习相结合,形成适应于"集成"知识与技能的综合性教育模式。由于具有时代进步、社会稳定及政府设计、企业参与、前景广阔等条件,现代学徒制相对于艺友制而言,拥有的人才培养方案和教学目标更为明确,既有既定的教学大纲和教材,又有科学的课程设计和具体的教学内容,还有完整的教学标准和评价体系,体现的制度体系特征更为科学、专业和规范。

现代社会和企业发展的持续性,需要现代学徒的"终身学习"。同样,为此相适应的,政府和企业、学校也需要建立一套吸引学徒终身学习并不断提高自己的层次考核机制,拓宽学徒向上进步的层级空间,即既要让企业有利,也要让学徒有益,达成学员与雇主的合作双赢。例如,企业可以低成本招聘学徒,使学徒既有了工作也能产出;还能从学徒处获得全新的视野,掌握技能开发;在增强企业实力的同时,获得社会更多的认同。学徒通过现代学徒制学习,既能获得企业寻求的实践技能而快速就业,也能够因拥有这一实践经验和有价值的经历获得较高的报酬,甚至获得较长时间的岗位保障。这对于社会来说,也因之促进了青年的较早就业,并在工作的同时获得与劳动力市场相匹配的知识技能,使现代学徒制教育真正融入教育、工作、生活和社会之中。这对企业、学员和社会都是具有积极意义的。[①]

3. 育人内涵的差异性

育人理念和主体的不同,决定了育人方式的差异,也影响到育人层次的要求及其提升空间的扩大,从而反映在了培育相应层次人才的教育内涵的

---

① 孙玉直:《欧洲现代学徒制》,中国劳动社会保障出版社2016年版,第84页。

丰富性和复杂性上。

在陶行知先生对艺友制的定义中,艺友制的育人内涵包括以下几个方面。一是教育目标为学习"艺术"或"手艺",即专业技术技能;二是教育关系为"朋友"关系,即平等民主的学习基础;三是教育方式为"教人""学做",即通过"教人"和"向人学"的途径获得专业技术技能。其精神内核为"用朋友之道教人学做艺术或手艺",即平等友好地互相教学做或共教、共学、共做获得专业技术技能。反之,"那些高谈阔论,妄自尊大,不屑与三百六十行为伍的都不是真教师"。也就无法参与艺友制的"教学做"活动。陶行知特别指出,"三百六十行虽然不可跟学堂学,但是学堂实在应当跟着三百六十行学才好。我们这艺友制,便是要跟三百六十行学点乖,好去培植些真人才"①。这里不仅说明了育人的前提是要"和好教师做朋友""用朋友之道教人学做教师",育人的途径是"彻底的教学做合一",育人的知识范围包括从"三百六十行"学到的"技艺",还指出了育人的目标是培育有"三百六十行"普适性技术技能的"真人才"。这是对艺友制广阔内容、培育范围和方向的一次明确说明。

艺友制特别注重"在做中学""在学中做""教学做合一"的原则,艺友之间由"师者"做示范教育,在做中教、教中做;"学者"则边学边做、边做边学,甚至是先做后学,注重操作。艺友们通过大量的实际操作和反复操作,在"师者"的示范、指导下,学会甚至熟练地掌握对幼稚生、小学生的教学技术技能。"教学做合一"体现了情景学习原则,艺友在真实的教学情境中全面学习,所学到的教学知识和教学技能联系密切,这使"师者""学者"能切实体会到学习的价值和意义。由于艺友制中的"师者"和"学者"是基于平等关系的朋友,是以艺会友、带艺拜友、求艺交友,所以艺友之间唯有追求"艺"的目标,大家互有所供、互有所求、互有所得,没有谁管谁的问题,只有共同探讨如何教育好学生的问题。故此,艺友制的教育内涵是带有明显的实时性和

---

① 董宝良、喻本伐、周洪宇:《陶行知教育论著选》,人民教育出版社 2015 年版,第 224 页。

功利性的,一方面是"最有效力之教师培植法",另一方面也是为了"解除乡村教师寂寞和推广普及教育师资"。①

现代学徒制教育需要培养的是基于当代社会对高质量产品的需求的个性化高精尖人才,以生产满足自身个性化需求的产品。因此,现代学徒既要有精益求精、追求完美的精神,能够创造出独一无二的高质量产品以符合私人订制的现代需求;也要学习易于观察的技术或技能,重视动手能力等实践技能的培养;还要学习学徒的理论知识,成为具备扎实理论知识和熟练职业技能的综合型高素质人才。要培育出这样的人才,现代学徒制教育需要由政府、学校、企业三体合作,教师、师傅、学生(学徒)三元共进。政府负责制订现代学徒制教育的路线、方针、政策,构建多方合作的平台,规定多元合作的利益,出台指导性、操作性较强的顶层设计方案;学校根据社会需求、企业特点,结合本校实际,系统培育专业理论等显性知识和操作理解等隐性知识,提升学生技能水平效果。企业要为学徒安排优秀的专业师傅,为学徒提供做中学的实践岗位,以便学徒向企业师傅学习工作经验。教师提供的是系统的现代教育理论知识,师傅展示的是现代技术操作方法,学生(学徒)要学习的就是将这两者知识综合于岗位操作之中并有所提升甚至创新。这样,现代学徒学习的内容是显性的,体现为科学的、技术的、时间的和动机的等真实世界特征。现代学徒制教育这种将技能的完善与社会的激励整合于一起的教育方式,有助于激励学生(学徒)的学习动机并打好扎实的知识理论基础。现代学徒制完善的评价考核机制,也为学徒依靠自己的技能水平来提升或保障自己的社会地位提供了保证,这一点对于 20 世纪二三十年代开展的艺友制来讲,是难以做到的。

4.育人空间的差异性

艺友制是为幼稚园、小学培育合格师资,故艺友的育人空间基本囿于学校。艺友可能从一所幼稚园、小学到另一所幼稚园、小学,担任艺友制培育

---

① 方明:《陶行知全集》第 1 卷,四川教育出版社 2005 年版,第 131 页。

"师者"的艺友可以是来自"三百六十行"中的"拥艺者",即"有指导能力者"。
艺友通过一段时间的培训还要加以岗位持续的考核方能获得合格证书等,
但这些艺友的育人空间没有脱离学校。育人有成者可能成为艺友制中的培
育"师者",却没有继续成长和发展的空间。他们的"受益"主要是因为自己
培育了优良的幼稚生和小学生而感到心灵的慰藉,却难以有经济、政治上的
利益提升,甚至有时不仅经济受益没有保障,还可能受到国民政府的迫害。
也就是说,囿于时代和政治的限制,艺友制对于艺友的学习提升空间、利益
获得增加是难以保障的。

　　现代学徒制则在这方面具有非常大的优势。由于现代学徒制教育是国
家号召、企业需求、学校积极改革参与的综合性教育革命,是全社会尽心一
致的培育活动。因此,无论是政府、学校、企业,还是教师、师傅、学生(学徒)
等,都能够全面获益。除了专业教师和技术师傅这些校企的宝贵资源,作为
培育者主体的学生(学徒),其学习的空间和提升的层次也远远超过艺友制
中的艺友。例如,从受益提升角度看,现代学徒成为技艺大师后,其收入就
比较丰厚。又如从层级提升角度看,技能操作的高端化甚至智能化,对人的
参与和技能操作要求更高,对于操作者的技术技能要求也更高,越是高层次
的人才越能满足智能化生产体系的需求。再如从发展提升角度看,宏观上
整个社会对中高端的技术技能人才的需求快速增加,要求培养技术技能人
才的职业院校,必须发展地、具有前瞻性地在课程内容和学生知识结构设计
方面进行改革,使学生做好充分的知识和能力储备以适应社会发展层级的
提升;微观上社会对人才的个体要求更高,创新型技术技能人才需要兼学操
作性知识和理论性知识,兼具整合型思维和创新型思维……这些利益和增
长空间的持续需要,也为政府、学校、企业的育人空间和教师、师傅、学生(学
徒)的育人发展提出了新要求,为学生(学徒)这一育人主体提供了更为广阔
的增长空间和提升可能,从而大大提高了政府、学校、企业的三体合作,提高
了教师、师傅、学生(学徒)三元共进的积极性。

5.育人制度的差异性

艺友制的产生适应的是极其贫困落后的近代中国农村教育背景。一群抱着教育救国愿望的中国进步知识分子,本着尽快改变中国教育极度落后现状的目标,在陶行知先生提出极富创新性的艺友制教育思想后,自发地、不计所得地在一些幼稚园、小学开展艺友培育艺友成为合格教师的教育实践活动,快速培养了一批能够独当一面的幼稚园、小学教师,为中国农村的基础教育做出了贡献,有的后来还成长为教育大师。但是,艺友制的提出并非陶行知先生长期理论研究和教育实践结出的成熟之果,而是应时局所需而迸发的教育思想火花。正如陶行知先生所说:"艺友制与艺徒制之关系甚密切。由源头上观察,艺友制亦可谓是从艺徒制中脱胎而来者。"①所不同的只是割除了艺徒制中工匠对艺徒不平等、不传密、不全面等"流弊"。艺友制的发端也是为了另辟蹊径改造乡村教育而于1926年在"燕子矶小学、尧化门小学、开原小学"设置了一些教学观摩点。艺友制正式亮出"招集同志"的旗帜即起点,是1928年1月8日"南京试验乡村师范学校、燕子矶小学、尧化门小学、晓庄小学、鼓楼幼稚园、燕子矶幼稚园"6校开始联合招收艺友。②"艺友制"这一名词是陶行知先生1928年"1月5日早晨""忽然想出"的"值得一试"的试行之法,尝试通过"和好教师做朋友"及好教师"用朋友之道教人学做教师"的途径,通过"试行"尽快"解决普及4年小学教育所要之师资问题",因此艺友制是缺乏系统理论支撑的,也未有长时间大范围的教育实践检验。同时,艺友制也没有"起而代替师范学校"的打算,主张"和师范学校相辅而行"③。在政府层面,艺友制虽然得到了当时的江苏省教育厅长江恒源、南京特别市教育局学校教育课课长陈鹤琴等教育官员及南京女子中学、南京中学师资科等学校的支持,但支持力量仍势单力薄。作为艺友制"师者"的人

---

① 方明:《陶行知全集》第2卷,四川教育出版社2005年版,第478页。
② 方明:《陶行知全集》第2卷,四川教育出版社2005年版,第477页。
③ 方明:《陶行知全集》第1卷,四川教育出版社2005年版,第129—131页。

才数目也没有实现较多的社会增量，还仅限于张宗麟等一些热心教育研究和乐于教育奉献的知识分子。尝试实行艺友制的学校也只有南京农村的六七所小学和幼稚园，作为起始阶段的参与学校，范围也是较窄的。加上艺友与艺友之间是一种"平等相待、以至诚相见"的平等民主关系，相互间是缺少制约和监督，关于艺友的义务和责任也没有政策性或制度性的规定约束。如此宽松的艺友关系，虽为当时教师奇缺的农村幼稚园、小学培养出一批合格的师资，却由于缺少制度的制约和管理，又没有系统的教育理论的锻造培训，想要成批次培养出高精尖的教育人才是非常困难的。因此，这种缺乏整体设计和操作体系的教育模式，对于当时落后中国的农村教育，只适合作为救急所需。

与艺友制相比，现代学徒制则更具有教育的制度性，注重培育对象的群体性、培育体系的开放性和与社会联系的紧密性。现代学徒制是在第三次科技革命期间逐步形成的，在西方发达国家已经大面积应用和推广并取得切实的成效。现代科技导致的智能化生产体系，要求通过大数据分析打通生产线与库存、产品和用户之间的需求，把生产与服务环节相互融合，直接面向客户，为消费者进行定制化生产，从而使技术技能与社会需求形成一个相互紧密联系的系统。这种服务与生产一体化的智能化模式，使相应的技术技能型人才需要拥有较强的岗位操作能力，更需要综合的职业能力，能将学习到的原理知识、技术技能等灵活应用于实际工作岗位中，并能综合自身态度及价值观深化，拓展自身的综合职业能力。为培育这类技术技能型人才，适应制造业发展重大战略调整的需求，我国在引进现代学徒制后，在许多地区的职业院校和企业间做了合作尝试与实践探索，取得了现代学徒制教育的一些经验和路径。在顶层设计上，国家更提出了《中国制造 2025》行动纲领，准备集中优势力量推进优势领域和战略必争领域的装备创新。在此前提下，职业院校调整了专业安排，设置了结合当地经济发展特点与新兴趋势的课程安排和重点专业，建立起教育理论、应用能力、操作实践三位一体的课程体系。又由政府牵头搭建校企合作的平台，保障职业院校学生在学校学到的基础技能、专业技能与行业技能等能力,能与企业专业要求及发展相适应,通过教学做合一,使现代学徒成为新时代背景下有创新能力和全局视野的创新型高技能高素质复合型人才。通过校企多元合作和"双师型"教学师资的培育机制,职业院校的教师和企业的师傅能够成为培育现代学徒的"践行者",甚至成为我国人才培养模式变革的"领航者"。

所以,现代学徒制在保障实施的制度条件上,与艺友制相比,在应用时间、实践空间、理论基础、支持力度、参与范围及取得成效上都更具有系统性、开放性和整体性。

6.育人利益的差异性

作为艺友制的相关方,本来事关国家、民族、文化的发展,政府、学校、教师、学生都应是利益攸关方。但是,处于动荡黑暗的年代,国家实质上四分五裂,国民政府忙于内战、政局不稳,官员腐败、政治黑暗、经济凋敝、民不聊生,积贫积弱的中国连生计都有困难,这种局面必然导致教育改革的利益相关方的缺乏。一群没有政治基础、经济实力的教育者,本着教育救国的满腔热情,在缺乏系列研究和充分实践的背景下,能提出如此高远的教育思想,并以大爱的胸怀付诸改革实践,还取得良好的成果,这已是多么伟大的成就。但是,仅限于几个热心教育的教育官员、献身教育的知识分子和数量不多或规模不大的学校的支持,使艺友制教育的利益相关方显得势单力薄。这样弱小的力量,势必难以对当时中国广大的农村教育产生普遍的革命性影响,更无法改变整个中国的整体教育面貌。利益关联性的薄弱使艺友制的实施和推广缺少了相关各方力量的支撑和体系制度的保障。

与艺友制不同,现代学徒制则具有广阔、长期的实践应用基础和完善的运行机制,并且上升到了国家战略的高度,得到了国家的全面支持和参与,其利益关联方不仅多元,而且有力,艺友制在这一点上几乎没有可比性。

首先,现代学徒制的利益攸关方十分多元和有力。现代学徒制发源于西方,且越来越受到一些老牌制造业国家的重视。例如,英国制定了复兴学

徒制的计划,瑞士也在不断强化完善现代学徒制体系。以中国为例,国家发
布了一系列的关于开展现代学徒制的文件意见,对在国家开展现代学徒制
做了一些顶层设计。例如,2014年教育部颁发的《关于开展现代学徒制试点
工作的意见》(教职成〔2014〕9号)规定了现代学徒制试点教育的一些方法:
"现代学徒制包括学历教育和非学历教育。各地应结合自身实际,可以从非
学历教育入手,也可以从学历教育入手,探索现代学徒制人才培养规律,积
累经验后逐步扩大""引导高等职业院校利用自主招生、单独招生等政策,针
对应届高中毕业生、中职毕业生和同等学历企业职工等不同生源特点,分类
开展专科学历层次不同形式的现代学徒制试点",这标志着现代学徒制已上
升为国家人力资源开发的重要战略。2016年4月,《教育部等五部门关于印
发〈职业学校学生实习管理规定〉的通知》(教职成〔2016〕3号),对现代学徒
制下进行实习学生的基本权利做出明确规定,既要让学生在参加跟岗、顶岗
实习前与职业学校、实习单位签订实习协议,又要保障顶岗实习学生的报酬
底线,还明确规定禁止不适宜学生实习的情况。这是从政府、制度层面规定
了学生、学校、企业等相关方的权利和义务。同时,国家还从顶层设计入手,
号召和鼓励地方政府主动地参与现代学徒制教育改革,调动企业尤其是大
型国企参与现代学徒制的积极性。这样,利益相关方的基础不仅广泛而且
厚实:学生、学校、企业三方有自觉的约定,构建了校企合作的平台;学生和
学徒身份的相互交替,意味着招工即招生,校企双方共同培养人才的合作新
模式;校企合作双方的课程体系得以重构、课程内容得以重组、学习载体得
以重建,以实现职业教育理论"高等性"和岗位实践"职业性"的有机融合;工
学交替的教学组织和管理模式,有利于促进学生共性的发展和满足个性的
需求;校企共同参与的"柔性化"教学管理有利于保障学生、学校、企业三方
合作实效的提升。校企双方合作使教学团队实现了专兼结合的协作和互
补,也迫使作为职业学校理论培养和方法培育主角的职业院校教师做出较
大的改进,不仅要具备扎实的学科专业知识,还要熟悉专业对应的主要职业
领域及其工作主要流程,同时还要具备较强的本专业领域的职业实践能力。

作为担任企业指导任务的"师傅",也要通过现代职业教育教学理论的学习和教育教学方法的培训,了解现代学徒制教育的教学理念,掌握相关的教育教学方法。利益相关方则要有针对性与发展性地对学生(学徒)的学习做出可持续发展的考核评价,以促进学生适应经济转型的社会需求,既要关注工学结合的过程考核以保证学习质量的有效控制,也要创设活动平台鼓励引导学生的学习和创作,还要面向学生未来发展突出人文素养、沟通能力、职业素养、文化自觉等方面的评价,关注学生的可持续发展。这种教育利益相关方的密切合作,对于开展现代学徒制教育和促进现代社会的全面进步无疑具备非常坚实的基础。

现代学徒制"产教融合"的显著特征,大大地拉近了职业教育与劳动用工制度的距离,其对现代社会所产生影响的深度和广度,非当年艺友制初创探索实践所能比。可以说,现代学徒制一产生便具有了持续发展的源动力——利益牵引。

例如,作为现代学徒制起源的德国,职业培训在"二战"后逐步形成配套的国家制度。德国的企业参与度高,500人以上的企业参与现代学徒制的高达91%。瑞士学生在完成义务教育后,约有2/3的人进入职业教育体系,其中4/5参加现代学徒制。意大利则以法案形式规定学徒合同同样适用于博士生,教育层次全球最高。澳大利亚、美国等其他一些发达国家,也把现代学徒制作为职业教育发展的战略重点。但是,现代学徒制引入我国后,在实施的过程中遇到重重困难,问题不少,与西方发达国家差距甚远。中国的企业对参与现代学徒制职业教育的热情并不高。大多企业之所以不愿意与职业院校合作,是担心学生进场后耽误原有的生产进程,也担心因此为教育培训付出巨大人力、财力成本,加上各类职业院校教育水平的参差不齐,使校企合作操作起来相当困难。

因此,这种"校热企冷"现象亟须改变,努力实现校企共赢:既要发挥企业办学的主体作用,真正实现校企双主体育人,吸引企业参与专业课程体系建设、专业教学内容改革与教材开发的积极性;也要让地方政府看到这种合作给企业和学校带来的好处,主动扮演"主角",给钱、给地、给政策,鼓励校企深度合作。例如,可以由政府主导把企业和职业院校搬到职教园区,实现共生共融。同时,由于现代学徒制是一种落实职业教育面向人人、面向社会的实践探索,是一种职业教育校企合作不断深化的新形式,其育人责任和就业风险就要由学校单方面承担变成校企双方共同承担培养责任和风险。尤其是招生即招工解决了学生的员工身份问题,从而使企业自己培养的"员工",其对企业的责任感和忠诚度就会被真正激发。企业需要增强指导师傅的队伍力量,校企双方共同制订培养方案,共同实施人才培养。地方政府和企业更要通过共同完成对学生(员工)的培养,吸引和指导学生到本地企业就业。

在这一实践探索中,杭州科技职业技术学院借鉴陶行知艺友制教育思想,综合理论、结合本校实际,进行了现代学徒试点工作的探索实践,并取得了明显的成效。

第二章

借鉴艺友制开展现代学徒制的实践研究

——以杭科院现代学徒制试点工作开展情况为例

第一节　杭州科技职业技术学院职业教育概况

一、历史沿革

杭州科技职业技术学院（以下简称杭科院）是一所由杭州市人民政府主办的普通高等职业院校。1999 年 12 月,学校依托杭州成人科技大学开始筹建职业院校,2006 年 12 月,经杭州市人民政府研究决定,以杭州广播电视大学为主体,联合杭州成人科技大学,共同筹建新学校,2009 年 4 月,又经浙江省人民政府批准、中华人民共和国教育部备案后正式建院。在办学的过程中,杭州市城市建设学校、杭州广播电视中等专业学校以及陶行知先生于 1928 年亲自指导创办的浙江省湘湖师范学校,先后成建制地并入杭州科技职业技术学院。创办于 1916 年被誉为"浙西山区园丁摇篮"的浙江省严州师范学校、杭州市财税会计学校,也分别于 2009 年、2020 年先后并入杭科院。7 校合并融合发展成为学校可追溯的重要办学渊源,"两块牌子、一套班子"的管理体制保障着杭科院与杭州广播电视大学并行不悖,持续开拓和发展。

二、办学条件

杭科院现有的高桥、城区、严州 3 个校区和钱塘新区公共技能实训基地等,承担着职业教育、成人教育、培训教育等教育任务。学校总占地面积约 958 亩,总建筑面积约 44 万平方米。这近千亩的校园,分别坐落于新安江、富春江、钱塘江的"三江两岸",形成了"沿江开拓""拥江发展"的空间布局,为学校的可持续发展奠定了基础。其中,位于杭州富阳区高桥镇高教综合体内的主校区,占地近 800 亩,建筑面积约 34 万平方米。主校区校园依山而建、水墨淡彩,人文意趣和自然野趣融为一体,功能齐全、宜学宜居,是目前浙江省境内最漂亮的山水校园、生态校园之一,被评为浙江省首批"美丽校园"。

杭科院教学、科研、实训和文体设施条件优越,有各类仪器设备总值近 3 亿元,并建有国内水平一流、功能多样的现代化大学图书馆和信息网络中心,馆藏各类图书达 80 余万册。

作为职业院校,杭科院的教学实施凸显职业教育特色。在主校区,学校建有面积近 3.5 万平方米的 17 层创业园大楼,先后被认定为杭州市市级科技企业人才孵化器以及浙江省省级科技企业人才孵化器,为开展大学生创业创新教学和科技企业人才培养提供了较为前卫和完整的实践场所,为大学生创业、校企合作推进科技企业创新引领高质量发展、现代学徒制试点搭建了实践平台。同时,学校持续推进科技成果转化应用,加入"浙江省高校院所技术转移联盟",与富阳区科学技术局合作共建"杭科院富阳技术转移中心",结合地方需要推进科技服务,将科技资源转化为经济社会高质量发展动力,加快提升科技成果转移转化能力。

学校坚持走特色化国际办学道路,以服务"一带一路"倡议、杭州世界名城打造等为己任,围绕提升师生国际化视野和国际服务能力,加强硬件建设,提升软件服务,完善工作机制,多渠道开拓国际合作,多举措创新人才培养,努力提升教育国际化水平。学校投资约 1.2 亿元,引进曙光酒店品牌,于 2019 年底建成 3 万平方米规模,集高品质涉外会议、展览、住宿、餐饮等一体化服务功能的国际文化交流中心。学校也获得了杭州市人民政府外事办公室的支持,落地杭州市国际交流服务中心首个"海外学生研学基地"。加强餐饮、客房等服务员的英语口语与外事礼仪培训,提升外事服务能力。2019 年共接待了德国、南非、肯尼亚、泰国、马来西亚等国家以及中国香港、台湾等地区的 21 个访问交流团,访问交流团数量比 2018 年增长近 200%。

位于钱塘新区的国家"十三五"产教融合发展工程规划项目——"智能制造"开放性公共技能实训基地,是学校与原杭州大江东产业集聚区管理委员会(管委会现划归新设置的杭州钱塘区管辖)于 2016 年联合申报的国家"十三五"产教融合发展工程规划项目。该基地位于钱塘小镇核心区,总建筑面积 3.5 万平方米,总投资 3 个亿,计划 2022 年投入使用。"智能制造"开放性公共技能实训基地紧扣钱塘区"创新驱动＋智能制造＋工业制造物联网"的智能制造产业特点,整合"政—行—企—校"优质资源,构建了数字化设计实训中心、柔性制造实训中心、精益管理实训中心、智能化仓储实训中心、网络服务实训中心、智能工厂实训及综合体验中心,研究规划了"工程教育、实训鉴定、技能大赛、科技服务、创新创业、国际交流、体验互动"七位一体的基地功能设置。基地将为钱塘区内的中高职学校及应用型本科院校的智能制造相关专业学生实践实训教学提供强有力的支持,同时也是一个面向社会提供技能培训和技能鉴定服务的公共实训基地。"智能制造"开放性实训基地将成为学校发挥专业优势服务、杭州打造世界级智能制造产业集群的新平台,也是学校可持续发展的一个新空间和新模式。

三、办学规模

杭科院现有全日制在校高职学生逾 1 万人,成人学历教育在籍逾 1.6 万人。全校有教职员工约 800 人。学校按照"以专业群建学院"的目标,下设 9 个高职二级学院和继续教育学院、基础教学部、马克思主义学院,组建了智能制造、智慧建造、物联网技术、汽车工程、新零售管理、会奖旅游、学前教育、艺术人居 8 个专业群,可招生专业数达 34 个。学校有 11 个兼具教学实训、科学研究、创新创业、技能鉴定、社会服务 5 大功能为一体的专业群综合实训基地,其中,中央财政支持建设的实训基地 2 个、浙江省"十二五"和"十三五"示范性实训基地 5 个。此外,学校还有校外紧密型实训基地 260 余个。

四、价值追求

办学精神是学校的灵魂。一所好学校既要吸收和传承中华民族优秀的办学思想和文化精髓,又要结合时代特点创新发展先进的办学理念和文化价值。杭科院存续陶行知亲自指导创办的浙江省湘湖师范学校的传统,以百年文脉为底,以现代职业教育创新发展为题,将陶行知教育思想与高等职业教育办学实践相结合。学校以立德树人为根本,以社会主义核心价值观为引领,从构建文化精神价值、探索制度机制、创新实践路径入手,赋予行知文化新的时代内涵和实践内涵。经过多年的培育实践,杭科院凝练了标志着学校文化价值体系的学校精神和"一训三风"。其中学校精神是陶行知的"爱满天下"名言,校训是"德业兼修,知行合一",校风是"苦硬进取,惟真惟实",教风是"教学相长,自化化人",学风是"手脑双挥,匠心致远"。学校精神和"一训三风"是广大师生的共同价值追求和行为规范。这些特色鲜明的校园文化,续载着陶行知生活教育学说的精髓和漫长奋斗中磨砺而来的校史辉煌,是学校历史和文化的积淀,同时更彰显了现代职业教育的特点和发展内涵,是对知行合一、注重实践等文化价值的弘扬与价值转换。学校的价值追求对陶冶师生道德情操、激励师生进取精神、促进师生成长成才等方面有着重要的引领价值,彰显了文化育人的独特魅力,对学校回答好"培养什么人、怎样培养人、为谁培养人"这一根本问题具有十分重要的意义。

五、办学目标

杭科院以习近平新时代中国特色社会主义思想为指导,深入贯彻党的十九大、全国教育大会和《国家职业教育改革实施方案》等精神,全面贯彻党的教育方针,以立德树人为根本任务,以服务国家重大战略、服务区域经济社会发展和学生可持续发展为办学定位,对标《中国特色高水平高职学校和专业建设计划项目遴选管理办法（试行）》和《浙江省职业教育改革实施方案》的要求,坚持立足杭州市区域经济社会发展需要,紧密结合高新技术产业和现代服务业的发展需求,抢抓杭州市打造"全国数字经济第一城"和全面实施"新制造业计划"的发展新机遇,以制造类、土建类、电子信息类专业为重点,文化教育类、财经类、艺术设计传媒类、旅游类等专业协调发展。以区域产业和行业相对接的专业群建设为龙头,人才队伍建设为关键,体制机制创新为动力,深化产教融合、校企合作,全面实施学校 2018 年首届党代会提出的"协同发展、特色发展、人才强校和文化引领"的"四大发展战略",着力加强内涵建设、健全内部治理体系、彰显办学特色,全面提升综合办学实力,不断增强创新发展能力,调动一切积极因素,打造省内领先、国内一流的高等职业院校,为区域经济和社会发展提供高素质技术技能人才支持。同时,杭科院积极推进职业教育与继续教育深度融合,与终身学习紧密对接,不断提升办学质量和社会服务水平,服务于区域经济社会发展和杭州学习型城市建设,为杭州市建设"独特韵味、别样精彩"的世界名城提供有力的智力支持。

六、办学成效

杭科院努力建设符合现代职业教育需要的职业高校,立足于服务区域主导产业发展目标,紧密对接杭州数字经济、新制造业和现代服务业发展需求,不断优化专业布局,打造品牌、优势、特色专业,产教融合推进专业集群建设,聚集高水平专业群的社会服务能力提升。学校初步形成了以科技类专业群为重点,现代服务类专业群为支撑的基本格局。学校坚持以立德树人为根本任务,推进全员育人、全过程育人和全方位育人的"三全育人"工作,创建了职业能力与职业素养并重、基础理论与技术技能并重、校内教学与校外实践并重、第一课堂与第二课堂并重的"四个并重"人才培养体系。学校以陶行知"生活教育"学说为指导,实施"知行千日"学生成长工程,坚持将思想政治教育、职业道德、创新创业教育、劳动教育融入人才培养全过程。

"政校产教协同发展"实践育人模式逐渐完善。学校始终坚持和完善"政校产教协同发展"的实践育人模式,不断拓展与政府的合作领域,积极推进产教融合、优势引领和集成共享,形成了"政府引导、行业参与、社会支持、校企协同"的"政校产教协同发展"育人机制,在人才培养、专业建设、教学科研、社会服务、文化建设等方面取得了瞩目的成绩:学校先后入选全国高职院校创新创业示范校50强、全国第三批现代学徒制试点单位、浙江省第一批省级现代学徒制试点单位、浙江省普通高校示范性创业学院等;获得教育部高等职业教育创新发展三年行动计划认定的3个国家级骨干专业、全国职业院校装备制造类示范专业点;联合主持国家职业教育资源库建设项目3项,主持开发国家专业标准1项,浙江省应用技术协同创新中心、浙江省级科技企业孵化器、浙江省高水平专业群建设项目2个,杭州市新型专业(群)建设项目4个。学校还获得了全国教育后勤信息化建设先进单位、杭州市第四届黄炎培职业教育优秀学校奖等荣誉称号。学校教学工作及业绩考核结果排名从2017年起连续4年跻身全省高职院校A等(优秀)行列;毕业生人才培养质量调查排名连续4年在全省高职院校中居前5位。

第二节　杭科院借鉴艺友制开展现代学徒制的文化优势

杭科院的历史渊源、文化特质、价值追求和拥有资源、办学目标及办学成效,既有利于对陶行知艺友制教育思想的研究和传承,也有利于借鉴艺友制教育的创新方法,撷取其办学实践的精髓,结合学校实际大力开展现代学徒制教育。

一、杭科院传承行知思想创建特色文化的本源与落点

1. 杭科院的重要文脉源自陶行知指导创办的湘湖师范

陶行知(1891—1946),安徽省歙县人,中国近代著名的人民教育家、思想家,伟大的民主主义战士、爱国者,是中国人民救国会和中国民主同盟的主要领导人之一。19 世纪末 20 世纪初,帝国主义列强进一步侵略中国,中华民族面临空前严重的政治危机和经济危机。在危机面前,先进的中国人奋起反抗,掀起了一场轰轰烈烈的反帝反封建、教育救国、实业兴国的救亡图存运动。出生于这个时代的陶行知,作为一名爱国的热血青年,他以"我是一个中国人,要为中国做出一些贡献来"的崇高理想于 1914 年留学美国,先在美国伊利诺伊大学攻读硕士学位,后又奔赴当时世界教育的中心——美国哥伦比亚大学师范学院攻读教育学博士学位。在哥伦比亚大学留学期间,他师从杜威、克伯屈、斯特雷耶等进步主义教育大师,为其日后的教育理论与实践工作打下了扎实的基础。1917 年,他怀着"要使全中国人民接受教育"的宏愿返回祖国,参加救亡图存运动。他立足中国实际,用世界的眼光思考如何挽救国家厄运,争取中华民族的自由民主发展,思考着以改变中国教育来挽救中国危亡的路径。他认为,教育是国家万年根本大计,是立国根本,是改造中国社会最基本、最主要的工具之一。"人民贫,非教育莫与富之;人民愚,非教育莫与智之;党见,非教育不除;精忠,非教育不出。"①为了实践教育救国,他毅然决然地放弃权力地位和物质享受,辞去了大学教授的职位,脱下西装、皮鞋,穿上布衣、草鞋,积极投身到救国救民、改造社会的中国教育改革实践之中,以满腔的热忱和毕生的心血,践行于平民教育、乡村教育、普及教育、国难教育、民主教育等教育实践活动,创办了晓庄师范、山海工学团、育才学校、社会大学等蕴含陶行知生活教育学说和符合时代召唤

① 方明:《陶行知全集》第 1 卷,四川教育出版社 2005 年版,第 189 页。

的新学校,创建"小先生制""艺友制"等新的教育模式,提出了"教育救国""科学下嫁"等教育倡议,成为我国近代教育的一股清流、暖流和激流。

1927年,陶行知在南京创办了我国第一所试验乡村师范学校——晓庄师范。晓庄师范的培养目标、招生方式、组织管理制度、教学方法、学习科目等都与旧式学校完全不同,它是独具陶氏风格的新学校。陶行知倡导"生活教育",培养的学生必须具有"康健的体魄,农夫的身手,科学的头脑,艺术的兴趣,改造社会的精神"①。晓庄师范是陶行知立志要为中国乡村教育开创一个新生命的试验学校,别开生面的教育模式使晓庄师范名声远播,获得了很好的教育效果和社会声誉。当时主管浙江省教育的国立第三中山大学,即后来的浙江大学,校长蒋梦麟和秘书长刘大白等,也有意在浙江省办一所晓庄师范这样的学校。

1928年2月25日,浙江乡村师范第一次筹备会议召开,会后与会人员去南京晓庄师范参观,陶行知亲自接待并介绍了有关办学情况。参观者认为,晓庄师范的办学宗旨和理念都非常正确,这样的教育实为国家社会所需要。蒋梦麟即刻邀请陶行知来浙江省共同筹划创办乡村师范。

1928年4月1日,陶行知应邀到浙江大学参加乡村师范第二次筹备会,并受到了创办浙江省立乡村师范学校的委托。6月24日,在第三次筹备会议上,陶行知推荐校长人选。6月27日,陶行知带着晓庄师范的学生操震球、程本海、王琳一起到杭州市筹划具体办学事宜。7月3日,陶行知带领著名的建筑师朱葆初先生,来到萧山"风景优美不亚于西湖,物产丰富要超过西湖"的湘湖,一起在湖边选择建校场所,最后勘定了湘湖的定山作为校址。陶行知对湘湖师范的校舍建筑、招生开学、办学方针、校长推荐和教师聘任等都做了具体部署。

1928年10月1日,在陶行知先生的亲自指导和参与创办下,浙江省立乡村师范学校(湘湖师范)正式开学了。第一任校长就是陶行知推荐的晓庄

---

① 方明:《陶行知全集》第2卷,四川教育出版社2005年版,第361页。

师范毕业生操震球,第一批教师(当时称指导员)也都是晓庄师范的毕业生,有程本海、王琳、李楚材、董纯才等。初创的湘湖师范带有明显的晓庄特色。学校的校歌暂用陶行知作词的《锄头舞歌》,校训是"教学做合一"。开学典礼上师生宣誓的誓词是陶行知先生的《我们的信条》18 条。[1] 办学思想以陶行知的生活教育与乡村师范教育思想为指导,办学宗旨是"依据乡村实际生活培养乡村人民、儿童所敬爱的导师"。培养目标是:农夫的身手,科学的头脑,革命的精神,艺术的兴趣。教育方法是:学校生活化——以生活为中心,宇宙为教室,万物为宗师;学校科学化——教学做合一;学校民众化——和民众交朋友;学校社会化——不但在乡村教育上努力,还要改造农村社会;学校纪律化——师生同甘共苦,互敬互爱,共同守法。[2]

1928 年 11 月 10 日,陶行知先生又亲自到湘湖师范指导,在定山顶科学馆和全校师生座谈"教学做合一"。座谈会记录《湘湖教学做讨论会记》经陶行知亲自校阅后,发表在校刊《湘湖生活》第 1 期和第 2 期上,它奠定了湘湖师范办学的思想理论基础。陶行知还为教师办公室和定山小学题写了"教学做合一""教学相长"等条幅。离校后,陶行知先生又来信鼓励大家发扬晓庄精神,但不可过分照搬,希望大家"认清目标,把握旨趣,认真苦干,努力不懈,将来自有成就",他还为校刊《湘湖生活》重新题写了刊名。

1932 年 5 月,陶行知先生第 3 次到湘湖师范做了主题为"生活教育"和"儿童科学教育"的讲座,并为师生演示了科学实验。1934 年 4 月,陶行知先生第 4 次来到湘湖师范做了推广"小先生制"的讲座。1935 年 4 月,陶行知先生给湘湖师范寄来了为教室题写的"工学馆"3 个字匾额,还题写条幅赠送教师,勉励师生:"不做老爷,要流汗干事。"

在陶行知的关心指导下,继操震球担任第一任校长之后,陶行知的学生方与严、黄质夫、金海观等相继担任湘湖师范校长。特别是第六任校长金海

① 方明:《陶行知全集》第 1 卷,四川教育出版社 2005 年版,第 74 页。
② 浙江省湘湖师范学校:《浙江省湘湖师范学校校史》,浙江教育出版社 1998 年版,第 14 页。

观先生,自 1932 年起担任校长,前后达 25 年。他继承和发展了陶行知的生活教育理论。提倡"教学相长,手脑并用",推行"做、学、教三位一体的工学制"教育改革实验,并开展军事体育、音乐、文艺、农村调查、扫除文盲等课外活动,使学校教育与社会活动相结合,培养了大批适应乡村教育的教师。抗日战争爆发后,金海观校长率领全校师生南迁流亡办学,一路辗转浙南山区和浙闽边界一带,8 年时间七易校址,在顽强的苦斗中创造性地实践陶行知教育思想,铸就了"苦硬、实干、研究、进取、注重情谊"的湘湖精神。湘湖师范的办学取得了引人瞩目的辉煌业绩,被誉为"浙江的晓庄",受到联合国教科文组织的关注,成为浙江省近现代教育史上一所名校。

2002 年,随着国家对中等师范结构布局的调整,湘湖师范成建制并入杭州广播电视大学,继而又成为杭州科技职业技术学院的一个重要组成部分。行知文化随之成为杭州广播电视大学、杭州科技职业技术学院文化渊源之一并得以传承和弘扬。

2.杭科院的校园文化建基于陶行知的生活教育学说

陶行知先生以"捧着一颗心来,不带半根草去"的赤子之忱,以"教育为公,甘当骆驼"的奉献精神,30 年如一日矢志不移地为中国教育探寻新路。他从中国国情出发,扎根中国传统文化,立足于人类社会的历史发展,批判地继承了中外历史上先进的教育学说,提出了彻底改革中国旧传统教育的口号,在不断探索和实践中将杜威的"教育即生活,学校即社会,做中学"的实用主义教育理论翻了半个筋斗,创立了以"生活即教育,社会即学校,教学做合一"为核心内涵的完整的教育理论体系——生活教育学说,为我国教育的现代化做出了开创性的贡献。

陶行知生活教育学说强调教育要以生活为中心,"使所学能得其用,同时所用亦得征之于学"[①],强调教育与社会紧密结合,"不运用社会的力量,便

---

① 方明:《陶行知全集》第 11 卷,四川教育出版社 2005 年版,第 423 页。

是无能的教育,不了解社会的需求,便是盲目的教育"①。强调教育与实践紧密结合,主张"劳力上劳心""手脑并用"。"陶行知生活教育理论包含的生活性、社会性和实践性三个核心要素,正是职业教育的三个最基本特征……陶行知的职业教育思想蕴含在他丰富的生活教育理论之内,生活教育理论是陶行知大职业教育观的集中体现。"②因此,陶行知生活教育学说是超时代的,与我们当代职业教育的宗旨和目标有许多内在相通和异曲同工之处,他对职业教育的真知灼见能够洞穿时光隧道,时至今日依然具有旺盛的理论生命力和较强的实践指导作用,对今天的职业教育办学实践仍有启迪和借鉴意义。

文化是学校立足、发展的根本,本立而道生。杭科院充分挖掘办学历史中传承下来的优秀文化传统,将陶行知教育思想和崇高品质作为重要精神渊薮和文化根脉,使之成为校园文化的灵魂。学校将行知文化的精髓与当今大力弘扬的劳动精神、劳模精神、工匠精神等时代精神及高职学生的心理与行为特征相结合,明确以"养德、修业"为育人内容,以"知行合一"为总体实践原则,以培养"手脑并重"的"匠心人物"为育人目标,将"德智体美劳全面发展"的育人总要求和"高素质技术技能型人才"的高职育人定位进一步落地、落细。在学校首届党代会上明确提出实施文化引领发展战略,构建体现社会主义核心价值观和学校深厚办学底蕴的学校文化价值体系。经过多年的办学探索与实践,形成了"爱满天下"的学校精神和"一训三风"的学校文化价值体系。

(1)学校精神——爱满天下

"爱满天下"是陶行知先生毕生追求的教育真谛,也是他一生从事教育创新和教育实践的精神动力和源泉。"热爱每一个学生",这是陶行知先生的人生格言;"为了孩子,甘为骆驼,于人有益,牛马也做",这种大爱精神是

---

① 方明:《陶行知全集》第3卷,四川教育出版社2005年版,第504页。
② 丁永娟:《陶行知职业教育思想及其当代价值》,浙江工商大学出版社2018年版,第5页。

对教师的师德、职责提出的崇高要求,是每一位教育工作者必须汲取的精神力量。习近平总书记于 2014 年 9 月 9 日第 30 个教师节到来之际,同北京师范大学师生代表座谈时提出的"四有"好老师标准,其中有一条标准就是教师要有"仁爱"之心。杭科院以陶行知"爱满天下"作为学校精神,希望全体教师以"爱满天下"的胸怀,以"捧着一颗心来,不带半根草去"的无私奉献精神,以"教人求真,学做真人"的育人治学教育理念,培养学生高尚的道德情操和完美的人格品质,成为为国家、社会做贡献的有用之人。希望全体学生以爱满天下的情怀,爱学校的一草一木,爱事物的一点一滴,爱身边的每一个人,使学生能常存感恩之心,多用欣赏的眼光看待世界和自己,在平凡之中学会做最好的自己。

(2)校训——德业兼修,知行合一

德为立身之本。"国无德不兴,人无德不立。"立德树人既是职业院校的根本任务,也是个人成长的境界目标。作为一国之民,要"明大德、守公德、严私德";作为劳动者,要讲职业道德、从业素养。全校师生都要"以德为先",每天问一问自己"在道德上有没有进步"。业为立身之基。安乐其业、尽展其才,才能让"每个人都有人生出彩的机会"。作为学校,要担负使命职责,以职业发展为导向,培养高素质劳动者和技术技能人才。作为学生,要把握学业、学好专业、规划职业、开启事业,成为"德智体美劳"全面发展的社会主义建设者和接班人。作为教师,要"捧着一颗心来,不带半根草去",为教育事业奋斗终身。"德"在"业"先,因为"道德是做人的根本,根本一坏,纵然使你有一些学问和本领,也无甚用处"。"德""业"要"兼修",因为在心为德、在外为行,两者相互促进、相辅相成。德之升、业之成,都要靠个人的领悟和日积月累的修习。养德与修业,是两件事,也是一件事,都需"于实处用力,从知行合一上下功夫"。正如习近平总书记所说,要"在细照笃行中不断修炼自我,在知行合一中主动担当作为"。2014 年 6 月,习近平总书记就加快发展职业教育做出重要指示,要求"坚持产教融合、校企合作,坚持工学结合、知行合一",努力建设中国特色职业教育体系。"知行合一"为实现"德业兼修"、发展职业教育提供了方法指引。而陶行知先生在对王阳明"知行合一"理论批判继承的基础上,提出了"行是知之始,知是行之成",赋予了"知行合一"思想在哲学层面上新的内涵。对杭科院师生而言,"知"是理论学习、终身学习,"行"是工作实践和社会实践,"知行合一"既是方法论、实践论,也是认识论,更是一种价值观。

（3）校风——苦硬进取,惟真惟实

"苦硬进取"源于湘湖师范在抗日战争期间形成的"苦硬实干,研究进取,注重情谊"的办学精神,体现了学校对百年办学文脉的传承。"苦硬"就是埋头苦干、敢打硬仗的奋斗精神,是劳模精神与工匠精神的内核。"进取"就是锐意进取、百折不回的赶超精神。进入新时代后,学校要履行好现代职业教育发展的重任,要克服新建院校基础薄弱的困难,持续弘扬筚路蓝缕的奋斗精神。同时,学校要及时总结经验、抢抓发展机遇,不断深化育人模式改革,守正创新、奋发有为,朝着综合办学实力达到全国同类院校一流水平的目标砥砺奋进,持续弘扬奋勇争先的赶超精神。

追求真理,尊重规律,立足实际,讲究方法,"惟真""惟实",这些是杭科院倡导的做人做事的标准。"惟真"就是"千教万教教人求真,千学万学学做真人"的求真精神。2014年9月9日,习近平总书记在同北京师范大学师生代表座谈时,引用了陶行知先生这句教育名言,来激励广大教育工作者树立理想信念,"用自己的学识、阅历、经验点燃学生对真善美的向往"。"惟实"就是实事求是、脚踏实地的实干精神。打赢硬仗,既要有"锐意进取、敢于担当的精神状态",也要有"脚踏实地、真抓实干的工作作风",要"讲实情、出实招、办实事、求实效"。同时,"惟实"也是陶行知先生"实践第一"观点的体现。1924年,时任校长的陶行知,把南京安徽公学的校训定为"实",一切从实际出发,从中国的国情实际出发,从学校的实际出发,从学生的实际出发。有什么样的生活就有什么样的教育,一个"实"字奠定了陶行知生活教育的哲学基础。在"惟真"的前提下"惟实",将讲科学和讲实干统一。

（4）教风——教学相长，自化化人

"教学相长"包含两个方面的意思，一是强调教师在教的过程中可促进自身的学，二是强调教师的"教"与学生的"学"互相影响促进，相辅相成。学校在教学中要形成"教学相长、学学相长、集思广益、共同提高"的局面。陶行知也说："做先生的，应该一面教一面学，并不是贩卖些知识来，就可以终身卖不尽的。"从事职业教育的教师更要遵循职业教育规律和学生成长规律，以学促教、边教边学、教学相长。

"自化化人"也包含两个方面的意思，一是强调"自化"，即自我教育、自我变化，尤指个体通过自身努力向上、向好的方向发展，二是强调教师的责任，教师不仅自己要主动寻求变化，而且要使学生变化。陶行知先生说："教员的天职是变化，自化化人，虽然不容易学孙悟空的七十二变，但是至少要看重变化。"进入新时代后，教育工作者"自化化人"的职责导向进一步被明确。2018 年，习近平总书记在北京大学师生座谈会的讲话中提出，"要引导教师把教书育人和自我修养相结合"。一名好教师要从"有理想信念、有道德情操、有扎实学识、有仁爱之心"四个方面做好"自化"，而后才能担当起学生健康成长指导者和引路人的责任。

（5）学风——手脑双挥，匠心致远

"手脑双挥"强调的是"手"的实践（行）与"脑"的思考（知）统一结合。陶行知先生曾写过一首小诗《儿童节标语》，呼吁学生不再做书呆子，"手脑双挥来做工"。习近平总书记也曾强调坚持学思用贯通，知信行统一。学是前提、知是基础，思是学用结合的关键、信是知行合一的桥梁，更要在用、行上下硬功夫。职业教育的学生在学习过程中，不仅要以知识理论武装头脑，更要动手实践探索，动脑活学活用，学会"手脑双挥"，积极创新生利本领、创造物质与精神财富。

"匠心致远"强调的是工匠精神的培养和职业发展规划。党的十九大报告指出，要建设知识型、技能型、创新型劳动者大军，弘扬劳模精神和工匠精神，营造劳动光荣的社会风尚和精益求精的敬业风气。为国家培养

"大国工匠",是职业教育的题中应有之意。在二十国集团工商峰会开幕式上,习近平总书记评价"杭州也是生态文明之都,山明水秀,晴好雨奇,浸透着江南韵味,凝结着世代匠心"。倡导"匠心"既是学校对时代要求之回应,亦是对杭州之世代匠心之继承。而"致远"体现的是学校以职业发展为导向的育人模式,鼓励学生结合时代特点,根据自己的职业倾向,确定其最佳的职业奋斗目标,基于学业、学精专业、投身职业、开启事业。

"爱满天下"的学校精神和"一训三风"的确立,是杭科院总结多年办学实践,将学校百年历史文脉精髓和新时代职业教育发展特色有机结合凝练而成的文化价值体系,充分彰显了学校以行知文化为内核的价值追求和教育情怀,是陶行知生活教育学说的创新和发展。落实了"德智体美劳全面发展"的高校育人总要求和培养"高素质技术技能型人才"的职业院校人才培养总目标。这对学校回答好"培养什么人、怎样培养人、为谁培养人"这一根本问题,把立德树人根本任务在具体办学实践中入细入微,形成共同价值追求和行为规范,起到了十分重要的实践统领作用。

二、杭科院借鉴生活教育学说的育人实践探索

陶行知生活教育学说主张"生活即教育、社会即学校、教学做合一",与"德智体美劳全面发展"的高校育人总要求息息相关,与杭科院"高素质技术技能型人才"的培养目标具有较高契合度。学校创造性地将行知文化运用到高职育人工作中去,以行知文化引领高职育人模式改革。探索生活教育学说与劳动精神、劳模精神、工匠精神等时代精神及高职学生的心理与行为特征相结合的职业人才培养模式和教育改革实践。学校除了在精神价值层面构建行知文化价值体系,还在制度机制和实践路径等层面进行了全方位多层次的探索实践,尝试以行知文化引领职业人才培养模式改革。

1. 制度机制层面的探索

杭科院在构建学校精神和"一训三风"文化体系的前提下,在制度和机

制层面以"一二三四五"为统领,形成富有"陶味"的文化育人品牌。"一"即1个顶层设计,将陶行知生活教育学说在章程制度设计、体制机制建立的层面进行了有效探索,写入《杭州科技职业技术学院章程》。章程第十九条明确规定:"学校传承和倡导陶行知文化,坚持以行知文化为引领,结合高等职业教育特点,建设特色鲜明的校园文化,为学生成长成才创造良好的文化氛围与人文环境。"第六十六条规定:"学校在继承和创新实践陶行知教育思想的基础上,形成了'爱满天下'的学校精神,确定学校校训为'德业兼修,知行合一',校风为'苦硬进取,惟真惟实',教风为'教学相长,自化化人',学风为'手脑双挥,匠心致远'。"将行知特色的育人理念写入学校十二五、十三五、十四五规划和学校首届党代会提出的发展战略。"二"即2个实施办法,将高职文化育人在《关于加强和改进新形势下思想政治工作的实施办法》中进行规范,并制订了《关于陶行知文化建设的若干意见》,实行"进制度、进教材、进课堂、进社团、进寝室"的行知文化"五进工程",同时形成了校本特色的陶行知选修课和自编教材。"三"即3个引领工程,出台《学生"知行千日"教育实施方案》,明确起航工程、领航工程、远航工程,以提升职业能力、职业素养为重点,引导学生在"知行合一"上下功夫,帮助学生"明德",助推学生"立业",最终实现每位学生在校3年(千日)德业兼修、健康成长,把学生培养成为德智体美劳全面发展的社会主义建设者和接班人。"四"即4个并重构建,以立德树人为根本任务,深化以行知文化为引领、职业发展为导向的育人模式改革,构建完善"职业能力与职业素养并重、基础理论与技术技能并重、校内教学与校外实践并重、第一课堂与第二课堂并重"的"四个并重"人才培养体系。"五"即5力文化培养,继承和发展陶行知生活力、自动力、创造力的"三力"文化学说,创造性地将"学习力"和"思想力"融合到育人模式改革中,在注重技能培养的同时,注重学生综合能力提升,培养符合时代需求的复合型人才,形成了学校独具特色的"五力文化"浸润学生成长之路。

2.实践路径层面的创新

实践层面的创新是指学校以陶行知生活教育学说为指导,探索现代职业院校文化育人在以下 4 个维度的实践创新。

一是在陶行知先生"教学做合一"的思想指导下,学校推进专业课程建设,构建 5 大模块课程体系。杭科院围绕 4 个并重人才培养体系,根据专业人才培养目标,探索构建"通识课程＋素质拓展课程＋专业群平台课程＋专业方向课程＋专业拓展课程"5 大模块课程体系。学校将党史国史、中华民族优秀文化、语文、美育等增列为公共基础限定选修课;推进"互联网＋教学"改革,充分利用网络平台开足开好公共选修课;以专业群建设为基础,构建"平台＋模块"专业课程,开设跨专业大类(学科)的交叉课程,建设校本科技素养和人文素养通识平台,探索跨学院、跨专业复合型人才培养的新机制;构建选修课程体系,扩大学生学习选择权,推进分层分类课程建设;推进创新创业课程建设,将创新创业教育融入人才培养全过程。同时,学校全面开展课程资源建设,深入推进教学创新,开展职业导向的课程改革,课程标准对接行业标准,课程实训直接进入企业,进一步推进信息技术与教育教学工作的有效融合,提高课程建设质量。近年来,学校联合主持和建设国家职业教育专业教学资源库 3 个,省级精品在线开放课程 8 项。学校深入推进课堂教学创新,制订"课堂教学创新行动方案",实施"育人示范课堂"、"互联网＋教学"优秀案例、"互联网＋教学"示范课堂等课堂教学创新,涌现出一批"行知课堂典范",如培养农村幼儿教师的学前教育定向生专业,老师们带着学生去农村幼儿园调研、观摩,教学生用稻草、竹子等农村的自然资源来布置幼儿园环境,收集、改编当地的民间游戏并将其融入幼儿课堂教学,开发出了"农村幼儿园环境创设"和"幼儿园民间游戏"两门"本土课程",很好地体现了陶行知先生"教学做合一"的主张,先后在《浙江教育报》《杭州日报》上进行了专题报道。学校推进实践教学创新,强调"做中教""做中学",学校规定各专业人才培养方案的总学时,实践教学课程必须占总学时的 60％以上。学校依托行业、企业共建校内综合实践基地,充分发挥校内综合实践基地项目实训、科学研究、技能竞赛、社会培训、创新创业"五位一体"功能,为学生技术技能培养和职业素质养成提供基础条件和硬件保障。学校深入推进产教融合、校企合作,积极开展现代学徒制工作试点,构建校企双元育人机制。

二是在陶行知先生"生活即教育、社会即学校"的思想指导下,学校推进第二课堂建设。杭科院秉承"校内教学与校外实践并重、第一课堂与第二课堂并重"的育人理念,不断丰富第二课堂的内涵与外延,把课堂迁移到社会、延展到整个浙江省。学校以大学生社会实践为依托,培养学生"走进社会服务基层"的精神和能力,创建"行知行走课堂"团学品牌项目。各二级学院依据专业特色,与富阳区属地共建志愿者基地,开展大学生志愿服务乡村建设活动,助力区域地方经济社会发展,宣传党的大政方针,强调专业知识在实践中的运用,既培养学生的"生利"技能,又培养学生的"利群"精神,成为杭科院第二课堂建设的重要一环。基于前期的丰富实践,学校与富阳区人民政府共建的"乡村振兴学院"于 2019 年 6 月应运而生,成为学校第二课堂的重要阵地,是学生实践专业、增强才干、服务社会,培养"五力"的重要"训练场"。2020 年学生在浙江省暑期社会实践风采大赛中,4 个暑期社会实践团队被评为大赛优秀团队,教育学院胡玉洁同学被团中央授予 2020 年全国大中专学生志愿者暑期"三下乡"优秀个人荣誉称号。

三是在陶行知先生"爱满天下"的学校精神引领下,学校推进文化育人品牌建设。文化育人,需要精耕细作至久久为功。杭科院从 2013 年起坚持并创新每月一次的'校长请我喝杯茶'活动。通过校长与学生的"喝茶"活动,听实际真呼声,讲心底真话语,引导学生勤学思辨,参与学校管理,倡导求真务实、即知即改的行知作风,体现杭科院以生为本的理念和爱生育才、立志做"真教育"的深刻思考。学校把该活动打造成校领导与师生直接沟通、交流,弘扬"爱满天下"精神,实践民主办学治校的思想政治工作示范品牌。它是杭科院立德树人的思政教育平台,深耕行知文化的校本教育平台、践行民主办学的校园沃土,是学校"教学相长,自化化人"教风的具体实践。持续了近 10 年的"喝茶"活动,形式和内容在不断的摸索中提升改进,蜕变成长,内涵逐渐丰富,育人效果有目共睹,获得了社会各界的认可。"校长请我

喝杯茶"文化品牌先后被《中国青年报》《浙江教育报》《杭州日报》、中青在
线等主流媒体报道 10 余次,2018 年获评浙江省高校文化育人示范载体,同
年获第五届全国教育改革创新奖。著名教育家顾明远评价该活动品牌是
"将陶行知教育思想用于高职文化育人实践的代表性成果"。2020 年,共 37
期的"校长请我喝杯茶"活动已汇编成专著,由光明日报出版社出版发行。
除培育全校性的文化育人品牌外,各二级学院结合自己的专业特点及职业
要求,打造特色鲜明的二级学院育人文化品牌,如城市建设学院的"鲁班文
化",机电工程学院的"天工文化",工商学院的"小先生文化",旅游学院的
"晨晖剧社文化(秉承湘湖师范学校醒民剧团文脉)",教育学院的"师爱文
化"等,为学生专业技能的培养、专业精神的哺育、专业理想的实现提供大显
身手的舞台,是行知文化在新时代职业院校中的沿袭与接力。

四是在陶行知先生"创造教育"思想指导下,杭科院推进学校创新创业
教育建设。陶行知先生早在 1940 年《创造宣言》中指出:"处处是创造之地,
时时是创造之时,人人是创造之人。"他倡导的"手脑并用""生利主义"等教
育理念,正是创造教育的精髓。2013 年,学校成立"行知创业学院",围绕"生
涯教育、分层培养、模拟仿真、政策经验、创业社团、创业竞赛、项目孵化、作
品展示"8 大功能,构建创新创业教育体系,打造"通识课程＋创新创业课程
＋专业课程＋实践教学"的创新创业模块化课程建设,设立行知学分(可抵 6
个毕业学分),将创新创业纳入学分管理,搭建课程学分与素质拓展学分互
通立交桥。通过建立创新创业导师库,开展系统创新创业培训,举办系列创
新创业交流活动,充分发挥省级示范性创业学院的优势,开设雏鹰班、飞鹰
班和雄鹰班的分层分类培养模式,为处于不同创业发展阶段的学生提供与
之相适应、相匹配的创业教育。学校免费提供 2000 多平方米的校内创业园
场地、学生宿舍区部分架空层场所用于开展学生创业实践、项目孵化、作品
展示和相关培训。通过教学与实践结合、校内资源与校外资源结合、专业与
创业项目结合、政策支持与资金支持结合,培养学生创新精神、创业意识和
创新创业能力。近年来,学生在各级各类创新创业大赛中硕果累累:在国家

一类技能大赛、"挑战杯"全国职业学校创新创效创业大赛等重要比赛中均实现了一等奖的突破;在省级"互联网＋"大学生创新创业大赛、挑战杯大学生创业大赛、大学生职业生涯规划与创业大赛、大学生乡村振兴创意大赛、职业院校创新创业竞赛等各类大赛中,分获特等奖和金银铜奖若干个。每年学校毕业生的创业率在 6%—7%,创新创业教育取得显著成效。行知创业学院虽然成立时间不长,但取得了不少荣誉和称号,如"2016 年全国高职院校创新创业示范校"50 强、浙江省创业孵化示范基地、浙江省普通高校示范性创业学院、杭州市十佳创业园等称号。

三、杭科院借鉴艺友制探索现代学徒制的应用价值

作为一所有百年悠久历史和深厚文化底蕴传承的学校,杭科院拥有得天独厚的行知文化底蕴和创建以行知文化厚实学校校园文化的特色条件,在借鉴艺友制探索现代学徒制方面具有独特的优势,学校也在长期不懈地研究、借鉴与撷取艺友制教育思想对现代学徒制实践的应用价值。

1. 研究与汲取艺友制精髓思想

20 世纪 20 年代,处于积贫积弱的中国,政治黑暗、经济凋敝、国力不济、教育落后、人才匮乏。为改变这一积贫积弱的局面,陶行知首先从占中国人口近 90% 的乡村入手,提出了要"筹募一百万元基金,征集一百万位同志,提倡一百万所学校,改造一百万个乡村"①的"四个一百万"号召,力争改造贫困落后的乡村教育以拯救灾难深重的旧中国。1927 年,他在南京市劳山下创建南京晓庄师范,并先后共建小学师范和幼稚师范各 1 所,中心小学 8 所,中心幼稚园 4 所,民众学校 3 所。这些学校和幼稚园围绕生活教育的要求开展多角度、多层次、多类型的教学试验。为解决乡村师资匮乏问题,培养适应农村基础教育所需的知识与技能兼具的合格教育师资,陶行知创造性地提

---

① 方明:《陶行知全集》第 1 卷,四川教育出版社 2005 年版,第 83 页。

出并践行艺友制这一新的教育方式,别开生面地开创了乡村教育的新模式。艺友制是陶行知从传统学徒制改造发展而来的一种人才培养方法。陶行知认为,传统学徒制有它的优点,如师傅对徒弟要求严格,"严师出高徒";师傅在做中教,徒弟在做中学,真教实学,这种教学技艺也是一般学校培养不出来或者不能替代的。但是,传统学徒制存在一些缺陷,如师傅在传授技能时往往比较保守,怕徒弟习得全部技能后影响师傅的生意和地位,又如师傅和徒弟之间地位不平等,师傅对徒弟如奴仆等。为此,陶行知对学徒制的弊端加以改造,提出了艺友制思想,"凡用朋友之道教人学做艺术或手艺便是艺友制"。艺友制以"艺"为教育载体,以"做"为中心,以"友"为宗旨,通过"教学做合一"的方法教人长技或学人长技,倡导教师与学生平等合作、共教共学、手脑并用、学做合一的开放性和共享性关系,实现教学相长。这种"以朋友之道教人"的教育方法,使学生不仅能接受教学技能的训练,更能得到合作能力和民主平等思想的培养。教师与学生一朝是艺友,终身成朋友,在学习时空上有着连续性和终身性的关系,使职前教育与职后教育得到了有机统一,有利于人才培养的质量保障。艺友制在南京晓庄的教育实践,取得了较好的成效,对改变近代中国乡村教育落后状况与解决师资严重缺失问题产生了深远的影响。同时,这种将理论学习与岗位实践有机结合的教学法,不仅适用于师范教育,也适用于其他任何行业,为各行各业提供了借鉴和指导。正如陶行知先生所说,"艺友制之成功在乎指导之得人。故凡有指导能力者,皆可以招收艺友,初不问其事业之粗细也","艺术家、文学家、技术专家、科学家、医生、教师、各种工艺匠师、有经验的农民等艺有所长者,均可招收艺友","使有志青年得以依据兴趣才能,充当一种事业专家之艺友,以谋上进"。[①] 可以说,这种艺友制教学方式不仅有利于解决当时教育的燃眉之急,拓展了教育的方式,丰富了教育的内涵,更为教育的社会功能和实践路径提供了创新性的借鉴。

---

① 方明:《陶行知全集》第 2 卷,四川教育出版社 2005 年版,第 478 页。

2.挖掘与探索艺友制对现代学徒制的实践指导

现代学徒制是一种融合学校与企业两种不同角色的现代职业教育模式,有学者认为它实质是"一种基于现代职业教育的技术技能人才培养制度"。它是一种改变理论与实践相脱节、知识与能力相割裂、教学场所与实际情境相分离的职业教育新路子,为我国突破传统职业教育体制瓶颈,解决我国高质量技术技能型人才需求,促进经济社会转型发展提供了新路径,更上升成为我国国家层面发展现代职业教育、构建现代职业教育体系的新举措。2015—2018 年,教育部先后开展了 3 批现代学徒制试点工作,旨在通过校企联合培养社会所需人才,"深化产教融合、完善职业教育和培训体系,推动职业教育高质量发展的重要实现形式"。

陶行知先生的艺友制教育思想因其独创的一种用"朋友之道教人手艺"培养乡村教师的教育模式,对职业教育现代学徒制人才培养制度具有较好的借鉴和指导价值。

(1)指导建立新型师徒关系

艺友制特别强调师徒之间"友"的内涵。"友"在甲骨文中是手形,象征顺着一个方向的两只手,原意为以手相助。"友"又有"志同道合""同伴""结交"之意,即具有共同志向的一帮人联合起来,围绕共同的目标进行共同的事业。这种平等合作的关系,是现代学徒制教育的一种基本的教学基础。在现代学徒制"双导师"范式下,师傅既是懂技术会管理的企业导师,又是懂教学会育人的学校教师,艺友制中"友"的内涵对如何构建多维度的现代新型师徒关系具有借鉴价值,即企业师傅与学校教师是一种怎样的相互关系呢? 师傅与学徒、教师与学生又该是一种怎样的相互关系呢? 学生(学徒)自身又是该怎样处理自身身份的转换及处理与其他学生(学徒)之间的关系呢? 这些问题,均可以"友"化之,以"友"释之。现代学徒制强调"德技双馨"的培养目标,持续关注学徒在知识、能力和素养品德等方面的发展,即不仅注重学徒的岗位技术能力培养,更注重学徒可持续职业发展能力的培育。

在信息化高度发展的开放性学习环境下，学徒获得知识资源的途径众多，师傅不再是知识技能的权威来源，也不再是最新知识和资讯的唯一传授者，而是学徒学习知识技能的陪伴者和引导者。在此新形势下，现代学徒制的教育需要建立在一种民主平等、相互学习、教学相长的新型、和谐师徒关系基础上，在师徒之间相互信赖、相互尊重的"学习共同体"中共教、共学、共做、合作学习，共同进步和提高。

（2）指导实践现代学徒制教学

艺友制的融入、试做、见习、实习的"四阶段教学法"，反映着职业教育的4级能力提升的阶梯，对应着4个不同阶段教学所需的内涵与活动，显示着艺友培养的阶段目标和等第标准。其中，"融入"包括的是实践的理论基础和行业专业的了解，初识其中的目标与做法要求；"试做"则是在"艺友"指导下亲身尝试教学的实践，是一个将理论与操作相结合的初步、局部的应用过程；"见习"则是在全系统的实践岗位上进行实地了解、观摩、操作、理解的活动，是艺友手把手指导的实地教学环节；"实习"则是在工作岗位上独立承担工作任务进行领会实践、摸索创新的过程，艺友指导或师傅指导更多的是系统的要求及关键的指点，是学徒迅速提升自己和熟识岗位、提升专业能力的最后一个系统学习环节。这个"四阶段教学法"，要求艺友在实践教学环节中围绕教学技能和教学方法的学习与实践展开，旨在教给学生知识技能，培养任教的能力。这一实践教学特色，也为现代学徒制的开展提供了切实有效的教学抓手。这样不仅能为教师基于具体实践岗位开展教学提供借鉴，更为我们实践教学由浅入深、由易到难、由简单到复杂、从学到做的阶梯式开展，开辟了新路径。在现代人才培养过程中，为了"融入"企业实际，我们必须借鉴艺友制的实践经验，精心谋划、量身定制契合校企双方专业、岗位特点和学徒具体实际的实践课程，将学生专业知识学习与学徒实践技能训练、短期见习、长期实习等结合起来，并贯穿于整个教学过程。为了能在企业"试做、见习和实习"，我们还可以借鉴"教学做合一"思想，与对应合作企业共同构建起现代学徒制的"教学—实践—教学—实践"流程的循环培养、螺旋递进式教学模式,使学校专业理论课程与企业专业实验实训紧密结合,以真正实现"共教、共学、共做、共提高"的现代学徒制的校企合作共赢,培养出社会有需求、企业用得上的合格学徒。

(3)指导构建现代学徒制质量保障体系

艺友制的考核评价采用的是双主体的过程考核法,即一方面由学校考核学生在校学习情况,另一方面由实训学校导师负责考核学生(艺友)在实训学校的岗位实践情况。学校对学生在校学习的考核,依据的是学校开设课程与活动要求的标准和学生取得的成绩及具备的素养;实训学校导师对艺友的考核即分4个阶段的实践考察与考核及其反馈、修正情况分析。这种"双主体"的过程考核,不仅能够清晰掌握教学过程的信息,还能及时解决其中出现的一些问题,有效监控和跟踪人才培养质量。这一全过程的评价考核机制给现代学徒制构建科学合理的质量保障体系提供了很好的参考价值。这种双主体的考核方法在现代学徒制教育中的采用,是由现代学徒制本质特性决定的。在现代学徒制教育中,学校和企业是两个不同又系统相连的教育主体,学生必须完成课程学习和岗位工作双任务,其学习成果的评价自然也由学校老师和企业导师进行"双考核",即要求学校和企业对学生(学徒)的学习成绩与能力水平以及教师(师傅)的教学质量进行综合的考核评价。通过对学生每一阶段学习任务和实践过程的指导、跟踪和质量监督,最终形成相应的共通性考核评价标准,建立起多方反馈的教学质量监控管理机制,从而形成校企融合、分工有序、质量保证的现代学徒制人才培养质量保障体系。

3.承继与弘扬行知文化的时代价值

艺友制与现代学徒制虽然有着近百年的时空差异,但两者之间有许多异曲同工之处。行知文化深厚的理论涵养在引领现代职业教育的发展方向上显示着其顽强的生命力和实践力,彰显着艺友制历史沿袭的发展规律和与现代社会超越时空的理论碰撞。杭科院悠久的历史文脉和深厚的文化底蕴,以及得天独厚的行知文化的借鉴与传承,为实践艺友制与现代学徒制的结合,提供了丰富的理论与实践基础。近年来,学校以行知文化引领职业教育发展的势头良好,学校在教学管理、社会服务、产教融合、毕业生质量等方面均取得了较好的成效。2016 年,学校模具设计与制造、电子商务技术、连锁经营管理、酒店管理 4 个专业被列入浙江省第一批现代学徒制试点专业。在试点工作开展期间,学校充分挖掘陶行知艺友制教育思想精髓,在运用理论借鉴和实践指导开展现代学徒制试点工作方面,进行了坚持不懈的理论研究和实践探索。2018 年,模具设计与制造、电子商务两个专业被列入全国第三批现代学徒制试点专业,学校继而开展国家级、省级和校级三个层面的现代学徒制试点工作,并取得了一系列成效。

当然,艺友制作为 20 世纪的教育思想,不可避免地存在历史和时代的认知局限,需要我们在借鉴过程中加以辨别和完善,使之能顺应科技、社会发展的需求。例如,艺友制所培养的主要是乡村教育师资,其实践范围主要是小学和幼稚园。所以,无论从行业性、适应性还是专业性、活动性来讲,与现代学徒制相比,艺友制都是较为狭窄的,更与当前现代学徒制所具有的时代性、发展性、创新性和开放性等历史背景相比,不可同日而语。因此,借鉴陶行知先生艺友制教育思想,不能机械地照搬照抄其教育实践经验,而需积极探索和挖掘艺友制中具有前瞻性的理论精髓和实践成果,指导今天现代学徒制的教育实践。同时,我们应该真正认清陶行知教育实践的精神内涵和时代价值,学习以陶行知为代表的 20 世纪二三十年代的爱国知识分子,他们忧国忧民,救亡图存,敢于舍弃优渥生活,直入中国最为落后的农村,在条件十分艰苦、资源十分缺乏的背景下,以满腔热忱和先进理念,扎根中华大地,轰轰烈烈地进行教育改革,并取得明显成效。我们撷取的是陶行知为代表的近代教育家先进的理论和思想,这些理论和思想成为今日教育改革的理论依据和思想创新。这些教育家敢为人先、直面困难、勇克时艰、开拓进取的奋斗精神和大爱境界,作为激励我们一代又一代教育人努力前行的精神源泉,也为今日杭科院推进现代学徒制试点,走出一条具有自身特色的现代学徒制人才培养新路提供了强大的精神支柱和实践借鉴,也是行知思想、行知精神在新时代的创造性转化和创新性发展。

第三节　杭科院借鉴艺友制开展现代学徒制的实践探索

杭科院继承发扬陶行知的生活教育学说,撷取艺友制教育的思想精髓,扎实开展现代学徒制人才培养模式的探索实践。2016 年,学校模具设计与制造、电子商务技术、连锁经营管理、酒店管理 4 个专业被列入浙江省第一批现代学徒制试点专业。2018 年,模具设计与制造、电子商务两个专业又入选教育部第三批现代学徒制试点专业。自试点工作开展以来,学校认真贯彻《教育部关于开展现代学徒制试点工作的意见》(教职成〔2014〕9 号)等文件精神和浙江省教育厅关于现代学徒制试点工作的指导意见,紧紧围绕提高人才培养质量,深化产教融合、校企合作,推进教学改革、制度创新,加强经验总结、成果推广,较好地完成了试点主要任务。经过几年的探索实践,在构建校企"双主体"育人机制、探索招生招工一体化、创新人才培养模式、推广试点成果等方面取得了良好成效,初步形成了"专产对接、校地协同、文化引领、辐射国际"的特色做法。

一、扎实开展现代学徒制的试点工作

现代学徒制作为一种职业教育人才培养模式,最大的特点就是校企双元育人。然而,影响和制约现代学徒制教育的因素是不少的,既有区域经济特点的要求,又有专业行业背景的制约,还有企业文化理念和学校专业特点的差异,需要学校和企业结合自身的优势特色,在认知现代学徒制教育过程中进行思考与综合评价,再衡量制订试点专业与对应企业开展现代学徒制试点工作。对于杭科院来说,首先需要考虑的是试点专业岗位特点是否适合现代学徒制教学管理模式;专业技能是否必须通过学徒制师傅的单独指导才能掌握得更好;专业团队的综合实力、改革动力和开拓能力是否具备实践现代学徒制教育;参与试点的合作企业是否充分认识到了现代学徒制这一人才培养模式能够给企业带来新的、持久的利益;合作企业的规模、效益、文化、价值观、发展前景和薪酬制度是否对参与现代学徒制教育的学生(学徒)具有入职该企业的吸引力……对于企业来说,首先要考虑的则是与学校的合作能否带来效益,包括经济效益和社会效益;培养的人才是否能够为企业所用并且还能好用和用好;企业现有的规模、效益、文化、价值观、发展前景和薪酬制度能否吸引学生(学徒)入职企业和持久服务于企业……基于这些相互关联的因素,校企之间必须达成"协同共赢",才能促进现代学徒制试点实践的顺利有效开展和长足广泛发展。

1.遴选现代学徒制试点专业和合作企业

浙江省是一个制造业大省,各地区(市)拥有一批传统型和现代化的规模企业。作为省会城市,除制造业以外,杭州市的服务业尤其是数字经济产业尤为突出。这就需要一大批与职业院校培养对应的合作企业。综合以上研究和分析,在获得现代学徒制教育省级试点立项后,学校根据各二级学院专业人才培养特点和校企合作深入程度情况,对相关合作企业进行实地走访调研,听取企业管理层参与现代学徒制试点工作的态度、意见和建议。在多方论证基础上,学校遴选了机电工程学院模具设计与制造、信息工程学院电子商务技术、工商学院连锁经营管理、旅游学院酒店管理 4 个专业,作为浙江省现代学徒制试点专业探索的对象。其中,模具设计与制造专业先后与长安福特汽车有限公司杭州分公司、友成控股有限公司、格力电器(杭州)有限公司等开展合作,累计招收学生学徒 183 名。电子商务技术专业与完整家居(浙江)有限公司、杭州亦格网络科技有限公司开展合作,累计招收学生学徒 69 名,并从 2020 级开始实施中高职 5 年一体化学徒制培养。连锁经营管理专业先后与上海统一星巴克咖啡有限公司、上海罗森便利有限公司等合作，累计招收学生学徒 42 名。酒店管理专业与杭州国际博览中心合作，累计招收学生学徒 117 名。2018 年，模具设计与制造、电子商务技术 2 个专业又入选教育部第三批现代学徒制试点专业。随着学校现代学徒制试点工作扩大及人才培养取得成效，这一职业人才培养模式在校内产生了一定的辐射效应，建筑工程技术、广告设计与制作、物联网应用技术 3 个专业也相继开展校级试点，参加试点学生 228 人（见表 2-1，数据统计截至 2020 年 8 月）。选定试点专业、遴选合作企业，为现代学徒制教育实践夯实了实践探索的载体和具体操作的方向。

表 2-1　杭科院现代学徒制试点专业一览表

序号	试点专业	主要合作企业	招生对象	试点开始时间	累计学徒数	试点层次
1	模具设计与制造	长安福特汽车有限公司杭州分公司、友成控股有限公司、格力电器（杭州）有限公司	3 年制	2016 年9 月	183	国家级
2	电子商务技术	完整家居（浙江）有限公司、杭州亦格网络科技有限公司	3 年制中高职 5 年制	2016 年9 月	69	国家级
3	连锁经营管理	上海统一星巴克咖啡有限公司、上海罗森便利有限公司	3 年制	2016 年9 月	42	省级
4	酒店管理	杭州国际博览中心	中高职5 年制、企业职工	2016 年9 月	117	省级
5	广告设计与制作	杭州象艺电子商务有限公司	3 年制	2018 年9 月	130	校级
6	建筑工程技术	耀华建设管理有限公司	3 年制	2018 年9 月	53	校级
7	物联网应用技术	浙江大华技术股份有限公司	3 年制	2018 年9 月	45	校级

2.校企共育现代学徒制试点专业人才

（1）模具设计与制造专业（省级、国家级试点专业）

杭科院模具设计与制造专业是国家示范专业、浙江省名专业，2020 年入选浙江省高职高水平专业群建设 A 等行列。该专业拥有中央财政支持的实训基地、省级教学名师等，教学力量雄厚，专业基础厚实，校企深度合作，人才培养质量高。从 2016 年开始，该专业先后与长安福特汽车有限公司杭州分公司、友成控股有限公司、格力电器（杭州）有限公司开展现代学徒制试点工作。

长安福特汽车有限公司成立于 2001 年，是中国知名汽车合资厂商，其在大江东产业集聚区内的杭州分公司是长安福特在华东地区的生产基地，是杭州市引进的第一个世界级整车制造项目和最大的单体工业项目，采用了福特诸多全球顶尖技术，拥有世界领先的制造工艺和高度柔性化的生产线，是杭州市 2025 高端装备制造产业集群实施项目重点企业。从 2013 年起，学校与长安福特建立校企合作关系，校企共建的福特汽车智能制造技术应用中心在 2019 年被立项为浙江省高等学校省级产教融合示范基地（第一批人才培养类示范基地）。2016 年起，双方共同开展现代学徒制育人。

友成控股有限公司为香港上市企业，公司位于浙江省杭州市萧山区经济技术开发区，是日本株式会社友成机工 1992 年在萧山区创建的第一家日资企业。公司经过 20 多年的发展，在国内全资持有浙江友成塑料模具有限公司、杭州友成机工有限公司、苏州友成机工有限公司、友成（中国）模具有限公司、广州友成机工有限公司、芜湖友成塑料模具有限公司、湖北友成塑料模具有限公司。公司主要为世界 500 强企业配套生产塑料模具及各类零部件，为客户提供模具设计、制造、零部件生产、表面处理、组装一站式服务。公司拥有从日本进口的全套生产设备，实行 ERP 系统管理，致力于建设成世界一流的模具制造中心，成为世界一流部件加工基地，创一流的诚信、管理和专业技术。友成控股有限公司与学校有着多年的校企合作关系。2018

年,校企双方共同开展现代学徒制育人。

珠海格力电器股份有限公司成立于1991年,现已发展成为多元化的工业集团,产业覆盖空调、高端装备、生活品类、通信设备等领域,在国内外建有14个生产基地,覆盖了从上游生产到下游回收的全产业链。其产品远销160多个国家和地区。2019年格力电器入驻《福布斯》《财富》双榜500强。格力电器(杭州)有限公司成立于2016年,总投资75亿元,是格力电器在全球兴建的第11大生产基地,位于浙江省杭州市大江东产业集聚区临江高新技术产业园区,公司主要生产空调分体机、多联内机、窗机以及除湿机等产品,服务市场以"出口为主,兼顾内销",致力于打造格力电器最重要的出口基地。公司依托"五环五化"的建设指导思想,全力打造技术领先、品质卓越、绿色健康、人文关怀、生产智造的行业领先的自动化、敏捷化、智能化、定制化、信息化的"工业4.0智慧园区"。公司的"五环五化"建设指导思想非常契合学校模具设计与制造专业智能制造高端人才培养目标。格力电器与学校有着紧密的校企合作关系,学校为其培养输送了许多模具设计与制造专业的毕业生。现代学徒制试点工作开展后,校企双方均认可这一人才培养模式。2018年双方正式签署现代学徒制合作协议,校企合作共同开展现代学徒制育人。

(2)电子商务技术专业(省级、国家级试点专业)

杭科院电子商务技术专业是杭州市重点专业,为社会培养掌握云计算、大数据等新一代信息技术的电子商务类技术技能人才,拥有全国电子商务职业教育"双师型"教师培养培训基地、阿里巴巴电子商务人才培养基地、淘宝大学实训基地。学校与杭州东箭实业集团有限公司、阿里巴巴集团控股有限公司、杭州东方电子商务园等著名电商企业、园区联合开展订单班培养、实训基地共建、合作就业等多方位的深度融合。

完整家居(浙江)有限公司是国内领先的以整体家装为主营业务的企业。公司总部在杭州市富阳区,在富阳区东洲产业园区建有规模巨大的电商产业园,涉及电商平台运营、电子商务TP等业务。公司自主开发了国内领先的企业信息系统,为实现终端、家装公司、主材厂商的去中间化交易服务提供体系保障。完整家居员工超过 500 人,其中技术开发人员超过 100 人,年业务量超过 40 亿元,整体业务规模稳居国内同类型企业领先地位。自 2016 年 9 月起,公司与学校深度合作,在校内创新创业产业园设立公司事业部,建立"校中厂"共同开展电子商务技术专业的现代学徒制试点。

（3）连锁经营管理专业（省级试点专业）

连锁经营管理专业是培养面向新零售管理领域,既能从事线下实体店门店运营管理,又能胜任高端新零售销售数据分析及管理的综合型运营管理人才。该专业 2019 年被列入杭州市重点建设的新型专业群,与十几家知名连锁企业及互联网电商企业建立实训基地、开展教学、就业等多方面深度合作。自 2016 年开始,先后与上海统一星巴克咖啡有限公司、上海罗森便利有限公司开展现代学徒制育人。

上海统一星巴克咖啡有限公司成立于 1999 年,在江浙沪开设经营星巴克门店,目前已有门店 1300 余家,其中浙江省有 300 余家。公司一直坚持对卓越质量和服务的承诺,以其手工调制咖啡,以及优雅、人性化的空间环境,博得了广大消费者的青睐,已经成了家和办公室以外名副其实的"第三生活空间"。公司十分注重人才培养,有完善的国际培训体系。公司与学校于 2016 年开始合作,在连锁经营管理专业实施现代学徒制育人。

罗森始创于 1939 年的美国,1975 年从美国取得特许加盟许可后在日本开出了第一家店铺。目前,罗森发展成了以便利店事业为核心,横跨便利店以及娱乐相关两大事业的大型集团。罗森于 1996 年进入中国上海,成为最早进入中国华东市场的外资便利店。"LAWSON 罗森"便利店秉承着"我们,让共同生活的城市变得更美好"的企业理念,通过店铺新鲜并具特色的商品、规范的服务、整洁的环境以及先进的经营理念,为顾客提供了优质、安全、让市民放心的商品和服务,深受广大青年学生、白领阶层的青睐和欢迎。2019 年,学校与上海罗森便利有限公司正式签订校企合作协议,双方将共同制订人才培养方案,共同开发课程、教材等教学资源,并以此为载体开展现代学徒制人才培养。同年,校企双方共建的集"教学、运营、研究、培训、创业教育"于一体的综合性校内实训基地——"罗森之家"新零售综合实训与体验中心,成为校企共同培养现代学徒制人才的校内实体运营平台。

(4)酒店管理专业(省级试点专业)

酒店管理专业对接旅游休闲产业,面向高星级酒店、精品特色酒店和高端民宿服务与管理的一线高素质复合型国际化管理人才。该专业为学校重点专业,践行"现代学徒制"的人才培养模式,与上海柏悦酒店、上海宝华万豪酒店、杭州国际博览中心、杭州洲际酒店、杭州黄龙饭店、杭州海外海皇冠假日酒店、杭州太虚湖假日酒店、杭州宝盛水博园大酒店等10余家酒店确立了深度校企合作关系,建立了一批校外实习实训基地,共同培育适用人才。从2016年开始,该专业作为浙江省现代学徒制试点专业与杭州国际博览中心开展深度合作双元育人。

杭州国际博览中心坐落于杭州钱江世纪城,2016年9月作为G20杭州峰会的主会场惊艳亮相。杭州国际博览中心总建筑面积约84万平方米,主体建筑由地上5层和地下2层组成,是集展览、会议、餐饮、酒店、旅游景点、商业广场、写字楼、会展策划、地下停车场于一体的多业态化的会展园区型综合体。其软硬件设施在国际范围内也处于领先地位,它还成功加入了ICCA(国际大会及会议协会),成为目前中国唯一的UIA(国际协会联盟)会员单位,在国际会展行业中代表着中国水准,是中国第六代会展场馆的杰出代表。杭州国际博览中心于2016年开始与学校深度合作,共同实施现代学徒制育人,并为G20杭州峰会提供优质高端服务。在这样高起点的合作基础上,2017年,学校与杭州国际博览中心再次合作成立"杭州国际博览学院",标志着"政校企行"四位一体合作模式的实践探索,为培养人才提供了更专业的平台和更宽广的空间。

(5)广告设计与制作专业(校级试点专业)

广告设计与制作专业是学校重点专业,培养广告设计与制作行业生产一线的高素质技术技能人才。创新"工学结合、校企合作"的人才培养模式,与杭州点雇网(杭州象艺电子商务有限公司)等 10 余家知名企业联合开展实训基地共建、师资互聘、项目教学、顶岗实习和就业指导等多方位的深度合作,实现专业与产业、企业、岗位对接。

杭州象艺电子商务有限公司成立于 2016 年 4 月,总部位于杭州市,主要负责电子商务技术的技术开发、技术服务。点雇网是杭州象艺电子商务有限公司旗下一个致力于电商设计师在线全职的招聘平台。设计师可以在这里发挥自己的设计才能并获得丰厚收益,电商商家可以在这里找到适合自己的全职的或者兼职的在线美工。为了充分发挥学校人才培养、技术研发和服务社会的功能,加强学校与企业的紧密合作,2019 年 6 月 30 日,学校与该公司签订合作协议,公司入驻学校创业园,参与广告设计与制作专业人才培养全过程。双方在人才培养、招生招工、学生评价与管理、专业社团与工作室建设等方面开展深度合作,并将企业运营项目置入教学实训环节,由企业导师与专业教师共同完成教学指导,实施现代学徒制双元育人。

(6)建筑工程技术专业(校级试点专业)

建筑工程技术专业是杭州市重点建设的新型专业,也是学校重点建设专业,培养适应智慧建造发展需求,满足现代化建筑工程施工与管理需要,掌握建筑工程技术专业知识和技术技能,德智体美劳全面发展的高素质复合型技术技能人才。该专业拥有中央财政支持的"建筑技术"及杭州市属高校产学对接校企共建的"绿色建筑技术"等校内实训基地,并与浙江钜元建设有限公司、耀华建设管理有限公司、杭州萧宏建设集团有限公司等知名企业开展校企深度合作。

耀华建设管理有限公司成立于 1999 年,经过 20 多年的发展,公司形成以项目管理为核心,包含工程咨询、造价咨询、招标代理、工程监理、PPP/EPC 咨询、设计＋BIM 咨询、工程检测、法律咨询的"1＋N＋X"管理模式,立志打造成为建设项目全过程链的一体化服务供应商。该公司浙江省 2019 年度工程造价咨询企业综合业务收入排名 70 位;在 2020 年全国全过程工程咨询企业中标排行中位列第八、省内位列第三,公司稳步发展,获得业界一致好评。公司管理理念为"联合至高,传递精华",即将先进管理模式、高端人才、科学方法、公共关系资源加以整合,联合具有崇高理想和共同目标的合作伙伴;通过高度的凝聚力,将建设的精髓挖掘并重现;通过广泛的协调性,将建设的精华升华和传递。公司董事长沈卫东是杭科院的著名校友,是一位有情怀、有抱负、有理念、有创新的企业家,与学校有多年校企合作的经历。从2018年起,校企开展现代学徒制试点,对建筑工程技术专业学生开展学徒培养。

(7)物联网应用技术专业(校级试点专业)

物联网应用技术专业是中央财政支持重点建设专业、杭州市重点建设的新型专业,培养掌握云计算、人工智能等新一代信息技术、能满足物联网产业领域需要的高素质技术技能人才。该专业拥有浙江省"十三五"示范实训基地——物联网技术应用综合实训基地、ARM CHINA 嵌入式人工智能示范实训基地、教育部全国物联网技术应用人才培养认证基地;与杭州利尔达科技集团、杭州雄迈信息技术有限公司等知名企业联合开展实训基地共建、就业等多方位的深度合作;与浙江大华技术股份有限公司开展现代学徒制试点育人。

浙江大华技术股份有限公司成立于2001年,作为一家上市公司,其一直致力于安防产品的研发、生产、销售与服务,立志成为安防视频领域优秀产品主流供应商。运行20年,该企业已是全球领先的以视频为核心的智慧物联解决方案提供商和运营服务商。它以技术创新为基础,为用户提供端到端的视频监控解决方案、系统及服务,为城市运营、企业管理、个人消费者生活创造了价值。公司在全球建立56家分支机构,产品覆盖全球180个国家和地区,连续12年荣获"中国安防十大品牌"。2019年,校企双方在优势互补的基础上实施校企合作战略,开展现代学徒制人才培养模式,面向物联网技术应用行业领域适应智能监控、智能安防等物联网技术工程工作,培养具有工程实施与安装、安防监控相关软硬件设备的技术支持与服务、安防监控系统测试与维修的能力,德智体美劳全面发展的高素质复合型技术技能人才。

二、努力开拓实践现代学徒制的工作路径

艺友制培育艺友的路径是依据生活教育原理,通过"教学做合一"的方法,艺友跟着指导老师(师傅)全方位、全过程参与幼稚园的实践教育,经过融入、试做、见习、实习 4 个阶段浸润式的学习实践,培养既掌握熟练技术技能,又具有良好职业素养的中国乡村教育师资。借此经验,现代学徒制教育实践也须有清晰的工作路径和计划步骤。

1. 做好现代学徒制人才培养的顶层设计

现代学徒制作为一种职业教育的人才培养模式,强调学校、企业和学生三方从各自利益需求出发,围绕"人才培养"这一共同目标开展多方交融的合作活动。为此,杭科院在开展现代学徒制试点工作时,要充分挖掘校园文化元素,紧紧围绕陶行知艺友制教育思想这一丰富的文化内涵,汲取其中独特的价值精髓,对现代学徒制人才培养目标做出顶层设计,并把它作为学校开展现代学徒制试点的独特的文化育人优势加以贯彻落实。

(1)以"德艺双馨"为教育目标

陶行知认为,教育不仅要培养学生掌握"生利"的技能和本领,更重要的是要培养学生服务社会的"利群"精神。他认识到在传统学徒制中师傅简单传授操作技能的方式,存在着师傅所教局限于技能传授,较少能顾及其他生活的片面教育弊端,于是提出要以艺友制的教学方式来培养既掌握熟练技术技能,又具有良好职业素养的合格人才。因此,虽然艺友制是为满足培养农村教育师资而创设的,但其教育的过程不但注重学生实践教学能力的培养,而且还非常强调平等民主、合作交往、服务社会等综合职业素质的培养,从而使之具有了因应时代发展而做出调整的生命力,也为当代开展现代学徒制教育的目标制订提供了划时代的参考:既要培养"生利"之"艺",也要培养"利群"之"德",实现德艺双馨。现代学徒制教育是一种"跨界"教育形式,

所培养的专业技术人才不仅需要契合企业岗位的要求,还需要体现职业教育的"职业属性"和"教育属性",从而使人文素养、职业素养的教育贯穿于高技能人才培养的全过程。通过校企合作、工学结合,让学生走出校门,提前接触社会,认识岗位,到实际的工作岗位中磨炼意志、锤炼品格,有利于提升学生的综合职业能力和职业素养。如此,各试点专业要坚持把"立德树人""德艺双馨"全面发展人才这一本质特性作为现代学徒制的培养目标,要求学生(学徒)不仅在岗位上学技术学本领,而且要提升自己的品行素养和综合能力,做到思想品质与技术技能的兼备、理论知识与实践能力的并进……例如,杭科院国家级现代学徒制试点电子商务技术专业的人才培养目标是"对接杭州市电子商务产业,面向电子商务企业管理、服务一线,培养适应区域经济和社会发展需要,拥护党的基本路线,具有较高的思想道德修养、人文素养和职业素养,良好的沟通表达能力和团队协作精神,能胜任网络客户服务、电子商务视觉设计、电子商务平台运营等岗位,掌握移动营销、社群运营、商务数据分析等拓展技能,并具备实践能力和创新意识的高素质技术技能人才",把思想道德修养、人文素养和职业素养与技术技能放在同等重要地位来培养人才。

(2)以"校企合作"为办学模式

陶行知十分强调教育与社会的紧密联系,认为"不运用社会的力量,便是无能的教育;不了解社会的需求,便是盲目的教育"[1]。因此,他在1926年就提出"若囿于职业,不能办好职业教育;囿于教育,亦办不好职业教育"[2]的跨界教育主张。艺友制就是他将学校与社会、教育与职业有机结合的新型教育合作的实践尝试。把师范生派往中心小学、中心幼稚园去当艺友,跟随指导员(师傅)边学习边实践,并把校外实训场所与学校教学紧密结合的教育培养方式,可以说是对以往职业教育的一种突破与创新。这种突破与创

---

① 方明:《陶行知全集》第3卷,四川教育出版社,2005年版,第504页。
② 方明:《陶行知全集》第11卷,四川教育出版社,2005年版,第221页。

新,为现代学徒制教育的开展提供了一种清晰的实践尝试路径。现代学徒制的本质特征是产教融合、校企深度合作,这种"将学校与社会、教育与职业有机结合"的新时代教育合作方式,是一种学校与企业联合培养人才,把学徒和学生两种不同身份进行有机统一,把师傅和老师两种不同行业的人员有机联系在一起,把课堂和工作岗位两个不同领域的场所有机结合,把学习和工作两个不同性质的活动有机融合的合作教育形式。这种通过校企、行业深度合作的办学模式,有利于培养出适应产业转型升级和企业技术创新需要的发展型、复合型技术技能人才。杭科院开展的现代学徒制试点,以校企深度合作为基础,双方共同招生招工,共订人才培养方案,共同参与教育教学管理,共同考核评价教育质量,共享人才教育成果。学生(学徒)在学校和合作企业两个不同的场所进行学习和实践,由校内老师和企业师傅分别进行理论和实践指导,形成校企合作的"双元"育人机制。

（3）以"教学做合一"为教学方法

艺友制的根本方法源自陶行知生活教育理论,即教学做合一。教学做合一是一种强调全程化内外结合循环的实践教学,"内"要求学生根据岗位要求将理论学习与实践操作紧密结合,"外"则要求学生走出校门,走进实践和工作岗位,将所学知识应用于岗位实践之中。艺友制的最早试验场所是在中心学校,因此中心学校既是儿童教育的场所,也是艺友制师生的教学实训场所。在这一岗位实践场所里,参加教育培训的师生是在同一个工作岗位上进行共教、共学、共做的,即通过"做"打通"教"与"学"的活动环节,实现真正的"教学做合一"。由于这一岗位实践是通过共教、共学、共做的艺友制方式进行教学的,艺友是徒弟同时又是师傅,是学生同时又是先生,这种共存共荣的教学合作方式,实现了人才培养的同途同归。工学结合、校企合作是现代职业教育人才培养模式的重要切入点,现代学徒制更是强调学校与企业要共同通过在岗实践、"双元"培养应用型技术技能人才。因此,现代学徒制教育具有浓郁的工学结合、知行合一的教学内涵,"教学做合一""做中学"成为学校实践现代学徒制教育探索的教学灵魂,如杭科院省级现代学徒制试点专业连锁经营管理专业将学校与企业合作共建的"罗森之家"新零售综合实训与体验中心建在校内,形成"校中企"。实训中心整个空间被划分为3块,中间是便利店运营区,是学生(学徒)实训场所,两边是学习区,用于学校老师和企业专业培训师对学生进行小班化教学。学习区两侧分别设有一个舞台展示区和党团活动室,用于线上直播、自媒体拍摄和学习交流活动等。实训中心搭建了一个学校如同真实市场的有效平台,让学生(学徒)按照企业规范化、制度化管理方式进行实体运营,是校企深度合作、产教充分融合,集"教学、运营、研究、培训、创业教育"于一体的示范性产教融合实训基地,真正体现了理论与实践相结合的"教学做合一"现代学徒制教学内涵。由此可见,艺友制与现代学徒制在教育方法上也是存在共通性的。

(4)以平等合作为培养路径

艺友制倡导"用朋友之道"教人艺术或手艺,体现了在教学过程中教者的原则、态度与求教者即学生之间的关系,是一种亦师亦友、以技会友、与技为友的平等交流、相互合作、共同提高的关系。不仅师生之间的关系是一种平等合作关系,学校与企业之间的合作也是一种深度融合关系。陶行知非常重视师范学校与中心学校的合作,并使两者相互融合、相互借鉴和相互学习。"中心学校"应该作为师范学校学生的实训场所,师范学校要根据中心学校的需求来制订自己的办学目标和人才培养方案,以适应中心学校的办学风格和精神。

现代学徒制的教育关系所呈现的是全方位、多维度的互动合作关系:学校与企业是深度合作的,教师与师傅是紧密联系的,学生与学徒是身份合一的;工作与学习也是交替融合的⋯⋯因此,借鉴艺友制教育的平等合作关系有利于现代学徒制全方位、多维度合作的教育关系的建立。学校与企业合作共赢、责任共担的协同育人关系是需要建立在双方平等友好、相互交融基础之上的。此外,师生之间的关系也具有双重合作的特点:在学校是人格平等、友好合作又相互独立的教学相长关系;在企业是员工间平等、互助、合作、指导的工作关系。这种平等、互助、合作的关系不仅能够培养学生过硬的专业知识和实践技能,更能够在和谐民主的氛围中让学生很好地锻炼质疑、批判、改进、创新等这些现代企业人才必须具备的"软技能",提升他们独立分析、思考和解决问题的能力。与杭科院合作的企业都与学校有着长期的深度合作关系,双方建立了一种平等友好、互助双赢的校企利益联合体。例如建筑工程技术专业的合作企业——耀华建设管理有限公司的董事长是杭科院 1994 届毕业生,他认为正是母校当年的培养才有了他今天的事业发展,因此对母校怀有一份纯真朴实的感恩之情。他非常希望通过现代学徒制这种培养模式,把母校的学生培养成为既掌握技术又学会管理的高素质复合型人才。对这个与母校合作的项目他特别重视,挑选公司优秀的员工担任学生(学徒)的师傅,百忙之中的他甚至自己亲自带学生(学徒)。作者在走访调研中了解到,学生(学徒)们都认为,公司对他们很好,师傅尽心尽责,教会了他们很多知识、技术,提升了他们的能力,而且师傅们态度热情、很有耐心,工作指导很用心,生活帮助很关心。他们在公司学到了很多实践技能和职业素养,过得忙碌又充实。这种平等和谐的校企深度合作关系也是对陶行知艺友制教育思想的继承和发展。

（5）以教育过程为评价方式

艺友制强调学习和工作实效的持续性考核,即注重基于学生在各个阶段岗位实践表现进行的综合评价。以幼稚园实践为例,艺友制教育分为 4 个阶段:第一阶段是融入,艺友参加幼稚园各种活动,观摩师傅上课,了解熟悉课堂教学;第二阶段是试做,在师傅指导下做些简单的技能训练;第三阶段是见习,艺友学做和参观他校办学之长;第四阶段是实习,艺友开始独立担任整个幼稚园的工作。融入—试做—见习—实习 4 个阶段构成了艺友学习的一个过程,或者说是成为艺友成长的一个链。对艺友的考核评价即是基于艺友在这个链的每一阶段的岗位实践情况。此后,艺友还需要经过半年到一年时间的实习考察,最终通过后方能获得学校颁发的毕业证书。这种过程考核、层级评价,强调的是学生实践活动的全过程检测,评价的主体则是师范学校和实训学校双主体,由教学与实习的两个单位共同监控人才培养的整体质量。

同样,现代学徒制教育实行的也是双主体共同育人,即校企共同参与人才培养全过程,对学生(学徒)专业技能和综合能力的评价由校企双方综合考评。借鉴艺友制评价方式即可为现代学徒制教育提供贯穿学生(学徒)培养过程的考核方法。以当前社会发展来看,培养合格的技术技能型人才需要注重综合的技能与素养。学校需要重点考核学生掌握与职业相关的专业知识和综合素养,以及全面发展、可持续发展的能力水平;企业也需要重点考核学徒掌握岗位技术和技能的水平及应用能力、转换能力和创新能力水平等。只有通过校企双方的"共管共评",才能保证现代学徒人才培养的质量。在试点过程中,学校借鉴陶行知艺友制教育思想,坚持立德树人、育人为本,注重学生全面持续发展,对现代学徒制人才培养做出设计,使各试点专业在实践过程中有文化借鉴,有思想引领,有方法指导,从而扎实有效地开展一系列实践活动。杭科院现代学徒制试点专业充分发挥校企双主体协同育人功能,学校和企业共同参与了人才培养的全过程。学生(学徒)的在岗学习由校企双方开展考核评价。学校重点考核学生掌握与职业相关的专业知识和综合素养,以及全面发展和可持续发展的能力水平;企业重点考核学徒掌握专业技术和技能的水平及其对技术技能的应用能力、转换能力和创新能力水平。学生的岗位学习实践成绩由企业导师根据学徒的企业课程学习成绩、工作态度、专业技能掌握水平、职业精神、分析与解决问题能力以及沟通协调能力、团队合作能力、抗挫抗压能力、开拓创新能力等进行综合评价。通过校企双方的"共管共评",把控现代学徒制的人才培养质量。

2.构建校企一体化育人的运行机制

(1)管理合一,构建校企共管的组织保障体系

学校建立现代学徒制试点工作领导小组。建立现代学徒制管理机制,是保证现代学徒制试点工作能够顺利实施的重要组织前提。现代学徒制作为职业教育一种新的管理模式,国家目前还没有对其进行顶层规划设计,也

没有出台相应的运行标准。因此，试点学校必须依据自身的实际情况进行现代学徒制体制机制的创新探索。为进一步推动现代学徒制试点工作，构建和完善校企一体化育人长效机制，学校和企业联合成立现代学徒制试点工作领导小组，领导小组由校长、副校长、各职能部门负责人、试点专业所在二级学院负责人、主要合作企业董事长（总经理）组成，把试点工作纳入学校重点项目管理范畴。领导小组通过召开试点工作专项推进会、教学工作例会、专题调研会等方式，履行审核现代学徒制试点工作方案、保障试点工作的实施、监督试点工作运行情况等职责。实施现代学徒制试点的各二级学院，相应成立试点工作小组，负责试点工作的具体实施与决策保障，形成了校院两个层面、校企两个主体共同推进试点工作的机制，高质量推进现代学徒制试点工作。合作企业均与学校签订现代学徒校企合作协议，双方建立定期会晤制度，使现代学徒制工作成为深化校企合作、双主体协同育人的重要抓手，协同开展人力资源服务、拓展科技合作与技术服务，形成学校与企业相互合作、相互促进的产教融合基地和纽带。

学校制订现代学徒制试点工作规范。为规范现代学徒制试点工作，保障人才培养质量，维护学生权益，学校制订了《现代学徒制试点工作规范》（以下简称《规范》）。《规范》规定，试点工作需要坚持3条原则：一是坚持试点先行，注重实效；二是坚持合作共赢，职责共担；三是坚持系统设计，突出重点。《规范》还规定了试点专业的工作重点：探索校企协同育人机制，推进招生招工一体化，改革人才培养模式，建设校企互聘共用的师资队伍，完善与现代学徒制相适应的教学管理制度，建立多方参与的考核评价机制等。同时，《规范》也对试点工作的验收要点、试点合作企业的基本条件和企业导师的基本条件等做了相应的具体规定和要求。《规范》的制订为现代学徒制试点工作的开展提供了方向和目标。

学校成立现代学徒制校企合作理事会。为进一步推动现代学徒制试点工作，构建、完善校企双主体育人长效机制，拓展社会参与办学的渠道，健全政府、行业、学校、企业四方联动机制，学校成立了现代学徒制校企合作理事会。理事会主要由政府部门、各行业协会、现代学徒制合作企业及科研院所、知名企业家、专家学者、校友及学院有关人员组成。理事会作为学校现代学徒制育人工作的决策咨询与建议的机构,对学校现代学徒制相关教学、科研和社会服务等重大事务进行咨询、协调和指导,对现代学徒制工作中的重大问题进行参谋、指导、咨询、监督,是学校与现代学徒制合作各方的沟通桥梁和紧密纽带,促进学校、政府、行业和企业四方建立广泛联系与合作,确保现代学徒制试点项目的成功实施。

学校筹建现代学徒制试点工作专家指导委员会。为深化产教融合、校企合作,有效推动学校现代学徒制试点工作,充分发挥专家组织的引领、研究、指导作用,学校筹建现代学徒制试点工作专家指导委员会。"专委会"是学校现代学徒制试点工作领导小组下设的专家咨询组织,负责组织校企专家开展现代学徒制理论研究,为现代学徒制试点工作提供专业化的咨询、指导、评估等服务。学校还聘请了华东师范大学职成教所所长、博士生导师、国内知名职业教育和现代学徒制研究专家徐国庆教授作为高职专业建设与课程改革研究的钱江特聘专家和现代学徒制试点工作专家指导委员会成员。徐国庆教授曾多次来杭科院指导现代学徒制试点工作,帮助解决试点工作中的重大问题。他在学校组织的现代学徒制试点工作专题培训推进会上指出,我国发展现代学徒制的主要目的,是为产业升级提供技术精湛的创新型技术技能人才,以及提供为实现技术创新所需的具有技术研发能力的技术技能人才。他从师徒关系的现代化、面向产业的现代化、学徒指导方式的现代化、支撑制度的现代化4个方面系统阐述了基于现代学徒制本质的实践策略构建。他强调,现代学徒制既是一种学习方式,也是一种职业教育人才的培养模式,更是一种新颖的职业教育制度。徐教授高屋建瓴的解读为学校推进现代学徒制试点提供了理论支撑和实践指导。同时,徐国庆教授还带领专家团队逐一为模具设计与制造、电子商务技术、连锁经营管理、酒店管理等现代学徒制试点专业的工作的开展情况进行点评指导,针对存在的问题与团队教师进行了充分的交流和分析。为更好地推进学校现代学徒

制试点工作，充分发挥专家的专业指导和实践引领作用，徐国庆教授招收了
8 名优秀青年教师作为他的学徒，亲自指导他们开展现代学徒制和职业教育
研究。

（2）资源合一，探索构建校企育人共同体新机制

校企共建产业学院，探索校企精准育人机制。学校在现代学徒制试点
工作中，积极开拓校企合作的新路径，进一步探索产教融合的广度和深度。
学校与企业共建产业学院，通过在人才培养、课程开发、师资提升、基地建
设、综合服务等方面进行精准对接，形成了校企育人的现代学徒制合作共同
体。以学校与杭州国际博览中心的合作为例，从 2016 年起，校企双方就逐步
拓展合作领域、深化合作层次，共同制订了人才培养计划并付诸教育实施。
为培养满足企业要求的高素质专业技能型人才，双方构建了专业设置与产
业需求对接、课程内容与职业标准对接、教学过程与生产过程对接、人才培
养与人才使用对接这一精准育人机制。在此基础上，2017 年 6 月，校企双方
共建了以现代学徒制教育为主的学院——杭州国际博览学院，同时成立了
第一届理事会，实施理事会领导下的合作发展机制，由杭州国博中心总经理
担任首任理事长。杭州国际博览学院以杭科院旅游学院的专业为合作主
体，辐射城市建设学院等校内其他二级学院的相关专业。几年合作下来，杭
州国际博览学院已成为省内知名、行业特色鲜明的现代学徒制示范性产业
学院，在学校试点工作中发挥着重要作用。时任杭州市委书记的赵一德还
专门对此做出批示："这是件好事，要扎实办好！"

校企共建产教融合实训基地，创新实训平台和师资队伍建设。为进一
步构建校企协同双元育人机制，在现代学徒制工作领导小组的统筹下，校企
双方充分发挥各自的资源优势，在场地、设备、人员、技术各个层面进行整
合，与现代学徒制企业共建了一批产教融合实训基地。例如机电工程学院
"引企入教"，与长安福特汽车有限公司共建福特汽车智能制造技术应用中
心，搭建了校企协同培养高素质创新人才和技术技能人才的实践平台。该
基地 2019 年成功入选浙江省高等学校省级产教融合示范基地（第一批人才

培养类示范基地)建设项目。如工商学院与知名连锁经营管理企业上海罗森便利有限公司签署校企合作协议,学校为企业免费提供约500平方米校内实训场地,而企业则投入运行设施设备和多媒体教室,共建了"罗森之家"新零售综合实训与体验中心。在此基础上,校企以中心为载体,共同组建了教学团队,重构教学体系与课堂,真正实施现代学徒制育人。在此过程中,学生(学徒)按真实业务的要求开展运营实操,在实战中提升专业技能。"罗森之家"为新零售管理专业群建设、新零售人才培养搭建了新平台。校企双方还共同打造集"教学、运营、研究、培训、创业教育"于一体的示范性产教融合实训基地,并以此进一步推进教育和产业融合互动,以人才培养为根本任务,以建立健全需求导向的人才培养模式为目标,着力化解人才教育供给与产业需求结构性矛盾,实现人才培养供给侧和产业需求侧结构要素的全方位融合。这种由校企共同构建的创新型人才培养和实践平台建设,有利于共同打造高水平的专兼职师资队伍,实现产教融合长效育人机制的建立和完善。

校企共构资源统筹机制,综合教学载体与素养培育。为进一步构建校企协同育人机制,充分发挥校企双方各自的资源优势,确保现代学徒制试点工作的顺利开展,在政府、行业、企业、学校四方共建富阳区电商人才培养基地的基础上,学校与国内领先的以整体家装为主营业务的完整家居(浙江)有限公司实行校企合作,以"优势互补、资源共享、互惠双赢、共同发展"为原则,通过"引进来"的方式,在校园内共建了两个"校中企"——产教融合实训基地。它们作为为学生(学徒)提供真实岗位、实战环境的在岗学习资源,成为学校现代学徒制教育工作(学习)的两个一体化平台。这两个产教融合实训基地,一个建在校内实训楼,配有40个工位,1间20人会议室,1间独立办公室,1间仓库;另一个建在学校创业园13楼,拥有约400平方米场地,作为现代学徒制人才孵化基地。学生在实际的职业环境中在岗实践,教师可以直接下企业挂职锻炼,企业的能工巧匠也能直接融入现代学徒制试点项目中来,真正实现了教学环境与企业实际工场的对接,实现了项目即教材,现场即课堂,师傅即教师,操作即考试,学习即创新的综合学习目标。工作岗位学习让学生(学徒)真切感受学习(工作)的职责内涵与技术技能。"校中企"妥善解决了学徒进企业学习带来的路途交通安全、食宿及教学培训场地等问题,大大节约了学生(学徒)在岗培养的教学成本和师生的时间、精力成本,为校企双主体育人创建了行之有效的载体和平台。

(3)生徒合一,推进建设招生招工一体化新模式

现代学徒制有别于其他人才培养模式的最显著特征是招生招工一体化,"生徒合一"的双身份,是现代学徒制育人的核心标志之一。招生招工的一体化,要求校企共同制订和实施招生录取与企业用工于一体的招生招工制度,学生(学徒)入学(用工)时,需要与学校、企业签订明确的"企业员工"和"学校学生"双身份的三方协议。由于招生工作是一项政策性很强的工作,同时也是一项系统性的教育工程,如何吸引合作企业参与到学校的招生工作中来,并将企业的用人标准作为学生录取的主要条件之一,是校企合作双方在开展招生招工一体化时需要充分考虑的问题。在试点工作中,学校必须尽力完善招生录取与企业用工一体化的招生招工制度,针对不同行业企业对人才的不同要求,与合作企业共同探讨不同生源类型组成的现代学徒制招生招工一体化方案,并予以组织实施。

①"招生招工同步进行"模式

"招生招工同步进行"模式,是指校企共同招收具有企业"准员工"和学校"学生"双重身份的学生。这一模式最符合"招生招工一体化"的理想要求,对学校、合作企业和学生来说,也是最有可能达到"三赢"效果的举措。对学校而言,学生一进校就能够确定今后的工作单位,解决了就业问题,也实现了学校专业人才的培养目标,这对学校的声誉、社会地位及办学实力均会产生强大的后发效应,形成良性的办学循环;对合作企业而言,通过招生招工一体化,能最大限度地满足企业选人育人用人留人的需求,可以有针对性地指导培养符合企业自身文化特点、价值趋向和岗位要求的企业员工,从而减少企业运作的人力资源培养成本,保障学徒的培养质量;对学生而言,通过签订校、

企、生三方协议,确保自身的合法权益,就能确保自己今后的就业,从而在学徒岗位上能够安心地学习和实践,以尽早熟悉企业文化,熟悉企业设施设备,熟悉今后在企业的职业发展路径,缩短进入企业后的适应期,尽快达到合格员工的要求,最终实现人才培养与企业要求的无缝对接。这种"招生招工同步进行"模式,是学校和企业通过"3+2"和提前招生的形式来实现的。

所谓"3+2",是指学生前三年在中职院校学习,第四年和第五年进入职业院校学习。因他们在中职阶段就已经学习掌握了相关专业的理论知识,并具有了一定的实践工作经验。学校根据企业的特点和用工需求,与合作企业实行"招生即招工,入学即入职"的联合招生机制。如旅游学院与杭州国际博览中心联合制定酒店专业"3+2"学生的招生、招工方案。从2017级新生开始,校企双主体开展"杭博班"现代学徒制专业化育人。进入"杭博班"的学生,在入学第四年和第五年的高职阶段时就与学校、企业签订三方协议,学生既是杭科院的学生,又是杭州国际博览中心的员工,拥有学校"学生"与企业"学徒"的双重身份,实现了招生招工一体化。"杭博班"的每位学生都配有企业导师与学校指导老师,他们在杭州国际博览中心这个国际一流的场馆中进行教学做一体的学习,把课堂搬进企业,用实战促进学习,双师合力,共同培养会展会议、酒店管理行业具有国际视野与高端会务经验的一流复合型人才。

提前招生作为分类考试的主要形式,是现代考试招生制度改革创新的产物,这一改革能为职业院校选拔到更适合职业教育的学生。杭科院自2019年开始,探索并实践了模具设计与制造、电子商务技术两个专业的招生招工一体化人才培养模式改革。学校建立了由校领导、职能部门、二级学院及合作企业负责人组成的现代学徒制提前招生(招工)工作领导小组,全面负责现代学徒制提前招生(招工)工作。领导小组主要负责确定招生计划,决定招生政策,拟订招生章程,制订实施方案,以及讨论决定招生重大事宜。领导小组下设提前招生(招工)工作小组,由学校招生职能部门负责人和相关职能部门、二级学院负责人以及合作企业人力资源负责人组成,主要负责依据招生方案和实施细则开展各项工作,处理各招生(招工)环节的日常工作,以及研究决定招生过程中的一些技术性问题。学校还成立了由二级学院、企业相关教师、专家组成的现代学徒制提前招生(招工)考核专家组,负责制订本专业现代学徒制提前招生(招工)考核方式及考核内容,并对考生进行综合素质和职业素养考核,根据考核成绩择优录取。

②"先招生后招工"模式

目前,职业院校招生的主要形式是根据浙江省教育厅下达给学校的招生指标,通过高考统招录取学生。由于受招生政策、招生计划和招生方式等因素制约,现代学徒制要全部做到"招生即招工"存在实际困难。对此,学校与合作企业采取了"先招生后招工"的现代学徒制试点模式,即通过高考招生正常录取新生后,学校和合作企业根据用人需求,从新生中进行宣传遴选,组建现代学徒制班级,以保障"学生"与"学徒"双重身份。以电子商务技术专业为例,学校与完整家居(浙江)有限公司共同制订《电子商务技术专业现代学徒制试点学生(学徒)选拔工作实施方案》,累计选拔了46名学徒。其他专业也做了类似探索。

③"先招工后招生"模式

"先招工后招生"模式主要是直接从合作企业的在岗职工中进行招生。杭科院与杭州广播电视大学实行"两块牌子、一套班子"的管理体制,杭州广播电视大学主要负责电大开放教育、成人高等教育、远程网络教育、退役士兵职业技能教育培训以及非学历培训等办学项目,这种办学体制优势对学校探索职业教育与终身教育有机衔接发挥了积极作用。学校根据企业在岗职工实际需求,校企合作积极探索"先招工后招生"的现代学徒制招生招工一体化模式,将已入职的企业员工通过成人高考招纳入学,成为杭科院成人教育的学生,为他们提供成人学历教育服务。同时,这些学生又是企业员工(学徒),接受企业对他们的在岗教育培养。例如,杭州国际博览学院根据杭州国际博览中心的需求,以"先招工后招生"的模式招收学生,组建现代学徒制成教专科班,校企联合为成教专科班学徒(学生)定制人才培养方案,首先为他们提供文化课的复习帮助,使学徒(学生)能够顺利通过成人高考,2019年共有 19 位杭州国博中心在职员工顺利通过成人高考,被杭科院会展策划与管理专业正式录取,毕业后将获得大专文凭。这些在职员工成为杭科院的正式学生后,国际博览学院按照现代学徒制试点工作的相关制度和规定对他们进行教学管理和在岗培养。

杭科院现代学徒制试点主要以以上 3 种模式推进"招生招工一体化",无论是通过何种模式招生(招工)的学生(学徒),一经录用即签订校、企、生三方现代学徒制协议、师带徒协议:明确学徒与学生双重身份;明确学徒培养和管理过程中学校与企业的责任;确保学徒、企业、学校在学徒培养过程中的权益和责任;明确带徒师傅的职责和待遇等;确保学徒在岗培养期间的合理报酬、福利待遇和权益保障……这些协议为学徒的正常在岗培养提供更多的学习条件与保障措施。

3.优化现代学徒制职业人才的培养制度

作为"基于现代职业教育的技术技能人才培养制度",现代学徒制的人才培养必须以与企业先进产业技术对接为手段,以校企联合制订完整的人才培养制度和标准为基础,带动和促进教学团队、实践教学体系、理论课程体系、教学方法与手段、教学管理等各方面建设,培养服务社会、满足行业发展的高素质技术技能型实践人才。

(1)校企共商——共同制订人才培养方案

校企合作、产学结合是职业教育人才培养的基本模式,现代学徒制则使这种职业教育人才培养模式的内容更加丰富,校企合作更加深入。校企共同培养意味着教学主体由原来单一的学校培养变为学校和企业两个主体协同作战;双主体育人的核心是如何积极发挥企业的作用;有效整合双方资源,校企共同研究制订学校教育与岗位培养相融合、实施工学交替的人才培养方案。这成为现代学徒制试点成功的关键。

杭科院各试点专业与合作企业共同开展专业调研,引入行业、企业相关职业资格标准,按照"合作共赢、职责共担"的原则,根据人才培养目标、学徒岗位职业能力的要求进行职业能力分析,梳理出适合行业企业发展需求、学徒职业发展需求的课程体系和课程内容,校企联合制订现代学徒制人才培养方案,将学校教育与岗位培养相融合,实施工学交替、协同育人。现代学徒制人才培养方案的制订与实施流程见图 2-1。

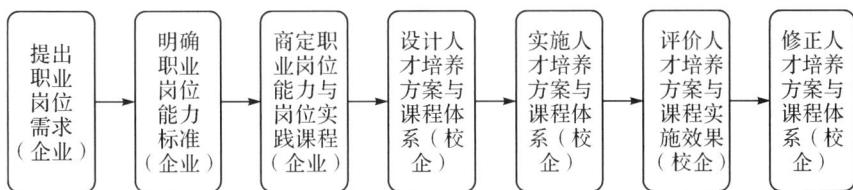

图 2-1　现代学徒制人才培养方案制订与实施的流程

　　合作企业根据企业和学徒实际情况提出职业岗位需求,并对职业岗位应具备的职业能力和综合素质能力提出明确的具体要求和相关标准。在此基础上,校企双方共同研讨,商定能够达到职业岗位能力标准的理论和实践课程,校企联合制订人才培养方案,构建课程教学体系,共同制订教学标准、课程标准、实训标准、师傅标准、质量监控标准等,并组建专兼结合、校企互聘共用的师资队伍实施课程教学。按照标准构建学徒考核多元评价体系,并根据考核评价结果检验人才培养方案和课程体系实施效果,总结经验,完善、优化新一轮现代学徒制人才培养制度和标准,在实践中不断总结探索现代学徒制培养的方法和路径(见图 2-2)。

　　例如电子商务技术专业组织企业导师、管理人员与校内专业教师共同研究确定专业定位、人才培养规格,将行业资格标准与企业员工培训标准融入人才培养方案。经过校企双方的多维调研,多轮研讨,并经过行业专家的充分论证,最终认定了电子商务技术现代学徒制人才培养的总体思路,即围绕"电商平台的服务、设计、运营和管理能力"这一核心,分阶段进行职业能力、职业素养及职业进阶潜力的培养,切实提升学生(学徒)的岗位胜任能力和全面可持续发展。确定的培养目标为:培养具有较高人文素养和职业素

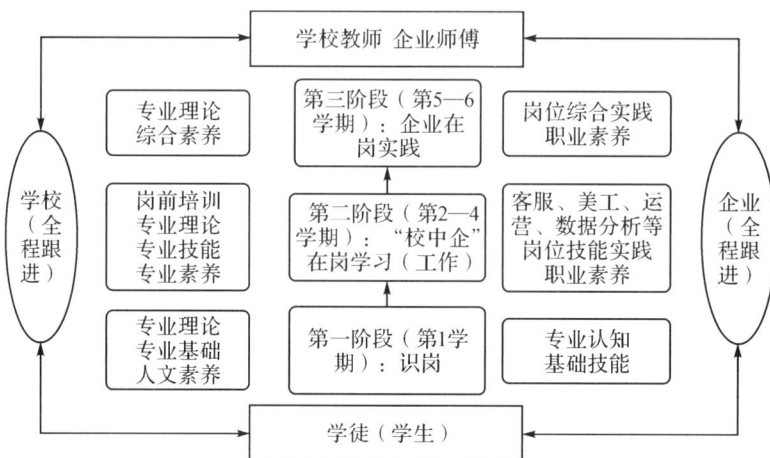

图 2-2　现代学徒制培养路径目标图

养,能胜任网络客户服务、电子商务视觉设计、电子商务平台运营等岗位,掌握移动营销、社群运营、商务数据分析等拓展技能,具备综合管理能力和创新能力的高素质技术技能人才。要实现这一目标,校企双方就必须将课程标准与岗位标准、教学过程与工作过程、人才培养与人才使用进行充分融合对接,保障"工学交替"的即时转换。双方共同绘制了学徒(学生)职业能力和职业素养成长路线图(见图 2-3)。

	职业素养	校内专业课程	职业能力			综合实训指导	职业能力
	第1学期		第2学期	第3学期	第4学期		第5—6学期
企业讲座	公共基础能力信息技术应用能力		岗位认知能力	网络客户服务能力电商美工设计能力	电商平台运营能力业务团队管理能力商务数据分析能力		业务综合能力
企业参观	职业能力	学徒岗位课程	职业素养			顶岗实习训练	职业素养
	第1学期		第2学期	第3学期	第4学期		第5—6学期
专业社团	社会主义核心价值观	专业竞赛指导	职业精神企业文化	沟通素养服务意识安全意识自主学习	团队协作意识流程规范意识风险管控意识商务数据敏感性		岗位创新思维
第1学期：识岗			第2—4学期：岗位见习			第5—6学期：顶岗实习	

图 2-3　电子商务技术专业现代学徒制职业能力和职业素养成长路线图

　　路线图采用 3 年"0.5＋1.5＋1"分段培养模式,第一阶段(第 1 学期)为识岗阶段,主要在校内开展专业基础和文化基础课程教学,培养学生的专业基础素养;第二阶段(第 2—4 学期)为岗位见习阶段,学生(学徒)在"校中企"进行企业特色课程学习与在岗实训,该阶段培养学生的专业能力、岗位技能和职业素养;第三阶段(第 5—6 学期)为顶岗实习阶段,学徒(学生)进入企业进行顶岗实践,提升在岗实践能力和综合职业素养。在此过程中,学校教师和企业师傅对学生(学徒)进行全过程各个阶段的指导管理。

　　又如模具设计与制造专业,在与合作企业——长安福特汽车有限公司杭州分公司共同研讨后,确定了现代学徒制的培养目标,即对接杭州市智能制造、汽车零部件产业,面向杭州市地区尤其是杭州市大江东的生产、管理及服务一线,培养满足长安福特汽车有限公司等汽车零部件公司的模具设计岗位、模具制造岗位、模具维修岗位、模具装配岗位和生产设备操作岗位需求,具有一定的应用 CAD/CAM 进行模具设计、模具制造能力,尤其是对应模具检修的设备维护维修和其他工程技术及能力的德智体美劳全面发展的高端技术技能人才。针对这一培养目标,校企双方基于"产学研用平台"和"产学研培赛创"的协同创新基础,以"技术创新"专业建设为重点,共同设计实施"1212 为导向五位一体"的现代学徒制人才培养模式,以实现学生技术技能与企业岗位的有效衔接(见图 2-4)。并在此基础上,按产品"设计＋制造＋智能化＋信息化"这四大技术要素,校企合作开发人才培养方案与课程体系;在分析参考其他示范院校专业建设模式的基础上,研究提出"1 条主线、2 个对接、1 种模式、2 个跟踪"为导向的"教—学—训—练—创"五位一体的现代学徒制人才培养方案,将工学结合、知行合一真正落到实处(见图 2-4)。"1212 为导向五位一体"的现代学徒制人才培养体系,有效地解决了教学与产业对接存在的校企合作不深、教学科研服务能力不强、毕业生技术和技能不能胜任企业生产岗位等难题。例如,长安福特智能制造流程教学主线,在实施专业与产业、职业资格证书与企业岗位能力的两个对接和毕业生工作过程跟踪后,推进了"专业与产业、课程与岗位、内容与技术"的达成度,提升了人才培养质量和科技服务能力,构建了全方位育人、全过程评价人的模式,保障了模具设计与制造专业建设路径的合理性、可靠性、高效性,从而促进了人才培养质量的提升。

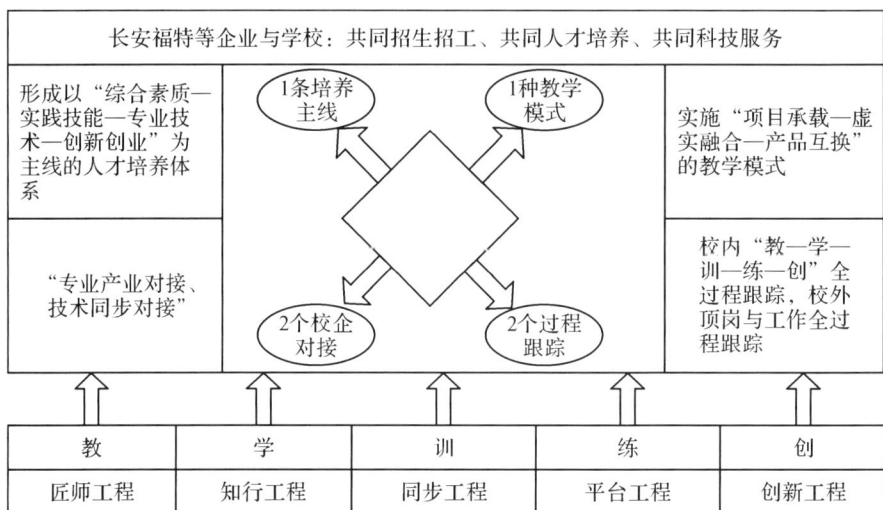

图 2-4　模具设计与制造专业"1212 导向五位一体"现代学徒制人才培养模式

再如杭州国际博览学院"杭博班"人才培养,由学校和杭州国际博览中心共同制订培养方案,充分融合校企优质资源,用实战促进学习。"杭博班"学徒第 1、2 学期在校内由校企共同培育,在知识体系中融入杭州国际博览中心企业文化、实战案例分析等内容;学徒在第 3 学期进驻企业开始岗位实践,校企双方导师团队全程协同指导,将企业课程融入专业教学,并兼顾素养提升与企业文化熏陶;企业按正式员工要求对学生进行监督与考核,专业教师全程指导学生,并协助企业进行管理。连锁经营管理专业的人才培养方案也由校企协同制订,根据企业实际情况,安排学徒根据人才培养方案要求进入企业进行技能训练与岗位实践学习,直至毕业就业。

(2)校企共研——共同构建课程体系

现代学徒制的课程体系必须从切实提升实践能力的要求入手,强化融合,构建资源共享、工学结合的双元制课程体系。实现课程模块与岗位能力相一致,课程内容与生产实际相一致,校内实训与企业工作相对接,校内课程考核与职业资格证书考核相融合,将职业道德、人文素养教育贯穿培养全过程,保证学徒能力与知识、人文素质与技能素质同步发展。校企双方必须以行业、企业提出的用人标准为先导,深入研究岗位工作内容,确定每个工作岗位的工作任务,同时确定各个岗位的职业内涵,包括知识、技能和态度。系统设计专业基础课、专业课和岗位课,共同开发基于工作内容的专业课程和基于典型工作过程的专业课程体系,做到与岗位的无缝对接。校企联合开发基于岗位工作内容、融入国家职业标准的专业教学内容和教材。

各试点专业立足职业素质养成与技术技能训练,校企合作从通识能力、专业基础、核心技能、迁移发展4个层面开发了一批内容新、质量高、针对性强的学徒制教学资源。

例如电子商务技术专业与完整家居(浙江)有限公司整合各方资源,从职业素质养成课程、专业基础课程、岗位(群)技术技能课程、个人职业发展(拓展)课程4个层面构建了完整的现代学徒制课程体系,并将课程进度节点与企业年度大促等重要活动相匹配,确定了11个典型工作任务,开发了与现代学徒制人才培养配套的专业课程8门、专业拓展课3门,并参与国家创新创业课程资源库建设。

又如模具设计与制造专业主持建设国家专业教学资源库,与友成控股有限公司合作开发了一系列校企通用的课程资源,并共同建立企业课程项目式管理一站式服务体系,既可以满足学徒学习使用,也可以用于企业培训,还可以作为技术资源输出(见表2-2)。

表 2-2　校企共同开发的模具设计与制造专业现代学徒制教学资源（部分）

类型	名称
国家级教材建设	模具工考证
	模具制造 CAM 技术
	塑料模具设计与制造
	冲压模具技术
项目化课程	智能加工技术
	UG 产品建模
	机械制图
	智能制造检测技术
	智能制造虚拟仿真技术
企业岗位实践课程	智能汽车模具
	汽车构造
	冲压模具设计与制造
	模具毕业设计
	工业网络与 SCADA 技术
	工业机器人编程与应用
案例课程	冲压模具制造、维修案例
	模具工认证案例
	模具设计师认证案例

　　连锁经营管理专业把企业工作流程作为课程体系构建的重要依据，制订每个岗位晋升阶段的学习模块和认证要求。校企共同制订"职场情绪训练""团队协调训练"等 5 门专业课程标准，"星巴克企业文化""门店管理综合运用""顾客服务与管理"等 5 门企业实践课程标准。校企共同开发了《企业综合实训手册》，将企业员工培训标准植入课程考核标准。在课程实施中，定期组织校、企、生三方座谈，梳理和解决学生（徒）课程学习过程中的问题。

目前各试点专业由企业为主建设的专业课程比例总体超过了60%，人才培养方案中岗位实践课时提升35%以上，约占专业课总课时的70%，体现了"双主体"育人的优势。

（3）校企共教——共同组织教育教学

学校大力推进各试点专业与合作企业紧密联动，对接企业实际岗位专项技能，以实际工作岗位内容和岗位要求为指导共同开展现代学徒制教育教学，协同企业从优化课程体系、开发教学资源、推动"金课"建设、创新教学方式、强化质量监控等多方面入手，全力提升教学质量。

连锁经营管理专业现代学徒制班在教学实施中，采取每周"3+2"场景模式（3天学校学习，2天星巴克门店工作），并在门店内开设"职场情绪管理体验训练""星巴克导论"等学徒课程，由星巴克企业教师（师傅）进行讲授，校内专任教师辅助；第5—6学期开设"企业运营管理综合实训"等校企共同开发的岗位综合实践课程。此外，星巴克向学徒开放在线平台岗位课程，学徒在空余时间可通过星巴克员工掌上移动学习平台（SPCC移动学习APP）学习平台课程，并可向企业师傅网上求教。

模具设计与制造专业发挥"校企双元育人"优势，按长安福特岗位技术技能要求与标准开展现代学徒制教学内容设计与教学实施，根据长安福特两个核心岗位（汽车装配工、冲压模具维修工技师）的实际情况，与企业重构课程教学内容及教学标准；针对企业生产流程，企业在学校建立长安福特汽车工程技术应用中心，将企业的生产图纸、工艺流程、电器元件、模具引入到校内实训基地中，方便学生提前对接岗位，分两个阶段对学生进行对口岗位培养。（见图2-5）

（4）校企共建——共同打造"双导师"队伍

《教育部关于开展现代学徒制试点工作的意见》（教职成〔2014〕9号）强调了"加强专兼结合师资队伍建设，校企共建师资队伍是现代学徒制试点工作的重要任务"。因此，现代学徒制的师资队伍必须由学校专业骨干教师和合作企业技术骨干、企业师傅共同组成，属于双导师专业教学团队。为保障

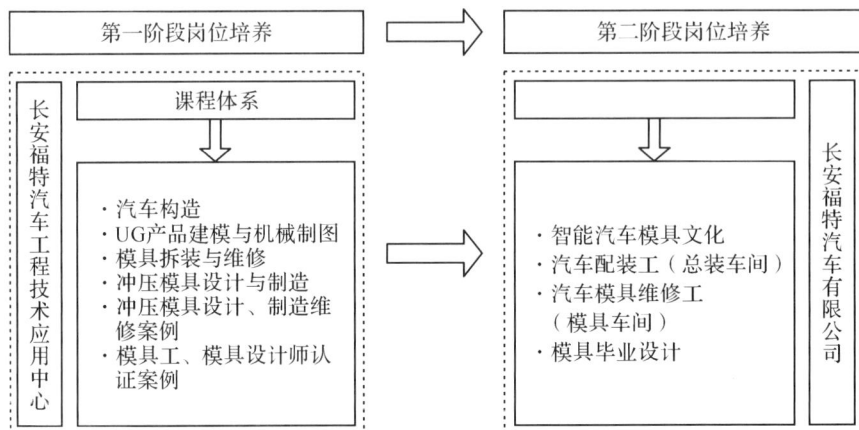

图 2-5　模具设计与制造专业现代学徒制两阶段对口岗位培养

双导师制度的建立,校企两级重点抓了以下工作。

①完善管理制度

为加强现代学徒制双导师队伍建设,培养具有专业技能与工匠精神的高素质人才,校企双方以校企分工合作、双主体协同育人、职责共担、共同发展的长效机制为着力点,建立了互聘共用、双向挂职锻炼、横向联合技术研发和专业建设的双导师教育机制,着力打造一支高素质现代学徒制的双导师队伍,以提升适应现代学徒制的技术技能型人才的能力。校企共同研讨、制订了《现代学徒制双导师队伍建设指导意见(试行)》,明确了校企"双导师"技能要求、选拔标准、工作职责以及双导师培养、使用、考核、激励等方面的规定,形成了"互聘共用、专兼结合"的双导师管理机制。

现代学徒制对企业导师(师傅)的遴选条件是比较高的。这些企业的师傅不仅要技术过硬,业务能力突出,还必须掌握一些教学技巧,懂得"学情分析",能够因材施教。此外,企业师傅最好是由那些有本行业 5 年以上工作经验的中高级技术人员来担任,同时他们还需具有良好的职业道德和协作意识,其工作积极性较高,具有奉献精神,在行业中有一定的影响力,有较丰富的岗位教学与管理经验。

同样,现代学徒制对学校导师的遴选条件也是比较高的。学校导师不仅要理论功底扎实,还须拥有一线操作的方法和技术。在资历上,还要求是具有 3 年以上工作经历的本校教师,拥有中级以上专业技术职务及相应的职业资格证书。同时,导师还需要具有良好的职业道德和协作意识,能积极参与现代学徒制工作,责任心强,具有企业实践的经历,业务基础扎实,并熟悉所任教课程涉及的岗位对知识、技能和基本素质的要求,有较高的教学水平和一定的课题研究、课程开发与实施等能力。

除了对"双师"有着较高的技能要求和选拔标准外,校企合作还拟定了这些导师的工作职责。例如,企业导师的工作职责有:按人才培养方案要求,协同学校导师完成学徒(学生)相关的课程设计、课程开发、课程体系构建和教材建设,并依据岗位课程标准实施教学;按照要求完成对学徒(学生)在企业学习期间的岗位课程、技术技能考核和成绩评定工作,及时反馈学徒(学生)课程完成效果、工作状况和相关调查数据;开展课程与教学研究、技术研发、产品攻坚、教学经验梳理及成果总结工作;负责对学徒(学生)的岗位技能课程和拓展课程的教学及学徒(学生)职业道德、职业行为的养成教育;负责向学徒(学生)传授岗位实战经验,传承企业文化;负责收集、整理学徒(学生)岗位培养期间的教学及日常管理的相关过程性资料⋯⋯又如,学校导师的工作职责有:负责实施学徒(学生)文化课程和专业课程的教学和管理工作,在日常教学管理中开展职业道德、职业习惯、文明礼仪等品德素养的教育,负责督促和管理学徒(学生)遵守校企的相关规章制度;负责开发现代学徒制教学课程,努力实践"课证融通、证岗衔接"的技术技能人才培养模式,开发适合企业对应岗位的职业理论和技术标准的课程;负责学徒(学生)的日常考核与成绩评定,定期开展阶段性岗位考核,做好对学生(学徒)的综合性素质评价;协同企业导师开展科研、技术研发、产品攻坚工作,帮助企业解决生产中的实际问题;开展现代学徒制的相关课题研究,梳理经验、总结成果;负责收集和整理学徒(学生)岗位培养期间的教学及日常管理的相关过程性材料,及时收集学徒(学生)的意见建议,加强校企双向交流⋯⋯

在明确"双导师"的职责后,学校还建立健全了双导师的培养、使用、考核、激励机制,形成了校企互聘共用的管理机制。校企双方通过共同建设、互聘共用的"双导师"教师队伍,共同制订双向挂职锻炼、联合技术研发和专业建设的激励机制及考核奖惩制度,由企业选拔优秀的高技能员工成为人才培养的带徒师傅,并由企业明确带徒师傅的相关责任、权利、职责及其待遇。

首先,在"双导师"培养方面,学校将指导教师的企业实践和技术服务纳入教师考核并作为晋升专业技术职务的重要依据,遴选实践能力强和教学经验丰富的专业教师作为学校的校内指导教师,并组织"双导师"团队的专业教师到企业进行企业实践、提供技术服务,双方联合开展技术研发工作;学校改革教师工作量核算办法,将试点专业教师企业指导视同实训课程记入教师教学工作;将参与现代学徒制项目教师的工作量另行计算;同时保障教师往返企业的交通费,并给予一定的工作津贴。

其次,在双导师使用方面,校企双方建立灵活的人才流动机制。校企双方共同制订双向挂职锻炼,联合技术研发和专业建设的激励制度以及考核奖惩政策。为加快培养双师型师资队伍,提升专业教师的技能水平和新技术应用能力,学校出台相关政策和措施,引进企业经验丰富的高技能人才、技术能手,充实师资队伍;积极鼓励教师与合作企业联合开展的横向课题项目研究、产品开发,并对校企联合开展的横向课题研究、技术开发项目在科研奖励、晋升职称等方面给予政策倾斜和支持,调动教职工参与的积极性和主动性。

最后,在双导师考核、鼓励方面,学校在出台《现代学徒制双导师队伍建设指导意见(试行)》的基础上,各试点专业根据各自专业特点制订了现代学徒制"双导师"准入机制,如《电子商务技术专业企业师傅标准》《模具设计与制造现代学徒制企业师傅标准》等;并根据人才培养需要制订了《现代学徒制企业导师教学质量评价指标》《现代学徒制学校导师教学质量评价指标》等量化指标体系,建立现代学徒制导师教学质量评价依据。同时,各试点专业也建立了专业层面的管理制度,如《现代学徒制导师(教师)管理暂行办法》等，明确导师的任职要求、岗位职责、考核细则和奖惩标准；并根据学生培养质量、就业情况，校企双方共同建立激励机制，将企业导师的工作贡献进行量化计酬，将校内导师的工作贡献纳入职称评定、评先评优体系内；对师德师风好、教学质量高的校内教师、企业导师（师傅）进行物质奖励与精神奖励。

②组建现代学徒制"双导师"教学团队

在现代学徒制教育过程中，各试点专业与学徒岗位需求相对接，充分整合校企双方的教育资源。合作企业方面负责选拔责任心强、有亲和力的优秀技术人员、技术技能专家和具有专业指导能力的骨干员工建立起"师傅团队"；学校则选拔理论水平高、实践技能强、具有良好师德师风和一定职业指导能力的"双师型"教师，组成"教师团队"。校企双方通过共建"双导师"人才资源库，并根据实际情况做动态调整筛选，努力保障试点工作的有效推进。针对学徒（学生）不同岗位、不同专业知识和技能的需求，"双导师"间实行分工合作，以各展所长。通过双导师理论教学、技能指导、问题解答、示范操作、生产实践指导以及对学徒（学生）开展耐心细致的思想政治工作，学徒（学生）对专业的发展方向就会逐渐的了解，对岗位的职业能力和素质要求会逐渐清晰，从而有力推动学生（学徒）去主动掌握职业发展相关的知识、技能和素质，实现快速的成长和发展。

例如，酒店管理专业充分利用了杭州国际博览学院这个合作平台，派出了专业骨干教师到杭州国际博览中心挂职锻炼，以了解行业动态、掌握操作规程，并收集工作案例和合作开发课程，更新相关专业的知识技能。同时，杭州国际博览中心也派出具有国际化行业视角和丰富实战经验，参与过大型高规格国际性会议（APEC 峰会、2008 年北京奥运会、G20 杭州峰会等）接待工作的高级管理、技术人员，到学校担任客座教授或兼职教师，亲身参与指导相关专业的建设和学生实习实训工作。企业导师在学校教师的协助下，逐渐改进了教学手段与方法，强化了专业教学能力，完成了从"巧匠"向"良师"的转变。目前，杭州国际博览学院已经建立起了以第二届"杭州工匠"称号获得者余云建老师为代表的高水平"双师"团队,保障了校企"双导师"队伍能力的提升。

又如电子商务技术专业加大引进行业企业导师的力度,尤其是高层次企业导师(处于行业企业一线岗位、具备 5 年以上行业经验、在企业担任中层以上管理职务),当前企业导师数量占专业专任教师团队比例已经超过60%,并积极筹建"电子商务技术大师工作室"。

再如连锁经营管理专业聘请企业专家做专业指导委员会委员,直接参与专业人才培养方案的制订,为专业和课程建设把脉。依据"双导师"标准,该专业把企业业务骨干、技术能手聘为"师傅",与学校专任教师共同组成"双导师"团队。"双导师"团队共同制订实践教学大纲和教学计划,指导开展实践教学,总结工作经验。目前,"双导师"团队共有 34 人,其中学校教师11 人、企业兼职教师 23 人。模具设计与制造专业创建校企"共同体"专业教学团队,实行双向互聘共用,整合校企科研与教学优势,同步提升教学科研能力。企业选派 5 名能工巧匠长期在校内长安福特汽车工程技术应用中心驻校任教,并选派 15 名师傅,与学校教师一起进行第二阶段共同人才培养(见表 2-3)。

表 2-3　模具设计与制造专业部分导师与学徒结对情况表

序号	学徒姓名	学徒岗位	师傅姓名	岗位	职务	职称
1	李仁建	汽车装配工	陶文媚	总装关键岗	机动工	高级工
2	胡于杰	汽车装配工	余佳峰	总装关键岗	机动工	高级工
3	顾昊骋	汽车装配工	陈康	总装关键岗	机动工	高级工
4	王煜辉	汽车装配工	钱旭	总装关键岗	机动工	高级工
5	徐文涛	汽车装配工	朱凌峰	总装关键岗	机动工	高级工
6	王家辉	汽车装配工	陈灵波	设备维修工	无	高级工
7	冯子航	汽车装配工	来顺	汽车装配工	无	中级工
8	严峰	汽车装配工	周军	汽车装配工	无	中级工
9	汪星星	汽车装配工	陶文媚	总装关键岗	机动工	高级工

续　表

序号	学徒姓名	学徒岗位	师傅姓名	岗位	职务	职称
10	汪伟	汽车装配工	余佳峰	总装关键岗	机动工	高级工
11	杨胜	汽车装配工	陈康	总装关键岗	机动工	高级工
12	武延安	汽车装配工	钱旭	总装关键岗	机动工	高级工
13	王富城	汽车装配工	朱凌峰	总装关键岗	机动工	高级工
14	汪松杰	汽车装配工	陈灵波	设备维修工	无	高级工
15	陈梦宇	汽车装配工	来顺	汽车装配工	无	中级工

"双导师"管理制度的建立和"双导师"师资队伍的培养,为校企合作提供了现代学徒制教育的人力资源,保障了现代学徒制实践活动的切实开展。

4.构建现代学徒制运行管理的保障机制

(1)构建现代学徒制教学运行管理机制

艺友制的实践益处是以艺会友、学艺交友、亦师亦友、师生合一,共同提升和传播教育艺术。其特点是在岗学艺、边做边学、教学做合一。现代学徒制教学运行的核心就是要坚持陶行知先生倡导的"教学做合一"原则,做到教中学、学中做、做中学,构建教学做一体化模式。为保证现代学徒制的人才培养质量,凸显现代学徒制理论教学与实践教学深度融合这一特点,围绕学徒岗位重感知操作,重自主学习空间,学徒管理与一般全日制学生管理不同的实际需求,学校加强现代学徒制管理体系建设。按照"校企共育"的要求,围绕系统培养学生核心能力和可持续发展能力,校企双方相继建立完善学分制管理、学徒管理、"双导师"管理、教育教学管理等相关运行机制和管理制度;强化过程管理,建立校企共同实施管理、共同检查、反馈等形式的教学运行与交流机制,及时诊断并改进教育教学。各试点专业所在学院和企业构建学院与企业、科室与企业管理部门、专业团队与企业师傅3个层级管理框架,建立以过程管理为主线的教育管理运行机制,确保各试点专业现代学徒制的顺利开展。

①工作机构的搭建

校企联合成立由学校领导、企业领导、学校导师代表、企业导师代表及政府部门代表、高等职业教育专家、行业企业专家等组成的现代学徒制教学工作委员会。该委员会作为现代学徒制教学管理决策和咨询指导机构,对现代学徒制教学管理工作中的重大问题进行调研、论证、咨询、决策。学校建立和完善由教务处、二级学院试点专业构成的现代学徒制教学管理体系和高效运行的工作机制,保证教学运行稳定有序,不断提高该体系和机制的管理水平和教学质量。校企双方充分发挥教学管理机制在现代学徒制教学工作规划、协调、组织、管理中的职能作用。校企双方还联合建立了现代学徒制工作小组,共同探索建立联合招生、联合培养、一体化育人等长效合作机制,完善学徒培养的相关教学文件、管理制度和适用标准,形成多方参与、协同创新、校企双主体育人的现代学徒制管理模式,建立起现代学徒制教学工作的督导机构,经常性地对现代学徒制教学开展督导工作,完善管评分离的教学质量监控体系。

②共管框架的搭建

为加强校企合作管理,校企双方共同搭建了共管框架,共同制订了《校企联席会议制度》《现代学徒制管理规定》《学徒顶岗实习管理制度》《学生(学徒)成绩考核与管理办法》《企业导师(师傅)选拔与聘任办法》等,以保障现代学徒制教育的有效开展。其中一个比较突出的特点是:校内有站、企业有点。"校内有站"指的是合作企业在学校设立学徒班指导站,由企业定期选派技术人员来校进行手把手的教学指导。"企业有点"指的是学校在企业设立的小规模教学点,由企业导师或技术人员为实习的学生进行教学培训。通过学校与企业各给学徒班配备双班主任的形式,协调对学生(学徒)实施共同管理。在学生常驻企业实习的阶段,学校还建立了班主任蹲点和专业教师巡回检查制度,共同参与学生整个学习动态的管理和评价。尤其在管理任务切块上,与企业明确分工:公共基础课、专业基础课等的成绩由学校教师进行评价,学生顶岗实习的成绩则由企业导师根据学徒在企业的学习成绩、工作态度、实操水平、分析与解决问题能力及实习过程中表现出的沟通能力、合作能力、抗压能力、协调能力、表达能力等素质表现进行综合评价,而校企合作部分的专业课和实践课成绩以及学生的毕业答辩成绩则由校企导师共同评价考核。

③管理制度的完善

首先,学校健全现代学徒制教学管理规范。为构建现代学徒制教学管理体系,进一步规范现代学徒制日常教学,确保教学质量,规范和加强现代学徒制学徒(学生)的管理,维护学徒(学生)以及各方的合法权益,依据校企一体化育人的管理要求,学校修订完善了《杭州科技职业技术学院现代学徒制教学管理工作规范》,该管理办法就校企联合对现代学徒制教学管理组织架构、人才培养方案制订、各个教学环节管理、教学基本建设保障、教学质量监控、教学改革研究等做出了明确具体的规定和要求,成为指导学校和企业联合开展现代学徒制试点的一个纲领性文件。其次,学校完善现代学徒制学生管理规范。学校根据试点实践情况,对《杭州科技职业技术学院现代学徒制学生(学徒)管理办法》进行了修订,明确规定学生(学徒)在现代学徒制岗位上的工作要求、行为规范、奖惩措施、安全防范及违纪处理等管理规定,使学生(学徒)明确自己的岗位和身份,更好地履行自己的工作职责。为进一步推进现代学徒制试点工作,充分调动学生专业学习的积极性、主动性和创造性,为学生提供更大的自主选择学习空间,学校制订了《杭州科技职业技术学院现代学徒制学分管理办法》,针对现代学徒制这一特殊的职业教育制度,坚持规范性与灵活性相统一、整体化与个性化相统一、适应性与实践性相统一的原则,按"学生—学徒—准员工—正式员工"四位一体的人才培养总思路和校企共同制订的人才培养方案与课程体系,设置各类学分,明确学生(学徒)参加企业岗位培训和实践的学分认定。管理办法既重视学生技术技能等岗位核心能力的考核,又注重对学生综合素质能力的培养,完善现有教育评价制度,体现现代学徒制的教育特色。最后,学校明确学校和企业导师工作职责。学校制订《杭州科技职业技术学院现代学徒制双导师队伍建设指导意见(试行)》《杭州科技职业技术学院学校导师工作职责》《杭州科技职业技术学院企业导师工作职责》等制度,有利于加强现代学徒制"双导师"队伍建设。校企双导师的遴选与聘任、双导师的职责与管理、双导师的考核与激励等具体举措,也有助于校企互聘共用、双向挂职锻炼、横向联合技术研发和专业建设这一"双导师"机制的建立,促进了校企双主体协同育人、职责共同、共同发展,从而更好地推进了现代学徒制试点向纵深发展。

(2)构建现代学徒制的质量保障机制

陶行知先生在实施艺友制实践时,为保证艺友的交流培训成效,采取了预设评价(选择有志青年才俊参与)、过程评价(分阶段实施培训和考核)、后延评价(对完成跟岗、独立在岗培训任务后,其走向社会其他学校岗位进行教育工作后的继续评价,这种评价延伸为终身评价的一种方式)等。这一有点、有线、有序、持续的考核评价机制对于监控和保障艺友的成才与发展很有成效。鉴于此,为了监控现代学徒制育人全过程、优化人才培养的整体质量,校企共同构建现代学徒制质量保障机制,包括校企共同商定学生(学徒)评价标准、构建多元考核评价体系等,确保校企双方一体化育人的成果和实效。

①校企共定质量评价标准

为实现校企双主体教育发展的目标,体现企业与学校教育的特色,彰显职业理论教育和职业专业技术共通的价值观,校企双方共同制订育人质量高低的标准和规范。如学校围绕"立德树人"这一根本目标制订《杭州科技职业技术学院现代学徒制学生(学徒)管理办法》《杭州科技职业技术学院现代学徒制日常教学管理工作规范》《杭州科技职业技术学院现代学徒制学分管理办法》《杭州科技职业技术学院现代学徒制教学质量监控实施办法(暂行)》《杭州科技职业技术学院现代学徒制企业导师教学质量评价指标(试行)》《杭州科技职业技术学院现代学徒制学校导师教学质量评价指标(试行)》等一系列管理制度,确立学院与企业、科室与企业管理部门、专业团队与企业师傅3个层级的过程管理和质量监控标准,确保日常管理到人、教师

（师傅）协同指导职责的明确与项目落地实施。例如，结合"术能双升"的能力目标要求，拟订岗位学习质量评价方案和课程内容评价标准；再如各试点专业和试点企业分别制订了《现代学徒制试点工作日常管理制度》《现代学徒制试点工作学生（徒）实习（训）成绩考核与管理办法》《现代学徒制企业奖学金管理办法》等，使评价考核标准具体化和举措实施细则化，精确形成对学生（学徒）岗位学习（工作）能力和教师（师傅）教学指导实效的过程考核，对学生（徒）职业素养如沟通能力、鉴别能力、展现能力、社交能力、心理体验训练、仪表仪容等的综合考核，形成工作、学习、晋升一体化的考核评价体系，确保"校企双主体"育人评价质量。

②校企共建多元评价体系

在校企共同商定现代学徒制质量评价标准的基础上，校企双方通过双主体协同育人、协同监督考核的方式构建现代学徒制人才培养多元考核评价体系。考核主体主要是学校和企业。考核内容以人才培养目标为基本出发点，重点关注学生（学徒）岗位技能和职业素养的评价，包括学生（学徒）知识掌握程度、实际操作能力和水平、工作态度和表现、工作任务完成情况等。其中，校内考核以职业基础方法的掌握程度为标准；企业考核由企业师傅或行业专家考核，以企业行业岗位工作评价体系作为考核标准，考核等级以企业员工考核等级体系为标准。考核方式坚持过程考核与结果考核相结合的原则，过程考核主要考核学徒在岗期间的工作成效和日常表现，包括企业师傅和员工对学徒的周评价、月评价等；结果考核主要是对学生（学徒）在日常学习与岗位实践中的工作业绩、职业素养、岗位技能和综合表现的考核，贯穿整个人才培养过程，评价结果最终落实在学分考核中。同时，校企双方建立考核结果的质量反馈与分析完善机制，不断优化多元考核评价体系，确保培养质量的持续改进和提升。

各试点专业为保证现代学徒制教育教学的有序开展和高质量育人成效，分别制订了相应的标准和制度。例如，连锁经营管理专业与合作企业共同完善学校教学标准和企业培训标准，制订校企一体化人才培养方案和评价标准;在人才拓展培养课程中,配置了相应的课程模块,如星巴克产品的制作与销售、煮制咖啡的基本要素、咖啡文化课等拓展课。此外,校企双方合作制订了教学质量评价方案和课程内容评价标准,结合岗位要求设计了特色课程模块,落实了实际操作能力考核标准,包括沟通能力、咖啡鉴别能力、企业文化展现能力、社交能力、心理体验训练、仪表仪容等具体能力。上述举措能帮助学生更好地适应企业岗位实践,通过企业内部业绩考核以及进入更高级岗位的培训,构建了工作、学习、晋升一体化体系。

通过统一评价标准,校企共建质量监控机制、共同制订质量监控制度,既保证了现代学徒制人才培养的规范性,也兼顾企业在实际运营过程中的利益诉求,并通过岗位述职、KPI 绩效考核等企业化教学运行与质量监控机制,实现了"定性评价与量化评价统一、教学评价与岗位评价统一、课程成绩与岗位绩效统一"(见表 2-4)。

表 2-4   电子商务技术专业学生美工岗位 KPI 考核标准

能力	对应岗位/对应课程	对应工作职责	岗位 KPI 考评规则	
			指标内容	权重
电商美工技术能力	美工/电子商务美工实战	1.网店装修:网店装修模板设计与应用 2.海报设计:活动海报图片设计与应用 3.图片修整:按照要求完成原始图片的修整 4.图片优化:产品详情页图片优化及其产品社群宣传图片制作	出勤考评	20%
			工作完成情况	20%
			工作量饱满度	20%
			活动图片质量	20%
			平均浏览量	10%
			平均停留时长	10%

③校企共拟持续合作规划

为保障现代学徒制教育的顺利实施,在平等、共享、互赢的基础上,学校、学生、企业三方配合签订相关的合作协议,按照"工作的学习""成为企业的人"等学徒制理论,共拟合作规划、共订教学内容、共担教学责任。例如,要明确校企双方各自的培养责任,包括在课程开发、课程实施、课程评价、基地建设、师资建设以及学生（学徒）管理方面的职责分工，确定双方资金、人力、技术等投入的方式及管理协调的方式，拟定学生（学徒）培养的阶段和期限、专业与就业等。在此基础上，企业与学徒之间也要签订协议，规划企业培养及学徒就业的关系：既规定企业提供的导师和岗位以及学徒毕业需要达到的标准，也规定学生（学徒）实习期间在企业的工资待遇和生活待遇，拟订学徒在生产中出现事故的处理办法，明确学徒的学习期限或服务工作年限等。这种校企共拟的双方协议，既是现代学徒制教育的组成部分，也是有效保障现代学徒制顺利实施的重要抓手。

（3）构建现代学徒制的多方协调机制

在校企合作规划的基础上，多方协调机制也是保障现代学徒制教育有序健康发展的重要因素。需要建立一个由学校、行指委、企业等合作的多方形成的组织机构，来拟订企业开展现代学徒制的课程标准，包括行业的职业资格标准、企业的岗位任职标准、人才的培养标准等，并在此基础上协调开发现代学徒制的具体人才培养方案，以明确根据企业岗位需要的知识、能力、素质等方面的培养要求。同时，多方协调开发针对企业需要和学生成长的专业课程，这些课程的内容应该包括企业的内部资料、企业的培训教材、企业的典型案例等，以帮助学生尽早获得专业职业的认同，快速成为"企业的人"。另外，学校教师和企业导师还可以通过共同合作与协调，按企业教学要求制订《企业教学标准》，规定学徒培养的具体目标、内容、形式、资源及考核评价、日常管理、企业导师队伍建设等内容，使现代学徒制校企合作实践清晰化。

三、杭科院借鉴艺友制实践现代学徒制的工作成效

在行知文化引领下，杭科院通过借鉴陶行知艺友制教育思想精髓，形成校院两个层面、校企两个主体共同推进现代学徒制试点工作。经过几年的探索实践，取得了一系列工作成效。

1.实践效应——校企"一体化"协同育人模式进一步深化

（1）构建了"管理合一、共担共管"的利益责任共同体

现代学徒制是对职业教育产教融合、校企合作、工学合一、知行合一更深层次的体现，通过现代学徒制试点，学校与企业双方的融合程度明显提升，校企共同构建了"管理合一，共担共管"的利益责任共同体。根据技术技能人才成长规律和工作岗位的实际需要，校企共同研究制订科学、系统且符合学校、企业、学徒实际的人才培养方案，包括专业教学标准、课程标准、岗位标准、企业师傅标准、质量监控标准及相应实施方案；校企共同建设基于工作内容的专业课程和基于典型工作任务的专业课程体系；校企共同制订"生徒合一、学工同时"的招生招工政策；校企共同共享建设教学实训资源；校企共同健全学分制管理、学徒管理、双导师管理、教育教学管理等制度。由于校企联合制订人才培养方案，企业专家、师傅深度参与其中，专业调研更加全面、科学、务实，人才培养目标定位更加准确，课程体系与企业岗位需求、员工职业发展需求更加契合，以企业为主建设的课程比例和企业实践课程比例大幅度提升。与非试点专业相比较，试点专业以企业为主建设的专业课程比例超过了60%；人才培养方案中岗位实践课程提升35%以上，约占专业课总课时的70%，体现了"双主体"育人的强力支撑。

（2）实现了"育用合一、共享成效"的人才培养目标

现代学徒制的基本架构是学校与企业的联合育人，体系与资源的融合对校企双方来说都是一个变革的机会，企业通过现代学徒制的"合作育人"，为企业培育拥有先进理论和科学方法，掌握熟练技能，能够应对未来工作、世界不断变化发展的高素质创新型技术技能人才，有助于解决企业的选人、育人、用人、留人问题，降低企业人力资源成本。学校通过现代学徒制"以在岗为本位"的人才培养模式，更好地促进学生的成长成才，实现立德树人的人才培养目标，因为在技能形成过程中，无论职业院校教学、设备、师资如何先进，也无法替代企业岗位的学习、锻炼。学校各试点专业通过现代学徒制

育人,优化了技能学习环境、教学模式和评价方式,提升了人才培养质量。

例如,模具设计与制造专业作为试点专业,按照《教育部关于开展现代学徒制试点工作的意见》中所明确的试点工作的总要求及试点工作内涵,与多家企业合作开展现代学徒制试点人才培养模式探索,开展引企入校、半工半读、双导师制等一系列人才培养模式改革实践,学生职业素养得到了明显提升。相比非试点专业,试点专业学生在学徒岗位实践中的岗位绩效平均高出 30%,且对岗位的认知度、认可度更高,能更好地适应企业岗位,比其他在企业顶岗实习的学生在企业的留用率高出 34%。该专业现代学徒制试点实践成果"基于现代学徒制下的校企深度合作案例"荣获全国机械行业教育校企合作典型案例一等奖;该专业现代学徒制试点的相关经验被纳入学校现代学徒制育人成果"高职制造类专业产教协同人才培养路径创新与实践",获得了国家级教学成果二等奖。

再如,电子商务技术专业参加现代学徒制试点的学生,在后期的人才培养质量反馈结果中显示了较其他学生更高的专业素质、技术能力、技能水平,其学科竞赛覆盖率和获奖率远高于专业平均水平,学生的岗位适应能力、业务管理能力突出,80%以上学徒的技术技能水平超过同期社会招聘人员(基本都具有专科以上的学历),30%以上的学徒担任组长以上的管理职务,10%左右的学徒成为运营主管或相同级别管理人员,其职业素养与专业素质得到了校企双方的高度认可。学徒群体中共有 45 人参加各级各类学科竞赛,获得国家级二等奖 1 项、三等奖 1 项、省级一等奖 1 项、二等奖 2 项、三等奖 3 项,学科竞赛覆盖率和获奖率远高于省内同类学校的同类专业;其中在"互联网+"创新创业大赛中,学徒为学校取得了该项赛事零的突破,并获得了浙江省大学生职业规划大赛一等奖,创造了学校参加该赛项的最好成绩。"电子商务技术专业现代学徒制人才培养模式的探索与实践"获得学校第四届教学成果二等奖。

(3)优化了"双师合一、校企互补"的专业师资队伍

在试点过程中,校企携手共建双元导师队伍,建立健全双导师的选拔、

培养、使用、考核、激励等制度,形成"互聘共用、专兼结合"的管理机制。学校各试点专业的"双导师"团队建设成效显著。试点专业建设了一个122人规模的校企"导师"师资库,从数量和质量上满足育人需求。例如,电子商务技术专业的兼职教师队伍由17人增加到37人,其中高层次导师占新增兼职教师人数50%以上。校企双导师团队的融合使校内专业教师的专业技能得到了快速提升。旅游学院的余云建老师荣获"杭州工匠"和"杭州市劳动模范"称号,成为业内楷模;机电工程学院的羊荣金、沈孟锋、胡冬生、徐观生等4名教师荣获人力资源和社会保障部授予的"全国技术能手"称号。

(4)共建了"资源合一、校企共享"的教学实训资源

通过现代学徒制育人试点,各专业与企业合作,从职业素质养成课程、专业基础课程、岗位(群)技术技能课程、个人职业发展(拓展)课程4个层面构建了完整的现代学徒制课程体系,共同开发的一批内容新、质量高的教学资源被充分运用到学徒制育人实践中。此外,试点专业还依托合作企业资源,联合主持了汽车电子技术、自动化生产设备应用、市政工程技术3个国家职业教育专业教学资源库建设,参与了创新创业等5个课程资源建设。

校企双方通过现代学徒制合作,共建了一批高水平教学实训基地。长安福特汽车工程技术应用中心被确认为浙江省产教融合示范性基地,并多次承办省级、国家级技能竞赛。电子商务技术专业通过合作企业的资源支持,成功立项浙江省唯一的全国电子商务职业教育"双师型"教师培养培训基地。酒店管理专业、连锁经营管理专业也在试点过程中,与企业合作完成了教学资源更新优化以及产教融合型实训基地的建设工作。

2.理论效应——提升了对现代学徒制教育的认知水平

(1)现代学徒制教育实践取得初步研究成果

在开展现代学徒制试点实践的同时,学校充分利用本校文化育人优势,围绕现代学徒制试点人才培养模式构建,结合艺友制教育、"生活即教育"、"社会即学校"、"教学做合一"等陶行知生活教育学说开展现代学徒制试点

工作的应用研究和教学改革实践研究，及时总结现代学徒制试点工作经验，借以更好地指导实践。自2018年以来，学校有多项现代学徒制研究课题立项，其中，省部级课题立项5项，厅局级课题立项6项，出版专著1部。学校开展了以教育部社会科学司项目"陶行知'艺友制'教育思想对现代学徒制的价值研究"等为代表的科学研究，发表相关研究论文10余篇（详见表2-5和表2-6）。

表 2-5　杭科院 2018 年以来厅（局）级以上现代学徒制相关研究课题

序号	姓名	课题	课题编号	级别
1	丁水娟	陶行知"艺友制"教育思想对现代学徒制的价值研究	18YJA880011	教育部社会科学司一般项目
2	向燕玲	现代学徒制视角下高职院校教师发展研究	2018101	浙江省人力资源和社会保障厅科研课题
3	刘昀	五年一贯制背景下的现代学徒制人才培养模式改革与创新实践研究	jg20180844	浙江省"十三五"高等教育教学改革研究项目
4	雷彩虹	高职建筑类专业现代学徒制人才培养模式研究与实践	jg20180845	浙江省"十三五"高等教育教学改革研究项目
5	罗晓晔	"一带一路"现代学徒制培养模具设计与制造人才的创新实践	jg20180850	浙江省"十三五"高等教育教学改革研究项目
6	谌远知	现代学徒制中的知识产权形成与归属研究	2018JD64	杭州市哲学社会科学规划课题基地立项项目
7	田钊平	完善现代学徒制人才培养模式的制度创新研究	2018JD66	杭州市哲学社会科学规划课题基地立项项目
8	刘盈盈	企业参与现代学徒制办学的意愿与动机研究	2018JD67	杭州市哲学社会科学规划课题基地立项项目
9	李国成	现代学徒制视角下企业师傅队伍建设研究	2019096	浙江省人力资源和社会保障科研项目
10	谭梦娜	"旅游＋"视阈下的现代学徒制会奖旅游人才培养模式改革实践	Y201941520	浙江省教育厅科研项目

表 2-6　杭科院 2018 年以来公开发表现代学徒制相关研究论文

序号	论文标题	作者	期刊名	发文时间
1	中小企业参与现代学徒制办学的分析	汪洁华	《上海教育评估研究》	2018 年 4 月
2	基于技术创新的高职智能制造专业群建设路径探索	袁俊、彭宽栋、胡冬生、罗晓晔	《中国职业技术教育》	2018 年 7 月
3	德国与澳大利亚企业参与现代学徒制的分析	刘盈盈	《九江职业技术学院学报》	2018 年 9 月
4	新时代高职院校构建现代学徒制人才培养模式的制度创新研究	田钊平、胡丹	《四川民族学院学报》	2018 年 10 月
5	基于"双线交织、三标融合、四阶递进"的高职现代学徒制的人才培养模式研究与实践	张忠伟、蒋水秀、冯雪丽、庄敏	《吉林工程技术师范学院学报》	2018 年 11 月
6	基于现代学徒制的高职人才校内培养机制研究	郑鹏飞、散晓燕	《宁波职业技术学院学报》	2018 年 12 月
7	"艺友制"与现代学徒制的比较研究	丁水娟、许淑燕	《中国职业技术教育》	2019 年 2 月
8	我国现代学徒制之研究进展	程舒通、徐从富	《成人教育》	2019 年 2 月
9	基于知识图谱的国内现代学徒制研究述评	陈晓勇、王谦	《宁波职业技术学院学报》	2019 年 2 月
11	基于现代学徒制的高职教师专业发展研究	向燕玲、李国成	《机械职业教育》	2019 年 2 月
12	企业新型学徒制的研究	程舒通、徐从富	《成人教育》	2019 年 12 月
13	高校现代学徒制实习人才培养探讨	张忠伟、罗晓晔、冯雪丽	《化工进展》	2020 年 3 月
14	现代学徒制背景下的企业师傅队伍建设	李国成、向燕玲	《河北职业教育》	2020 年 4 月
15	现代学徒制视域高职会计学做一体教学研究	李平原、代鸿顺	《安徽冶金科技职业学院学报》	2020 年 4 月

（2）基于现代学徒制教育实践的校企深度合作取得成果

现代学徒制试点工作的开展，大力推进企业深度参与学校协同育人。教学过程与生产过程的紧密对接，推动校企全面加强深度合作，联合开发企业活页式、工作手册式的校本教材。例如模具设计与制造专业在总结现代学徒制成功经验基础上，以合作企业的工作流程为教学主线，针对人才培养方案、专业标准和企业标准，以"校企双师互嵌"合作为切入点，校企共同建设立体化的教学资源，以满足"学徒"多样化学习的需要（见图2-6）。

图 2-6　校企共同建设立体化的教学资源

校企双导师教学团队共同参与华东师范大学国家职业教育教材研究基地基于典型工作任务的教材开发，这些新型教材以工作任务与职业能力为中心，梳理每个工作任务的职业能力清单，再根据清单流程进行编写，完全颠覆了传统教材的编写模式。例如模具制造与设计专业校企联合编写的《模具工考证》教材，按典型工作任务分为：工作领域 A，零部件加工；工作领域 B，模具装配；工作领域 C，质量检验；工作领域 D，试模与修模。每个工作领域又分为若干项工作任务，对完成每一项工作任务必须具备的职业能力又提出了具体操作要求（见图2-7）。

（3）现代学徒制人才培养模式内容得到丰富与拓展

基于我国现代学徒制政策机制与学徒标准的未尽完善，学校从教育教

模具工考证（样本）

目录

工作领域A　零部件加工……1
工作任务A-1　模具识图与制图……1
职业能力A-1-1　能识读复合模与级进模装配图……1
职业能力A-1-2　能识读热流道与普通流道注射模装配图……8
职业能力A-1-3　能识读各类冲模和注射模零件图……13
工作任务A-2　识读、编制工艺……22
职业能力A-2-1　能识读零部件加工工艺规程……22
职业能力A-2-2　能够制定模具零部件的加工工艺……28
职业能力A-2-3　能确定模具装配(加工)顺序,方法及工装……38
工作任务A-3　孔加工……44
职业能力A-3-1　能钻削斜孔、平底台孔、深孔、相交孔等各类孔……44
职业能力A-3-2　能钻、铰IT8及以上高精度孔……49
职业能力A-3-3　能加工0.5mm小孔，并能手工刃磨所用钻头……52
工作任务A-4　零件修配……56
职业能力A-4-1　能制作多边形几何图形的配合零件……56
职业能力A-4-2　能修配R3mm以上圆角……63
职业能力A-4-3　能修配斜面……66
职业能力A-4-4　能修配局部嵌件……69
工作任务A-5　零件研磨、抛光……72
职业能力A-5-1　能选择研磨、抛光工具……72
职业能力A-5-2　能对模具成形零件进行研磨和抛光……79
工作领域B　模具装配……84

图2-7　《模具工考证》教材的目录截图

学理论角度提出了“双线交织、三标融合、四阶递进”的现代学徒制人才培养模式，即校企从“合作办学、合作育人、合作就业、合作发展”的人才培养理念出发，从理论角度提出了根据高职专业和学生身心发展、认知特点，强调工学紧密结合的职业人才培养方法和路径。

其中，“双线交织”指的是学校课程和企业课程相结合，在教学过程中共同构建“学校课程＋企业课程”相结合的课程体系，即在教学过程中学校的课程和企业的课程在学生（学徒）的学习过程中是相互交错、有机融合的，所以我们要充分发挥学校课程和企业课程各自拥有的教学培训优点，实现专业目标与企业人才目标的有效对接，也可以使得培养的人才能够马上适应企业的需求。“三标融合”指的是学校的教学标准、企业标准和职业资格标准在教学过程中的有机融合、有益完善。例如，专业标准明确规定了人才培养的知识、能力、素质的目标和要求，使之成为某个产业内部的一个宽泛的标准；再如企业内部制订的企业标准，则是符合某个岗位工作需要的一种特定的标准，其目标是为了能够满足企业工作对人才拥有知识、能力、素质的种种要求；又如职业资格标准，要求的是从事该工作所需的各种规范和必备条件。这些为提高人才培养的针对性和规范性提出了具体的目标。"四阶递进"则是将学生的学习分为 4 个阶段即职业基础能力培育阶段、职业专项能力培育阶段、职业综合能力培育阶段和职业拓展能力培育阶段，旨在通过这 4 个阶段的学习，升华学生的任职能力。"双线交织、三标融合、四阶递进"现代学徒制人才培养模式的提出，丰富了学校现代学徒制教育的开展，拓展了学校实践现代学徒制的理论内涵和实施路径。①

以上这些课题的研究和专业著述、论文的发表及教学理论的丰富与拓展，为学校现代学徒制教育的设计，获得了新的理论依据和实践数据，为全面开展现代学徒制教育提供了理论上和操作上的借鉴与范例，也为学校现代学徒制教育的推广提供了可资操作的方法与路径。

3. 社会效应——现代学徒制得到了政府、企业、学生各方认可

借鉴艺友制教育思想指导杭科院现代学徒制教育试点工作得到了社会各级的高度认可。

（1）得到政府和社会的高度肯定和认可

杭科院校企共育现代学徒制的人才培养模式取得了较好成果，显现的特色和亮点吸引了许多主流媒体的关注和报道，《中国教育报》《浙江教育报》《杭州日报》等都对学校现代学徒制试点做过相关报道，特别是 2016 年学校与杭州国际博览中心合作的首批省级现代学徒制试点专业——酒店管理专业的学生（学徒）赶上了一个千载难逢的好机会，他们以正式入职员工身份，成了 G20 杭州峰会主会场服务人员，这既是机遇又是挑战。校企双方共同制订训练计划和学习时间表，专业导师全程指导。他们接受了近 4 个月的

---

① 张忠伟等：《基于"双线交织、三标融合、四阶递进"的高职现代学徒制的人才培养模式研究与实践》，《吉林工程技术师范学院学报》2018 年第 11 期，第 81 页。

近乎残酷的"魔鬼训练"。经过约 120 天的日夜拼搏,约 2880 个小时的全力以赴,坚持最高标准刻苦训练,凭着顽强的意志和信念,学生(学徒)们终于达到了峰会服务所要求的技能水平,进入 G20 杭州峰会主会场核心区与全球多国领导人近距离接触,并为他们提供服务。

学生(学徒)们表现出来的出色的职业素质、优秀的职业技能赢得了各方赞誉。在 G20 杭州峰会主会场,澳大利亚总理马尔科姆·特恩布尔、土耳其总统雷杰普·塔伊普·埃尔多安、西班牙首相马里亚诺·拉霍伊·布雷等多国领导人主动与学生(学徒)们合影,表示感谢和鼓励。同学们良好的专业素养、优雅的举止谈吐、勤奋的工作状态也得到了所在单位的一致好评。杭州洲际酒店总经理 Frankson Lee 亲自给学校写来感谢信,对学校参与 B20 杭州峰会服务的学生团队的突出表现赞不绝口:"这些同学在这两个多月里,以顽强的毅力和高度的学习能力,与酒店的正式员工一样,朝着同一个目标努力、前进,一次又一次克服困难。""这正是贵校秉承着校企合作、产学结合的发展道路,不断提升教学质量办学水平,一直致力于培养高素质技能型人才成果的体现。"《中国教育报》2016 年 9 月 28 日刊登的《我们在 G20 杭州峰会主会场》和《浙江教育报》2016 年 9 月 16 日刊登的《用一个夏天来成长》两篇文章报道了杭科院学生服务 G20、B20 杭州峰会的情况。2016 年 9 月 30 日,时任浙江省委常委、杭州市委书记的赵一德给杭科院参与 G20 杭州峰会主会场服务的全体同学写来了一封回信,赵一德书记对同学们参与 G20 杭州峰会主会场专业服务工作给予了高度肯定:"在峰会举办期间,同学们精优服务,沉稳端庄、自信大气喜迎朋宾,一丝不苟、精益求精严谨处事,充分展现了当代莘莘学子的青春风采和报国情怀,展现了'90 后'的担当、顽强和奉献!"他希望同学们能把服务保障 G20 杭州峰会的经历,转化为继续前行的不竭动力,珍惜韶华、勤奋学习、踏实工作,做一个有梦的人、有爱的人、有用的人,用知识和技能服务杭州市发展,用勤劳和智慧抒写美好人生。

经过 G20 杭州峰会的历练,学生(学徒)们的收获是全方位的,他们以国际峰会为课堂,不但专业技能得到了突飞猛进的提高,而且他们从此拥有了一份冷静沉着的自信、处事不惊的大气和对美好职业生涯的憧憬,同时也收获了个人在职业生涯道路上的快速成长。有学生这样说道:"学校的校门上刻着陶行知先生的四个大字,'爱满天下',我以前不太理解,现在我懂了,爱是要靠爱心去赢取的。"

（2）人才培养质量好,学生与用人单位满意度高

现代学徒制试点的开展实现了企业、学校和学生三方受益:企业通过亲自培养学徒成为自己的员工,学徒在潜移默化中认同了企业文化,对企业的忠诚度和认可度较高,对师傅有感情,学徒的流失率相对较低,降低了企业对员工的培训成本和选人、用人、留人的成本。对学生来说,通过学徒制方式培养,学生的专业技能和职业素养得到了极大提高,学生的就业率高、薪资高、满意度高。例如模具设计与制造专业,15 名在福特汽车学徒制培养的学生,在企业学徒培养期间,4 人优秀、9 人良好、2 人达标。用人单位对学生的满意度达到 98％,学生对学校的满意度达到 96.16％。现代学徒制学生的薪资水平普遍高于非学徒制培养的学生,如电子商务技术专业 2019 届学徒制培养学生在就业率、薪资水平、专业相关度、就业满意度和离职率等方面,都远优于学校平均水平（见表 2-7 和表 2-8）。

表 2-7　电子商务技术专业 2019 届毕业生就业情况

专业名称	就业率（％）	平均月收入（元）	专业相关度（％）
电子商务技术（现代学徒制）	99	5000	83
本校平均	93	3500	62

表 2-8　电子商务技术专业 2019 届毕业生就业满意度与离职率

专业名称	就业现状满意度（％）	离职率（％）
电子商务技术（现代学徒制）	83	21
本校平均	75	38

  在现代学徒制框架下学校与企业联合育人,对企业来说,育人除了传授岗位技术技能,还包括职业道德和综合素养、企业文化和价值趋向等精神层面的内涵,加上师徒关系的情感熏陶、潜移默化的帮教有助于培养学徒对企业的感情和忠诚度,从而解决企业选人、育人、用人、留人的问题。企业领导、员工、师傅对学徒关爱有加,工作上严格要求、尽心指导,生活上细心关爱,人文关怀,把学生当作自己的子女和弟妹来对待。企业的诚心换来学徒的真心。笔者在对几家现代学徒制试点企业的走访调研中,与企业领导、企业师傅和学徒的交流中都充分感受到了这一点。

  例如 2020 年 4 月 17 日笔者走访调研现代学徒制企业——耀华建设管理有限公司,该公司主要从事招标代理、工程造价咨询、工程建设监理以及项目全过程管理等业务。公司董事长沈卫东是杭科院的著名校友,是一位有情怀、有抱负、有理念、有创新的企业家,与学校有多年校企合作的经历。从 2018 年起,校企开展现代学徒制试点,招收杭科院城建学院建筑工程管理、造价管理、市政管理等专业的学生进行学徒培养。学徒分别被安排到公司各个项目部,由指定师傅进行带教指导。师傅都是公司有丰富实践经验的技术人员,在师傅的指导帮助下,学徒的成长进步十分显著。在参加座谈会的 14 位学生中,有已经出师留在公司工作的新员工,有正在跟着师傅学习的新学徒,大家纷纷谈到了自己的实习、工作体会和感受。学生提到公司氛围很好,同事之间相互帮助、相互学习;公司发展的平台和机会很多,对自己职业生涯的发展很有帮助;学徒期间在实践岗位上学到的知识和技术很多,感觉很忙碌很充实。在交流中,学生都谈到企业师傅很尽责,教给学徒很多知识、技术和管理能力,学生觉得受益匪浅。其中一位学生说道:"企业师傅富有实践经验,带我跑业务,了解政策法规、与甲方沟通等,每天会有很多事情要做,有很多活要干。为了不忘记师傅交代的工作,我每天把要做的事情记在备忘录上,完成一件删去一件,只有这样,才能较好地完成每天的工作。现在我基本能够独立完成工作任务,师傅只要在旁边把一下关就可以了。""工作对我的挑战很大,一开始有点不适应,现在已经适应了。"学生见习的最大体会是学会了管理时间，每天、每周、每月要完成的工作，能够好好计划、管理了。在做事的时候，往往会问自己：为什么要做？做到什么程度？达到什么效果？

这次座谈会，公司董事长、总经理及其他高层都亲自参加。董事长沈卫东还不时地对学生的发言进行点评。他将公司的发展规划、人才需求及对学生的期望……与学生进行了坦诚的沟通交流。最后，他对学生（学徒）提出了几点希望和要求：一是希望学生吃苦锻炼，从基层做起，沉下心来，向上发展。二是希望学生多观察、多思考，灵活应用。如你去市民中心办事，不要只去你要去的那一个部门，可以抽时间多去了解一下市民中心的结构布局，了解与我们公司业务相关联的几个部门在哪里，它们分别是办理哪些业务的。这样，以后如果遇到类似的工作，你就会很快的适应。要学做有心人，因为机会总是给有准备的人的。三是希望学生多方面加强能力训练与培养。如果你只会埋头做技术，你将来能成为一名技术高手。如果你既懂技术，又具有良好的人际交流沟通、演讲口才等能力，那将来你就能成为一个很好的管理者。四是希望学生用发展的眼光紧跟新经济、数字经济发展的时代潮流，多钻研、多学习，走在时代发展的前列，掌握主动权，引领发展……沈董事长对同学们的真诚、关爱和亲和力，让在座师生深感鼓舞和温暖。

又如，在走访另一家合作企业时，笔者对一位年纪较大、具有丰富实践经验的企业师傅的一席话印象颇为深刻，大致意思是，只要学徒肯学，师傅愿意把自己的经验、技术毫无保留地传授给学徒，"我们不会把自己的技术带到棺材里去的"，这句简单朴实的话感动了在场的老师和学生。这位师傅还说，从前传统学徒制时期，师傅不愿意把经验和技术传授给徒弟，怕徒弟学成后抢了师傅的饭碗。现在形势不一样了，市场大了，饭碗多了，只要你有能力，随处都有你干的活，根本不怕抢饭碗。从这位师傅的话语中，我们感受到了满满的正能量和开展现代学徒制教育的坚实群众基础。

总之，在走访中笔者了解到，试点企业对现代学徒制这一教育模式总体上是比较认可的,对杭科院的学生也是比较满意的,愿意和学校联合培养学生(学徒)。当然,企业还是要考虑成本核算和经济利益的,因此,难免会有学徒培养出师后是否能够为企业所用的担忧。对这一问题,试点企业之一——友成控股有限公司总经理许勇是这样看待的:作为一个有责任感的企业,培养人才是它的责任和义务,我们要有这样的气度,即使学徒培养出来后去了别的企业,我们也要为他感到高兴,说明我们企业培养的人才有能力和水平,可以去别的更好的企业工作,这也是为我们"友成"做了一个无形的广告!友成控股有限公司领导层这种企业家的气度,既反映了现代学徒制试点的社会支撑力,也预示着校企合作培养人才的可行性。

4.辐射效应——现代学徒制教育模式的时空拓展

随着试点工作的深入开展,现代学徒制的育人效应在不断显现。与杭科院有校企合作关系的相关企业纷纷加入现代学徒制这一行列当中。其中,浙江耀华管理有限公司与城建学院相关专业联合开展现代学徒制育人。上海罗森便利有限公司与工商学院连锁经营管理专业群开展现代学徒制联合育人,并在校内建立"校中企"生产性综合实训基地,学徒实岗实战,岗位育人。格力电器(杭州)有限公司与机电工程学院开展现代学徒制育人模式。同时,学校在现代学徒制试点基础上,不断探索创新,把现代学徒制工作在时间和空间上不断扩展。

(1)促进了五年一贯制现代学徒制育人模式的创新

为破解五年制学生中高职"各管一段"的难题,信息工程学院联合杭州市开元商贸职业学校、杭州电子信息职业学校、杭州市富阳区职教中心、杭州市余杭区商贸职业高级中学4所职业学校,与完整家居(浙江)有限公司共同开展电子商务技术专业中高职一体化现代学徒制育人,3方还联合申报了浙江省"十三五"第一批教育教学改革课题"五年一贯制背景下的现代学徒制人才培养模式改革与创新实践研究"。酒店管理专业依托杭州国际博览学院也开展了针对五年一贯制学生的现代学徒制试点,连锁经营管理专业、模具设计与制造专业所开展的现代学徒制育人实践中，五年一贯制学生群体也是重要的组成部分。

（2）推动了现代学徒制育人体系助力企业抗疫复产

在 2020 年疫情期间，学校现代学徒制合作企业按照疫情防控需求，转型生产防疫物资。参加学徒制试点的学生（学徒）积极响应国家复工复产号召，在保证自身疫情防控要求的前提下自觉主动返回企业，快速助力企业复工复产，在各个工作岗位承担重要任务，坚持在喷绒布的生产、口罩机调试、口罩生产的一线，深受企业好评。相关合作企业在不到 1 个月的时间里，迅速实现口罩投产，并推向市场。广大学生（学徒）用自己的专业技能为企业生产多做贡献，与企业一起共同打好疫情防控战，急国家所需、供社会所求，体现校企合作培养的广大学子在特殊时期的使命担当和社会责任。

（3）丰富了针对企业员工开展现代学徒制继续教育的内涵

杭科院（杭州电大）有近 40 年成人教育经验。在现代学徒制推进过程中，各试点专业团队充分利用学校成人教育、继续教育资源优势，引导和保障企业员工接受现代学徒制非学历培训以及成人学历教育，与企业员工素质提升计划并行开展。以杭州国际博览学院为例，该院担负着为杭州国际博览中心开展员工培养的重要职责。试点中，"国博中心"的员工按照"先招工后招生"的模式参加现代学徒制培养，其中 19 名员工接受杭科院成人学历教育。成人教育现代学徒制既以真实岗位培养了员工的职业技能，又以系统的学校学习提升了个人学历，能较好地提升员工素质、稳定队伍。

（4）探索了基于现代学徒制培养的国际交流人才的新模式

我校于 2018 年招收南非留学生。首批 10 名留学生到模具设计与制造专业参加为期一年的学习。机电工程学院与杭州日月电器有限公司合作，按照现代学徒制育人模式，构建了具有国际特色的学徒制课程体系，采用分段式、互补性的"校企协同"双线，"双主体（校企）＋四场地（学校教室和实训场所、企业培训学院和生产车间）"实施岗位课程教学。学生 1/3 时间在校内学习专业基础知识,2/3 时间以学徒身份在企业跟岗学习。留学生向杭州日月电器有限公司企业师傅拜师学艺被媒体宣传报道,得到了南非工业与制造业署和南非中国文化和国际交流中心等部门的充分肯定。

第三章

借鉴艺友制对现代学徒制建设的启示价值

第一节　在教学过程中渗透现代学徒制
教育的核心思想

现代学徒制作为国家现代职业教育发展的重要抓手,必须具有鲜明的核心思想,采取适应于现代社会人才培养所需的校企深度合作和工学结合培训的教育形式。但我国的现代学徒制教育探索起步较迟,处于初期探索阶段,即使是那些已经取得一些实践成果的教学探索,学校在开展具体的教学实践中也依然存在不少问题。有些是没有捋清教学过程运行中的各项要素和展开思路,有些则是对现代学徒制教学过程的设计缺乏特征、要素、原则、方法、条件及评价等方面的清晰体现,更为关键的一点是,目前的现代学徒制教育还没能阐明其中的核心问题和关键要素。只有解决这些问题,现代学徒制教育的操作才有顺利开展的可能性和必要性,现代学徒制教育的核心内涵才能够在实践中真正地体现。

现代学徒制教育的核心内涵主要包括:以校企深度合作为平台,以双师联合传授为抓手,以产教多角度融合为载体,以学生技能培养为目标。在此基础之上,现代学徒制教育的核心思想为:以人为本,在重视人的全面可持续发展前提下,学校培育符合社会和个体发展需求的合格人才。在艺友制教育思想中,"教学做合一"的理念及教育实践,对于今日在开展现代学徒制教育过程中体现核心内涵、贯彻核心思想、厘清教学过程的逻辑关系和明确实施的细节等,都能提供一些理论基础和实践方法。[①] 因此,借鉴艺友制教育思想,对于体现现代学徒制教育核心内涵、实践现代学徒制教育核心思想具有丰富的参考价值,并有利于在现代学徒制教育过程中渗透这些思想。

---

① 曾元源、胡海祥、白燕:《现代学徒制教学过程的理论逻辑与设计》,《教育评论》2018年第3期,第19页。

一、借艺友制"师生合一"关系,显现代学徒制"以人为本"思想

陶行知先生说:"学做教师有两种途径:一是从师,二是访友。跟朋友操练比从师来得格外自然,格外有效力。所以要想做好教师,最好是和好教师做朋友。"①这里既说明了艺友制的互助学习形式,也指出了艺友制的学习核心——以能者为师,非以师为师。"以师为师"是一种机械、教条和形而上学的教学关系,"能者为师"才是适应于社会发展需要的互助教学关系,即"帅者"必须同时是"能者",无能或无学者难以为师。如此,以友为基,以能为师,既有利于敞开教学之怀,也有利于夯实教学之基。"教学做合一"的艺友制,不仅使"教"与"学"者合二为一,即实现艺友既是徒弟又是师傅,既是学生又是老师,而且有助于老师和学生之间的"即知即传",真正实现知识与理念的共享共学。"以能为师"这种核心内涵,在师生(艺友)相互为师徒中,使现代学徒制教育能够发挥出人的最大才能,从而弥补自身的不足,实现兼学并蓄。这种合二为一的教学关系为今天现代学徒制教育"以人为本"培养应用型创新人才,提供了可资沿用和借鉴的人才培养方法选项。

在现代学徒制教育活动中,"艺"不仅指艺术、手艺,还包括各类技术与专业知识,包括适应于社会的各种处理能力与应对方法,更包括作为一名合格职业人才应该具备的德行、意识或理念。这是基于艺友制教育思想却又高于、大于艺友制教育思想的现代解释与需求认知。颜之推在《颜氏家训》中"必慎交游"的教育观点和昆体良提出的德才兼备的教师标准,体现了"立德树人"的教学内涵。陶行知的艺友制即属于对这种"立德树人"教学内涵在良好基础教学关系上的补充和强化。现代学徒最先具备的"艺"应该是基于对社会、职业、专业充满热爱的道德认知,因为只有具备这样的道德品质,

---

① 方明:《陶行知全集》第 2 卷,四川教育出版社 2005 年版,第 477 页。

才能使现代学徒和教学培训双师发自内心地为学习和教学职业技能与方法而全身心地投入其中。师生共同为自身的发展、为专业的提升、为社会的进步开展各项学习和工作,使自己成为具有良好品德的现代职业教育人才。这既能避免急功近利思想下片面追逐显性"技能"的"突飞猛进"现象,也能够消除忽略"业德"偏重技术而留下的弊端,更能够凸显职业道德与专业水平齐升的现代学徒制教育优势,以培育既重"道"也重"技",更重"德"的全面发展的创新型现代职业人才。

同样,在现代学徒制教育中,"友"也不仅指朋友,更是指教育的"同道中人",是"三人行必有我师焉"中的多元对象,包括老师、师傅、同学、工人及见习中的"工友"等。在现代学徒制教育中,师生(徒)与如此众多的"友"们相互学习、实践的交流、交往,最终都能取得共同进步。由于现代学徒制教育与陶行知先生提出艺友制的时代背景不同,其学习内容和方式存在较大差异。现代学徒制教育是一项有着十分清晰目标、具有系统理论指导的学习培训,是每一个学生(学徒)对自己所学、所想、所得在实践中进行验证和应用的系统学习过程。此外,担任教学培训任务的教师(师傅)也与"艺友"的指导老师不同。在现代学徒制教育中,"师"者不再是单一的学习单位的管理者和教育者。校企合作的现代学徒制教育的实践者,呈现的是一个多层次的团体,既包括实践单位的管理者和教育者,也包括学校任教老师和实践单位的师傅,这势必使现代学徒制教育的起点高于艺友制教育,基础面也广于艺友制教育,推进力也大于艺友制教育。如此,"艺友"或"学徒"关于实践问题的思考不仅基于社会发展的方向和企业、学校的发展需求,还基于"艺友"自身多方面发展和教学双方综合能力、综合素质同步提升。也就是说,借鉴艺友制"师生合一"关系创建的现代学徒制教育,更注重"以人为本",强调人本发展需求。

二、借艺友制全过程教育方式，达现代学徒制全面育人目标

艺友制的特点之一是实习操作贯穿于学习的全过程，是"教学做合一"在学习、教学方法与技能方面的育人反映。在艺友制分阶段教学中，人才培养的第三阶段是倡导教师组织学生（艺友）去校外参观，进行教育见习，努力学习他校的办学之长和教学特色；而在人才培养的第四阶段，则是让学生自己独立承担起幼稚园的主要教学与管理工作。这种围绕教学开展与教学管理进行的全过程实习与见习活动，因其人才培养阶段要求不同，实践形式各异，目标任务不一，而使学生（艺友）能够逐级获得教师（艺友）的各类针对性的教学指导与交流。此外，艺友制长达一年半到两年的培养周期及其学生修业结束后半年到一年间的持续培养过程，也使学生（艺友）得到的考核引导变得更为全面有序与持续。再加上学校定点、定时派教员到学生（艺友）见习、实习的岗位进行实地考察，并结合学生（艺友）实际教学实践情况酌情发放证书，这就使学生（艺友）在校外的实习期有所延长，实习时间有所增加。这种注重教育全过程的系统培养，有利于学生（艺友）对教学工作适应能力的提升。

现代学徒制教育特别强调教师与学生在具体实践中开展共同教学，加大教学互动，注重通过大量的实践课程来提升学生（学徒）的实际操作能力。这一点与艺友制的教育方法有着异曲同工之妙。但是，在当前职业教育课程体系中，课程设置最为普遍的是将基础课、专业课和实践课三者合而为一，而其中的基础课、专业课的设置更要大大多于实践课，尤其在课时安排、内容要求等方面，实践课则显得少而浅。这种课程设置，使教师和学生（学徒）都会对实践课产生不同程度的轻视，最终影响到学生实际应用与操作能力水平的提升。参考艺友制的实践经验，对于现代学徒制教育多种形式实践课程的开展，并将专业知识学习与实践技能训练相结合、短期见习与长期实习相贯通，使之在教学过程中呈现灵活化的课程实施和实践课程时间的

保障,具有贯穿全过程开展全面教育的借鉴意义。

首先,我们可以运用"艺友"的理念来组织各项现代学徒制的教学活动。例如,我们可以通过将学生(学徒)分组,按一定的适切数量给参与现代学徒制学习的每组学生(学徒)分配一名指导教师,使之形成学导结合、学做结合的教学组织单元,保障理论学习与实践操作的贯通。又如,对于教学的活动也可以采取集中与分散相结合的方式进行,以保障课程理论学习与实践操作的时间和程度。例如,连锁经营管理专业的现代学徒制教学模式就是利用校内"罗森之家"新零售综合实训与体验中心这一学习实践场所,把学生(学徒)分成几个小组,在不同的学习区内进行课程学习和教学研讨,其中由有实际工作经验的大三学生(学徒)担任"小先生"导师,对学弟学妹们进行教学实践指导。艺友制以"朋友之道"进行的"教学相长"在这里得到充分运用和展现。

其次,我们可以运用"艺友"的理念来组织一些培养素养和能力的读书活动。诸葛亮在《诫子篇》中说到:"非学无以广才,非志无以成学。"意思是说,只有通过学习才能得到广博的"学"识,只有拥有坚强意志的人才能够最终获得广博的学问。也就是说,在现代学徒制教育中,学生(学徒)通过读书既能培养良好的德行操守,又能巩固专业思想和专业发展思路。对此,我们可以将分散学习与集中学习相结合,即先通过一段时间的分散阅读,后集中一起讨论,或者以集中进行阅读比赛的形式保障其学习的效率。分散与集中相结合的读书活动,不仅能有效指导学生读书立志,还能为岗位操作夯实理论知识,这就同时对学校(企业)指导教师(师傅)提出了多看书、选好书、选对书的相互学习要求,也有利于学生在学习中得到更多的专业技能、品德价值和操作实施的积淀。分组进行的阅读,既可以拓展阅读的广度,张扬学生学习的个性与特长,还可以为集中阅读时交流读后感和阅读的方法提供各种独特的思路,品味其中的精髓与价值,再将理论学习与实践操作相结合,并录制实践操作的视频,可为各组之间的学习实践提供丰富的观摩资料。这不仅可以让学生(学徒)静下心来边读边思,还可以在组织学生(学徒)小组观看操作视频案例中,让组内每名同学(学徒)都能够对相关的操作案例进行点评分析,发现其中之长,指出存在的缺陷,提出改进之法。作为过程考核,指导教师还可以对学生(学徒)的点评分析进行记录和总结,便于最后对学生运用理论分析实际问题的能力做出评价时,更具过程性和全面性。通过这种操作、交流、评价、分析,我们可以帮助学生构建科学的评价标准和进行实践操作的方法体系,引导学生展示独自操作的方法,在与同学(学徒)分享所得的过程中,与其他同学的思路、方法产生思想上的碰撞,让学生(学徒)能在实践操作中达到知识、能力的全方位和谐共长。

最后,我们可以运用"艺友"的理念将学习实践贯穿于教学全过程。读书交流、案例操作、点评分析,可以让现代学徒具有基本的理论认知和基本的操作思路,为其独自进行实践操作奠定基础。艺友制是通过观摩教学的形式选派和组织师范学生去幼儿园进行观摩实践教学全过程的,目的是让艺友通过观察、记录,学习一线教师及时处理具体教学问题的方法,并由此结合自己原有的认知与操作,在教学上进行反思与改进。现代学徒制教育也是通过选派和组织学生(学徒)到企业岗位上观摩师傅或优秀学徒的专业操作,以此培养学生的观察习惯和观察能力,再通过具体的实践操作模拟与实际上岗实施,培养学生职业专业操作的能力。此外,艺友制模拟的是幼儿园的情境,是通过让每一名同学参与组织教学、一日生活、户外游戏等活动,以全面体验作为一名幼儿教师所要具备的基本素质和各项"艺"术的运用感知,由个人小结和小组互评进行检测,完善艺友的认识水平和教学组织能力。这种"实践—总结—实践—总结"的循环递进学习过程,对现代学徒制教育中实现学生学以致用、全员育人、全面育人的最终目标具有十分适切的参考价值与借鉴意义。

三、借艺友制全过程评价方式,促现代学徒制可持续人才培养

艺友制对于学生的学习评价贯穿于学生学习的各个阶段,更贯穿于教

学实习的整个实践过程。这种基于各学习实践阶段进行的考察评价,有利于按序开展每个阶段的学习实践并逐级总结和提升下一阶段学习实践的实施,从而保障了艺友制学习过程能够踏实地次第推进、逐步提升。这一持续性的评价考察,贯穿于学生(艺友)学习的始终,即使在学生结束在校学习后,学校仍然会派专员去其工作单位继续考查学生开展工作的具体情况,根据学生在教学岗位的态度、能力、成绩等方面的表现,最后授予学生相应的证书。艺友制这种依托学生实践活动,根据其实践能力作为评价的主要内容,将评价贯穿于整个学习乃至工作过程的培养评价方式,不仅有利于全面考查学生各个阶段的学习情况,还有利于促使学生将学习内容和方法落实到具体工作实践之中,从而促进和保障培育人才的持续性发展。这一延续于学校和单位的持续性育人方式,有利于我们在开展现代学徒制人才培养时,既能对现代学徒做出形成性评价,又能结合突出评价过程化、提升人才培养监控质量、及时纠正人才培养过程中的问题等持续性评价带来积极有效的借鉴引用。

随着人类社会进入高速发展阶段,日新月异的变化使现代社会对人才的能力、素质等提出了持续性、延续性的要求。这一要求也对现代学徒制教育的质量评价寄予了更为全面的内涵。在现代学徒制教育中,学校不仅对教育本身需要有教学设计、教学实施、教学实效等的评价,对做出质量考核评价的主体也应做到多元化,除学校、企业外,还应该包括职业鉴定机构、专家等,也包括师傅、教师、学生(学徒)等,使评价的内容更全面,评价的体系更完善,评价的标准更科学,评价的方式更丰富,最后促进人才培养的持续发展。

1. 促进质量评价体系基本准则的科学化

现代学徒制教育的目标是培养能够适应生产一线需求、具有良好职业道德和创新精神的现代工匠人才。[①] 因此,现代学徒制教育的质量评价体

---

① 王扬南:《把握质量核心　突出双元主体　扎实推进现代学徒制试点工作》,《中国职业技术教育》2017 年第 1 期,第 32 页。

系,也应该围绕学徒的技能创新开展评价,以培养具有良好职业道德和技能创新的现代工匠人才为准则,并把这些准则作为职业能力考评的重要依据。借鉴艺友制全程评价方式,学校能够最大限度地促进现代学徒制教育,能以符合现代工作岗位具体分工需求培养学生(学徒)职业能力,在"理论学习—岗位学习—实践操作—总结提升—熟练创新"的水平培养中,确立较为科学完善的过程评价体系与行为准则,从而为学生(学徒)在技能水平与岗位实际需求之间寻找匹配的弥合桥梁,为人才培养的持续进步做方向保障。

2. 实现学徒技能创新评价标准的过程化

学徒的技能创新主要包括两个方面:一是岗位本身所需要的职业技能;二是学徒自身发展所需要的适应能力——适应类似岗位且可迁延的拓展能力。衡量学徒最后是否具备这两种能力,需要充分寻求教学和学徒之间的平衡点和契合点,而要充分寻求两者之间的平衡点和契合点,需要拥有持续性或延续性的考核过程。借鉴艺友制全程考核方式,有利于帮助现代学徒制教育采用"技能创新"评价理念,实现变末端考核为过程考核,变封闭考核为开放考核,变单一考核为"知识+技能"考核的全过程考核方式。在这一考核方式下制订的考评标准应注重两个角度:一是过程考核角度,二是学徒发展考评角度。考核方式以这两个角度评价学徒的岗位技能水平。由于现代学徒制是一种以师徒关系为基础的育人制度[①],其呈现的教学特点是以师徒关系围绕专业岗位而建立,专业操作与创新的岗位即为师徒授受技能的平台和载体,教学过程是一个在真实岗位传授技能与方法的过程,因此岗位的技能评价是属于教学过程评价中的基本单元部分和最重要的评价指标。因此,借鉴艺友制贯穿全过程的评价方法,对现代学徒制职业岗位承载技能的评价,并使之成为现代学徒制教育教学过程的基础性评价,成为职业技能水平分解考核的重要组成单元,成为考核学徒最终技能水平的主要依据等,

---

① 王振洪,成军:《现代学徒制:高技能人才培养新范式》,《中国高教研究》2012 年第 8 期,第 93 页。

为人才成长寻找抓手，对现代学徒制建设标准提供从理论到实践的操作借鉴作用。

3.呈现教学学习质量评价主体的多元化

艺友制的评价主体是多元的，其评价既包括师范生所在学校、教师的综合评价，也包括作为艺友学习场所的学校岗位评价及艺友之间相互的评价，还包括专门续评学生毕业后的持续发展综合评价小组的评价等。借鉴艺友制的这种多元主体的评价，有助于人才培养持续发展。在现代学徒制教育中，其重要的特征是师徒传授知识与技能的育人模式。[①] 受此特征影响，现代学徒制教育的评价主体也呈现多元化。首要的主体当然是师生（或师徒），这是相互评价教学与学习在达成实效与能力等第方面的最主要评价主体。同时，为保证评价的科学客观，评价主体还可以包括学校职业管理机构、校内教师、同学（或其他学徒）、家长甚至其他第三方等，这些主体都可以参与对教师（师傅）教学与学生（学徒）学习的质量评价。此外，在评价中起引领作用的主体如教育主管部门、学校或企业等，还可以把教学双方的职业能力鉴定、专业水平要求、课程框架构建等，在实际操作中转化为具体、详细的课程（技能）评价标准。这种多元主体评价有助于教学评价实现全面性与全程性，使考核评价得以持续与科学，也使培育人才素质内涵的系统更为全面和完善。

4.构架教学质量评价开展方法的多维化

艺友制的学习既需要有技能性，还需要有知识性，更需要有方法性。因此艺友制评价的方法也呈现为一体多维，具有立体全面透彻持续的评价特征。在现代学徒制教学过程中，教学质量评价的开展方法也不是单一的，而是多维的。第一维：将职业标准与学徒标准并行评价。职业标准作为国家职业资格认证或职业资格鉴定标准，在当今现代学徒制体系尚未完善的状

---

① 杜启平、熊霞：《高等职业教育实施现代学徒制的瓶颈与对策》，《高教探索》2015 年第 3 期，第 73 页。

态下,还无法作为全覆盖的考核标准,还没有设置职业标准的职业或岗位。[①]因此,我们可以让企业、学校或行业协会等按学徒标准具体考核教学的职业素养、理论素养和实际操作能力。第二维:从培养学生(学徒)职业能力的有效性进行评价。要保障教学实效,优质的现代学徒制教学设计是关键。作为课程教学设计的整体安排,教学设计水平的高低直接影响到培养学徒的最终效果。因此,我们可以通过量化评价教学设计的质量、教法演示竞赛等来判定培育学徒能力水平的高低。第三维:侧重评价教师(师傅)本身的专业教学能力和对整个育人过程的掌控能力。专业教学能力决定了教师(师傅)教学所能达到的层次,对育人过程的掌控能力则直接影响着教学的实际成效,如教学环节的生动性、教学主体的能动性、教学组织的程序性等。对于这一评价可分为量化、调查及量化调查相结合的方式的教学评价。第四维:从学生(学徒)学业成绩和技能水平两个方面考量课程教学的效果。学业成绩是学生(学徒)学习定量指标的直接反映,技能水平是学生(学徒)通过学习和实习掌握实际应用能力的指标呈现。因此,这两方面的评价应以过程为主、结果为辅,以教师评价与师傅评价相结合。此外,我们还可以把学徒职业资格证书的获得率或行业协会鉴定的通过率,作为现代学徒制教育的最重要考核依据。这样,借鉴艺友制"一体多维"的教学评价方法,有利于探讨现代学徒制教育的特点、运行要素、必备条件、评价标准等,有利于清晰明了地理解现代学徒制教学过程的理论逻辑和实施过程,为推动现代学徒制教学开展多维评价提供研究依据,从而为社会培养多维适应的创新型人才。

5. 推进教学评价结果反馈激励的即时化

及时的评价和及时的反馈激励,是陶行知优秀教学方法和评价引导技巧的显著特点,其"4 颗糖"的故事便是属于及时评价、正向反馈激励的典型

---

① 高葵芬:《高职院校实施现代学徒制存在的问题与解决对策——基于首届职业院校现代学徒制教学交流研讨会的思考》,《河南科技学院学报》2014 年第 6 期,第 7 页。

案例。因此,教学评价和反馈激励的快捷化,对于现代学徒制教育推进学习过程与细节考核、实现边学习边考核具有借鉴意义。在教学过程中,贯彻技能的层级考核制度,逐级考核,学生(学徒)学习一段对其考核一段,可以及时发现问题、纠正错误,逐步引导学生(学徒)学习操作的有序进步。因此,我们可以因之建立顺畅的反馈制度和激励方法,通过建立学习电子卡制度,与后台管理系统连接,及时对学习进度、掌握程度、过关级别等进行跟踪记录,逐步、逐点、逐级地统计、分析学生(学徒)的学习操作情况,跟进落实进一步的激励措施,建立起完整的包括师傅、教师、学徒等多主体相连的快速反馈通道,及时把握人才培养的各个环节,使其能在延续的正向引导鼓励中,实现现代学徒的学习目标,保障现代学徒制教育的有序高效开展。

四、借艺友制言传身教方法,育现代学徒制社会个体兼顾人才

艺友制出现的时代背景和社会需要,是培育当时中国急需的农村教育师资,尤其是幼稚园、小学师资。要使这些培养的师资到中国积贫积弱的边远农村任教,需要这些培养出来的艺友(师资)具有相当的奉献精神和较高的道德水准。因此,艺友制教育对于艺友的道德精神培养特别注重。一如中国古代的工匠,往往以道德精神为中心,十分强调"以德为先""德艺双馨",艺友制更注重将"心传身授"和"体知躬行"渗透整个教育过程。这种凝聚有中国匠师"强力而行"敬业奉献精神和"切磋琢磨"精益求精精神及"兴利除害"社会发展精神的素养,不仅创造出了举世瞩目的古代技术文明,更是对现今实施现代学徒制教育、促进个体对社会发展的影响产生共振的精髓源泉,即既能够将艺友制中跟随学校指导教师进行见习、实习这一言传身教的教育方法应用于现代学徒培养的过程之中,又可以借用艺友间相互学习促进艺友各项个性特长发挥的方法,引导教师(师傅)之间、学生(学徒)之间的言传身教。

1. 艺友制亦师亦友的"多对多"教学方法,可以为现代学徒制提供教育增量和螺旋上升发展的路径借鉴

传统的学徒制模式基本上是"一对一"或"一对二"的模式,其言传身教体现为一个师傅对一个或两个徒弟的影响,这对于传播本身和传播受体都显得较为狭隘,导致一个徒弟只能跟一个师傅学习,这会大大限制学徒的传承面。因为无论这个师傅的经验与技能是否先进或准确,学徒只能全盘接收或减少接收。这样的言传身教的过程,不是一个不断增量的过程,而是一个逐渐弱化和减量的过程。在现代社会迅速发展的过程中,减量的言传身教,不管多么优秀,都不能适应现代学徒培养的需要。因此,现代学徒制教育中的言传身教,应该是一种"多对多"的学徒制模式,不仅一个教师(师傅)可以教多个徒弟,一个徒弟也可以有多个教师(师傅)。艺友制相互为师、亦师亦友的教学关系,打破学徒制"一对一"或"一对二"的狭隘、封闭的授受模式,显得更为开放和多元,适应于现代学徒制教育"多对多"教学相长式的集体学习与教学需要。如此,既可以让学生(学徒)学习各家专业理论知识和各派实践操作经验,兼容并包、博采众长,最后还可以融会贯通,使知识掌握和能力水平实现几何级的增量积累,也可以使教师(师傅)之间增加理论知识与操作方法之间的交流与碰撞,实现真正的科技指导实践、实践提升理论,使教学实效得以螺旋式的上升。

2. 艺友制应因时局需要的使命感,为现代学徒制教育提供人才教育动力源泉的背景借鉴

面对国际竞争的国家经济发展质量,需要现代学徒制教育培养出能够统筹兼顾的复合型人才。为了面对经济全球化和抵御单边主义、贸易壁垒、技术封锁等带来的冲击,我们需要增强在国际经济竞争中的应对能力和制胜筹码,关键是要大力培养科技创新和具有综合技术操作能力的复合型劳动者,增强我国在国际劳动力市场的竞争优势。这就对我国当今的职业教育提出了改革的需求,即要变知识本位的职业技术教育传统模式为知识技

能理念兼顾的创新型综合性现代学徒制教育。艺友制是应当时中国需要改变积贫积弱局面而采取的一种教育救国的实践探索,是为彻底改变中国落后面貌而提出的一种教育思想,并在实践中产生了良好的效果。因此,艺友制适应于农村实际需求的教育理念,对于我们开展提高我国学生(学徒)整体素质,满足我国经济发展状况和社会需要具有广泛的参考价值。在现代学徒制教育中,强调和鼓励言传身教,促进隐性知识传承模式的创新,可以使现代学徒制教育各方构建校、企、师、徒四方互利共赢的良好愿景,共筑现代学徒制合理的全程培养体系,以努力适应现代学徒制发展的多方环境,以满足国家、社会对高技术复合型人才的培养要求。

3.艺友制多元参与教育各个环节的方式方法,可以为现代学徒制提供多方参与教育过程的示范借鉴

艺友制中教师、学生、学校相互参与学习交流,建立了具有综合能力、可以独当一面人才的教育方法,为现代学徒制吸引行业企业参与学校教育、参与学生(学徒)培养全过程提供了借鉴。现代学徒制需要相对应的行业企业全方位参与人才培养,参与岗位实践指导,才能使现代学徒制学习对应的专业与企业产业的需求相一致,学校教学的内容与企业岗位的职业标准相一致,学徒培训的过程与岗位生产的过程相一致,现代学生(学徒)的毕业证书与专业操作的职业资格证书相一致,后续职业专业教育与现代学徒实现终身学习的目标相一致。利益攸关方全方位参与人才培养的方式方法,使现代学徒制教育培养的人才能够适应社会经济发展对人才培养的质量性和针对性需求,以满足各行各业对人才能力水平需求的不断上升,从而建立起能够主动服务社会经济发展需要的现代学徒制教育体系,全面推动职业院校人才培养和劳动就业协同发展,推进现代职业教育体系建设。

4.艺友制"教学做合一"的艺德培养特色,为现代学徒制提供理论与实践相结合的实施借鉴

理论与实践相结合既是艺友制的精髓,也是现代学徒制开展工学交替

的关键环节。现代学徒制教学组织的高度真实性和实践情境教学过程,以工学交替的方式,把工作任务所需且与教学标准相匹配的技术技能,通过合理的教学设计和岗位操作程序,转化为学生(学徒)的显性学习内容,达成为理论与实践相结合的联通学习目标。这些目标包括:以技术技能为学习本位,以工作任务为实践导向,以工学交替为学习特征,以"模块化"教育组织为抓手。其中,以技术技能为学习本位要求按照专业教学标准将技术技能培养实施到教学的整个过程,并把技术技能的知识点分解到相应的工作岗位上,使实践操作落实于"学习型岗位"上,使工作岗位与掌握技能融合一体,体现出理论与技能的合理匹配。而以工作任务为实践导向,则是将知识体系与工作任务融为一体后,所学知识体系按工作环节分解在操作步骤之中,教学环节则按知识体系分解在一个完整的工作过程之中,把握系统可操作的理论知识与实践技能。以工学交替为学习特征,强调的是学用融合、产学融合、工学交替的学习路径,即学生(学徒)学习时间与工作时间的高度统一,学习空间上在学校主体与企业主体交替进行,学习对象上兼采教师理论组织和师傅技能指导,最后在完成系列工作任务中获得相关的知识和技能。此外,现代学徒制教育的技能学习内容具有极强的指向性和目标性,其教育组织的结构化方式,更需要相应的理论指导以促进人才培养的具体开展,使现代学徒制教育的知识与技能的匹配性、连贯性、时效性等都得到较大的提高,实现德艺双馨、技能与学识兼备的现代学徒培养目标。①

---

① 曾元源、胡海祥、白燕:《现代学徒制教学过程的理论逻辑与设计》,《教育评论》2018 年第 3 期,第 19—23 页。

第二节 在现代学徒制教育中建构
平等合作的教学关系

一、借鉴艺友间的相亲共志关系,构建拥有共同愿景的教学共同体

陶行知说过,"与学生共生活,日久便成为学生的朋友;与校工共生活,日久便成为校工的朋友。大家由相亲而达到相知相爱,自然可以造成和乐的境界"①。这种"相亲""相知相爱"的朋友关系,在教学过程中就是一种民主平等的校园人际关系。这种基于"艺友"精神的人际关系,能够整合校内外师资团队与学生(学徒)间的密切关系,在学生与教师之间建立"共教、共学、共做"关系,培养适应于现代社会发展拥有创新精神的复合型人才,构建拥有共同愿景的现代学徒制教育共同体。

传统学徒制师徒关系,经历了奴隶社会、封建社会、近代社会、现代社会的漫长发展过程。不同阶段的学徒制,有着各自内涵和特征的师生关系。传统学徒制的师生关系是基于技艺传承的血亲和养父子关系,以及行会学徒制时期基于契约规定的分工合作关系。这些师徒关系既有"等级性、契约性、雇佣性"的特征,也呈现为较强的"亲密性、情感性、道德伦理性"。在此基础上,现代学徒制适应现代社会发展的需要,呈现出其自有的现代特征,与学徒制有沿革联系,与普通教育相比则具有其特殊性。但是,师徒的存在形式没有变,无论是传统学徒制还是现代学徒制,师徒关系仍然是学徒制的

---

① 方明:《陶行知全集》第2卷,四川教育出版社2005年版,第308页。

最基本特殊性。现代学徒制教育发达的国家往往是通过制定详尽的法律规定来规范和保障学徒制各方的权益和关系的。例如德国《联邦职业教育法》规定师徒双方要签署职业培训的合同,以法律规范和约束师徒双方的权利和义务。由于我国引进、开展现代学徒制教育起步较迟,现有的职业教育法和相关法规,对学徒制中培训主体师傅及受培训主体徒弟所要承担的权利和义务还缺乏较明晰的规定,对师徒关系这一学徒制的基础,没有给予应有的重视和关注,更没有系统的有关于师徒关系的制度法规。这些不足与缺陷,势必让参与现代学徒制教育的师生,对于如何构建健康双边关系这一问题难以自清自解。在我国经济社会不断转型发展的过程中,与技术要求相匹配的高技能型人才远远不能满足社会进步的需要。这就需要职业院校改变人才培养模式,借鉴艺友制平等民主双边关系建立的方法,比较清晰地规整出现代学徒制中教师(师傅)与学生(学徒)之间的相关法律法规,确立双方应有的权利和义务,以达到我国师徒关系已由隐性权责关系向显性权责关系发展这一需要。在实证调查研究中,各方对现代学徒制中现有的师徒关系现状存在不明了的情况或者不满意的态度,觉得师徒权责关系总体处于中下等水平。这种令人不满的师徒关系是由于中国进入近代社会尤其是受鸦片战争的深远影响后重建的。进入近代后,西方自由思想传入,传统学徒制中原有的师徒间长期权责划分不均的现象,引起了学徒反抗师傅的现象。为平衡师徒权责,当时刚成立的中华民国临时政府制定了一些制度、法规,以缓和师徒之间的矛盾。

现代学徒制教育关系最重要的就是师生(师徒)关系,教学的最终成效往往取决于师生关系的状况,师生之间个性化的教育过程决定着现代学徒制的成败。由于现代学徒制师生关系是基于教育义务的利益相关者关系,应该对传统学徒制有所扬弃。学徒的双重性身份导致师徒关系的双面性,学校教师与学生的关系属于职业教育义务下的师生关系,而企业导师与学徒的关系则属于隐性契约下的师徒关系。现代学徒制不仅可以提高学生的技能水平,还特别注重学生综合素质和职业精神的培养。要培养这些素养和精神,需要建立在教育特质基础上的现代学徒制师徒关系,因为它关系到对现代职业教育综合人才培养的决定价值和深刻意义。在现代学徒制实施过程中,师生关系已不同程度地出现了"利益导向的功利取向师生关系,主体流动性及人文性矛盾下的弱情感关系,界限模糊的权责划分关系"[①]等一系列问题,这就需要我们建立健全责权明晰的师生交流保障制度,整合传统学徒制人才培养的质量优势和单一学校教育制度的效率优势,以实现现代学徒制教育"追寻完整的人"的教育价值理念,提升和增进师生自身的职业认同感,建立起尊师爱生道德伦理基础上的良好师生关系,以现代学徒制师生关系的情感优势,激发学生的内在学习动力,进一步挖掘现代学徒制教育人才培养的"质量"优势。借鉴艺友制艺友之间共学共教的新型师徒关系,有利于现代学徒制师徒关系的核心表现,在情感纽带基础上"学徒的全面发展",使师傅的"双导师"角色转变为"多元"的角色,使师徒关系从"师教徒学"转变为"师徒学习共同体"的构建,管理约束从"师德约束"转变为"多方监督"。这种现代学徒制的师生关系可以成为促进复合型人才培养的肥沃土壤。因此,艺友制平等民主关系对艺友制的成功实施和推广的范例,提示我们需要尽快完善现代职业教育制度,促使企业、职业院校参与现代学徒制法律制度的制订,多方位提高企业师傅的个人专业能力与指导水平,进一步完善学生(学徒)个人的综合素质修养,形成现代学徒制师生关系的理想状态,即传递工匠精神,传递技术表征,传递教学情感,传递文化精神。在此关系中,学生能更新理念、虚心学技;双师不断提高技能、传递匠心;校企多方深入合作、全面育人等。艺友制这些共存的师生关系的内涵基础和培养复合型人才的目标趋向,有利于构筑现代学徒制教育的人才培养共同体。

---

① 刘素芹,蔡红:《高职院校工作室教学模式中的师生关系:多重隐喻分析》,《中国职业技术教育》2020 年第 20 期,第 81—86 页。

二、借鉴艺友授受共体特征，实现工学一体的"双师""双身份"

不同时期的学徒制，其师徒关系的形式和特征也是不同的。在西方，学徒制经历过前学徒制、行会学徒制、近代学徒制和现代学徒制4个阶段，对应的师徒关系的形式也分为成形化、契约化、异化、多样化4个特征。

在传统学徒制中，其中一个显著的特征是师传授，徒承受。这一功能差异极大的师徒制决定了师与徒是同一空间中两个单一的个体，是不存在《西游记》中猪八戒说的"有时候他是我师傅，有时候我是他师傅"这种互相交流学习的状态的。

艺友制以艺会友的平等民主关系，能者为师的互动环境，使教学双方同时具备了授与受或教与学的双重功能，即每一个艺友都是徒弟又是师傅，既属于学生，也属于教师。艺友制这种互为师生的双身份学习交流方式，"师生一体"的身份重叠的教育模式，使每一个艺友更具主观能动性，给今天现代学徒制教育落实"双师""双身份"提供了更多想象的空间和落实的途径，为现代学徒制教育过程中的多元运行提供了管理制度的借鉴。

在现代学徒制教育过程中，借鉴艺友制的这种身份重叠、功能复合的教学关系，可使现代学徒制教育呈现出更加突出的双元主体育人的特征。例如组织机构的双元（学校和企业）性、教学场所的双元（校内和工厂）性、教学主体的双元（教师和师傅）性、教学方式的双元（课堂与岗位）性、考核方式的双元（理论与技能考核）性、质量评价的双元（过程与效果）性等。这种教育过程丰富的"双元"特性，决定了实施现代学徒制教育具有管理的复杂性和操作的系统性。其中，艺友制分阶段打分的评价制度，可为现代学徒制学分赋予与互认提供借鉴。依据职业教学标准和专业操作课程框架，学校对各类规定的课程，如必修课、限选课、选修课、综合素质课、操作课等，按一定的比例，确定相应的学分与毕业最低的总学分，明晰职业教学管理的细则，赋予学业完成等次的学分。这种学分的设置能够沟通理论与实训两个课堂、学校与工厂两个教学场所,是一种融通互认理论课程与实训课程的管理体制,便于解决学生(学徒)在不同课程标准、不同教学方法、不同学习场所的不同反映,处理好课程编排、学分互认、学时积累及转换路径等方面的问题。在赋予学分的基础上,学校可规定学生(学徒)在一定时间内完成规定的学习任务获得毕业的最低学分。其中,采取弹性的学分制可以让学生(学徒)拥有一定选择余地的学习期限(可长可短,可提前或推后),只要在任何学期内完成规定学习课程与实践科目则可以毕业。为体现习作一体的特色,学生(学徒)可采用半工半读、工学交替、分阶段累积学习等多种形式,学校允许学生(学徒)分阶段完成理论课程或实践科目的学习。但是,学校要同时做好学习跟踪记录与报备制度,甚至建立电子跟踪的学习卡,累计卡片上的学时总额,确定课程学习的累计学时与应赋分数。在教育互认方面,学校可以借鉴艺友制采用灵活多变的小组、小班组织考核形式。现代学徒制教育招生时呈现的学校招生即企业招工的最显著特点是,学生(学徒)在校(企)期间可以实施灵活多变的小组、小班管理体制,让学生(学徒)跨届按小组或小班开设不同专业的类似课,建立起大类专业内部的核心专业课、技能课等方面的课程互选互认制度,实现不同届、不同专业学生(学徒)以课程为单位的集中选课制度,为现代学徒制教育中完全学分制的建立和学分互认、弹性学制、累计学时的计算等,奠定可靠的操作方法和组织保障。[①]

三、借鉴艺友制亦师亦友的教学关系,拓展师生(徒)个性特长发挥新路径

"亦师亦友"不仅是一种新型师生关系,更是一种共同的合作学习状

[①] 曾元源、胡海祥、白燕:《现代学徒制教学过程的理论逻辑与设计》,《教育评论》2018年第3期,第19—23页。

态。艺友制这种"师生一体"的学习模式,使艺友们既可以同伴间相互学习,也可以在本校向其他教师学习,还可以向其他在校实习、见习的教师学习。总之,艺友可以向所有共同开展教学活动的有关成员学习各类教学相关的知识与方法,使学习的对象和范围得以大幅度地突破与扩大,同时艺友可以根据自己的特长和性格,选择适切的专长与重点,最终彰显或形成自己的教学个性。这种兼顾全体又凸显个性的教学合作关系,可以为现代学徒制教育过程中培养学生(学徒)的适应全面又突出专长的职业需要提供教学借鉴。

例如,杭科院模具设计与制造专业的现代学徒制合作企业——友成控股有限公司对学徒培养采取的是一种综合培养模式,学徒在企业实践期间,师傅让每个学徒在企业各个部门的岗位轮流实践,如模具部门的CNC、钳工、编程、设计等岗位,质量部门的检验、测量、QA、体系等岗位,技术部门的注塑、镀铝、表处、设备、模修等岗位,生产管理部门的计划、营业、物流等岗位,让学徒了解本专业各个岗位的相关工作任务和岗位技能要求,经过各个阶段的轮岗实践后,学徒可根据师傅的意见建议,结合自己的个性特长和兴趣爱好,选择自己合适的岗位,在下一阶段进行重点实践和发展。这种培养模式有利于学徒专业能力发展和爱岗敬业精神养成。

实际上,现代学徒制教育是一种多元教学模式。学生(学徒)不仅需要跟本校的老师学习,也需要跟校外的专家老师学习,还需要跟企业的行家里手学习,更需要在岗位上向指导自己的师傅学习,甚至向一起参与岗位实习的同学、同伴学习。因为这种综合所有学习对象的学习形式,不仅能帮助学生贯通专业理论知识与技能策略的操作,而且由于与学生(学徒)之间交往的密切,教师(师傅)对学生(学徒)的发展能力和专业特长、兴趣倾向等,都能够进行有针对性的教育与培养,学生(学徒)学习掌握相关知识与技能时,能更具有指向性和社会性。学生(学徒)在提高自己综合职业能力的同时,凸显自己的特长与素质。

因此，我们可以借鉴艺友制亦师亦友合作学习模式，在现代学徒制教育中拓展促进学生（学徒）个性特长的新方法和新路径。

例如，从知识的视角理解师徒间缄默知识的转移实效。当师徒间缄默知识转移成功时，现代学徒制教育的质量才算是得以提高。现代学徒制教育中，师徒之间的缄默知识转移有两条路径：一是通过"共同化"途径完成师傅缄默知识对学徒的直接转移；二是通过"表出化"将师傅的缄默知识转化为显性知识后，再转移给学徒。根据应用因素分析法可见，缄默知识在转移的过程中，是受到诸多因素影响的，比如企业师傅缄默知识转移的意愿与能力决定了知识转移的数量和程度，学生（学徒）对缄默知识的吸收意愿与能力限制着知识转移的效率和应用，师生（师徒）关系的疏密与知识层次的距离影响着知识转移的融合度，学校（企业）的文化学习环境与相应的规章制度也势必会辐射知识转移的档次与内涵。因此，企业要构建良好的企业师傅队伍，健全合理的学徒遴选机制。企业建立完善的师徒结对方式和营建良好的企业内外环境，有利于开拓一条促进师徒间缄默知识转移的现代学徒制教育通途。

又如，增强师傅自主支持力度是提升现代学徒制教育实效的另一条可开拓路径。研究发现，学生（学徒）的创造力与学徒感知师傅自主支持及满足基本心理与内在动机之间，是存在显著的正向关联性的。尤其是感知师傅自主支持，对于初上岗位的学生（学徒）来说，具有学习动力和创造力的充分激发作用，具有即时的正向影响力。因为，学徒的基本心理需要的满足，明显决定于学生（学徒）内在动机在感知师傅自主支持的程度，感知师傅自主支持程度对学徒创造力的发挥起着非常重要的作用。因此，我们要增强师傅自主支持感，努力激活师傅带徒的内在动机，合作优化教师（师傅）队伍的建设，增强教师（师傅）的教学和带徒能力，构建和谐共生的师生关系，克服现代学徒制教育试点中因为师傅带徒态度及能力水平不足带来的培养质量问题。

第三节 制订现代学徒制教育
具体实践的专业标准

一、借鉴艺友制学习内容具体规定,制订学徒教育课程、专业教学的标准

1927 年 11 月,陶行知用艺友制方法创办的中国第一个乡村幼稚园——南京燕子矶幼稚园,规定的实践内容包括:草拟阶段性生活纲要,制订出 1 天、1 周、1 月、1 年的生活计划,并寻找对应的生活材料,配以适切的生活方法,尤其注重户外生活及个人卫生、学习方法的指导。这种将学习与实践内容按阶段制订具体实施细则的方法给我们实践现代学徒制教育提供了制订课程标准和专业教学标准的方法、模式的借鉴与示范。

1.借鉴艺友制教育实施方法,为专业特色课程开发提供范例

"教学做合一"是陶行知先生生活教育思想的核心内容之一,也是陶行知艺友制教育实践的鲜明特色,对现代学徒制教育的实践和教学标准制订具有重要的导向作用。

随着我国社会经济的快速发展,社会分工呈现不断细化的趋势,使得劳动力市场的激烈竞争变成了新型岗位适应性的竞争。例如电子商务技术专业,学习课程的开发与设置需要着重考虑岗位的细分问题,尤其是岗位细分后出现的岗位迁移,对现代学徒制的人才培养提出了差异性技能和学生个性职业技能发展偏好的新要求。如杭科院信息工程学院的电子商务技术专业,在现代学徒制实践活动的开展过程中,校企双方通过对细分工作岗位的

任务分析,按教育教学规律对岗位相关领域进行类化处理,制订出相应的学习领域和培养标准。在类化课程开发与学习岗位设置中,校企双方统筹考虑课程学习内容与岗位生产要求,将现代学徒制教育的标准化模式设置与岗位工作所需的学习要求相对接,如此,与岗位工作相适应的学习任务设置,可以让艺友制"学中做"与"做中学"的学习培训理念,渗透到现代学徒制教育的实践和理论知识转化之中,既有利于活化、具体化课程理论,又有利于理论转化为操作细则来指导、规束工作岗位操作的运用,真正使所学理论知识的素养转化成实践操作能力的素养,并在很大程度上激发学生学习理论与方法的动力与信心。

课程标准反映的是教育质量应达到的具体指标,它是现代学徒制教育管理和课程评价的基础,职业教师(师傅)需要基于课程标准进行教学实施。现代学徒制教育实践成功与否,与课程教育标准体系的建设结果具有紧密的关联性。艺友制教育实践的成功,说明建立相应的科学、系统的教学标准和课程标准等,对现代学徒制教育实践的开展是有借鉴意义的。在现代学徒制教育中,职业院校也需要有能够体现各类职业专业素养的教学要求,以体现职业教育对学生知识与技能、过程与方法、情感态度价值观的基本要求。除此以外,职业教育的特殊特征——就业上岗需求要求职业课程标准体现以职业发展为导向、以能力培养为目标的教育核心。这一核心要求决定了现代学徒制教育需要具有以下几个特征:①突出对学生职业发展能力和发现问题、分析解决问题能力的培养;②强调课程教学情景与职业岗位场景的融合与发展,以促进学生职业素养的持续成长;③注重教育标准与(行业)企业标准的融合,使学校职业教育(特别是现代学徒制人才培养)课程标准能够秉承(或融入)国家职业标准和行业企业标准,适应于社会的长足进步。

但是,在2015版《中华人民共和国职业分类大典》中,国家的职业标准属于工作标准,制定的基本单元就是"工种"与"岗位"。这种标准,其对应的范围较窄,是难以作为现代学徒制教育的人才培养标准的。因为现代学徒的培养标准是以培养现代社会创新型人才目标为基准的,其依据是培养适应于细分职业岗位发展的人才,因此必须符合国家职业标准和行业企业标准。相应地,校企合作也需要制订符合于职业教育学生在知识、技能和素质方面应该达到的基本标准。这样的标准,如果单靠任课教师的工作研制是不能够满足现代学徒制教育需求的。因为这样研制只是简单地、机械地按照学校文件格式要求闭门造车而就,难以准确理解创新型人才培养的目标和定位,甚至会脱离岗位职业的操作实际,缺乏科学性与针对性的实践。

由于教师在具体实践时往往会根据自己多年教学模式开展教学,即"凭借自身所具备的知识和所信奉的理念开展教学,'教什么'和'怎么教'主要依赖于教师自身的经验,'为什么教'和'教到什么程度'还没有真正进入教师关注的领域",[①]这会导致现代学徒制教育的课程标准与最终的教学实施出现各说一题、各扯一皮的操作现象。为此,借鉴艺友制制订各阶段的程序化课程标准,需要通过学校、企业进行现代学徒制的深度合作,构建起技能培养为主的创新型人才培养模式,使课程设置在明确与典型工作任务及职业能力相对接时,编制出适切的课程标准,开发出对应的课程内容,以固化、引导、规范现代学徒制教育的整个教学过程,实现技术技能专业人才的培养目标。同时,通过对接企业的生产岗位和实际需求,结合校企合作的实际条件,校企双方充分融入国家职业资格标准及职业岗位能力要求,制订出与职业发展相适应的课程标准,使课程目标能与岗位核心能力实现对接,课程内容能与岗位工作内容进行对接,课程实施能与岗位工作过程建立对接。

在制订现代学徒制教育课程的标准时,校企双方还要注意课程与课程、课程与专业、课程与岗位之间关系的全面梳理,全面考虑学生(学徒)在知识、能力、素质方面的协调发展。因为,系统规范是课程标准的基本要求,现代学徒制教育需要形成应用于专业特色的课程和课程教学标准,体现对其

---

① 崔允漷:《课程实施的新取向:基于课程标准的教学》,《教育研究》2009 年第 1 期,第 74—79 页。

教育教学的指导性和权威性。通过校企双方建立"产教融合、企校一体"的现代学徒培养方案,构建起适应于能力培养的行业项目化课程体系和教学标准。这种结合地方经济发展特色,运用学校已有教学资源的探索,有利于现代学徒制教育课程的定位与目标的制订,使杭科院能够制订出符合现代学徒制教育课程性质、定位和培养目标的教学计划与标准,使培养的人才符合社会发展的职业资格标准、企业对岗位人才的要求,呈现现代学徒制教育的"做什么、培养什么"的教学特色。

在培养互联网和物联网相关的商贸生产创新、交通运输、商品贸易人才过程中,相关的课程内容选择和课程目标制订、岗位任务安排,可以全部采用项目化课程,以商贸企业各个项目为原型,结合学徒的课程目标和学生的学习能力、工作能力及其成长规律,并按阶段对教学过程加以丰富内容、改造方法和能力提升,有利于学生通过相关物贸企业的工作岗位或校中厂、实训基地等掌握初步的工作流程。这样的课程,不仅可以提高教师"为什么教"和"教什么""如何教"的认知,也可以因此检测到学生(学徒)的质量表现即"教到什么程度",以持续推进教师对课程标准的深刻理解、对课程理念的充分应用、对课程目标的内涵落实、对目标达成的路径探究、对目标实现的效度与方法考核评价等,更好地培养本地区各行业企业所需的创新型技术技能人才。[1]

2.借鉴艺友制阶段实践方法为专业教学内容标准制订提供范例

据前述,在艺友制的教育实践中,教学的内容是根据师资培养所需的能力标准细分为几个逐步推进的学习阶段进行具体分配的。这种按学习要求、据学习能力、应职业标准而进行的人才培养方式,既有利于为现代学徒制教育专业教学内容的选取,也有利于专业教学标准的制订,更有利于现代学徒制教育教学实践的逐步开展。

---

[1] 朱吉顶:《现代学徒制课程标准的建设实践》,《教育教学论坛》2019 年第 12 期,第 124—125 页。

我国正在试点探索推进的现代学徒制教育,既是一项国家的战略,也是适应于职业教育主动服务当代社会经济发展要求的一种新型职业人才培养形式,其将传统的学徒培训与现代学校教育思想相结合的特色,有利于推动职业教育体系和劳动就业体系的互动发展,并打通和拓宽现代创新型技术技能人才培养与成长的通道,属于一项推进现代职业教育体系建设的战略选择。现代学徒制教育所采取的深化产教融合和校企合作,推进工学结合和教学做合一的教学途径,有利于全面实施素质教育,把提高学生职业技能和培养学生职业精神高度融合,树立学生的社会责任感、创新精神、实践能力。其教学标准体系的建设更是推进现代学徒制教育实践的重要内容与抓手。这一标准体系包括现代学徒制的专业教学标准、课程建设标准、企业技术标准、导师教育标准、综合评价标准……这些标准在探索现代学徒制教育的实践中,均成为指导性和目标性的准则。其中,尤以专业教学标准为要,因为专业教学标准是推动现代学徒制实施的重要指导性文件,它既是校企双方共同开展现代学徒专业教学的基本准则,也是多元合作培养现代学徒的目标和规格的建立基础,是具体建构课程体系、组织实施教学活动、合理规范教学管理、持续加强专业建设、创新开发专业教材和拓展积累学习资源等的基本依据,是评估现代学徒制教育教学质量和专业水平的主要标尺。如此,在现代学徒制专业教学标准建设中,专业内容的标准建设需要以各项职业的能力标准作为标准制订的逻辑起点和核心,然后沿着"人才供需调研—专业能力分析—课程体系建构—专业标准编订"这一实施路径,以科学的方法建构起公共基础、专业技能、操作能力、创新拓展等几个模块组成的课程体系,将专业课程内容与岗位职业能力相对接,在坚持"能力核心、系统培养"指导思想的基础上,编制出体现现代学徒双重身份、双元育人、在岗培养、岗位成才等特征,可资实践操作、符合标准化原理的专业教学标准,以形成标准化的教学成果。

首先,坚持现代学徒制教育的"能力核心、系统培养"指导思想。"能力核心、系统培养"是我国现代学徒制教育多年探索的实践成果,也成为杭州科技职业技术学院开展现代学徒制课程改革的基本指导思想。其中，"能力核心"指的是学校以培养学生（学徒）职业能力为教学实践的核心内容，与企业合作建构起体现工学一体化特征的课程体系；"系统培养"则是指根据学生个性特长和发展需求，帮助学生（学徒）围绕职业生涯发展的系统性、递进式、贯通式分级培养（3＋2），最终成为符合社会经济发展需要的创新型技术技能人才。为培养这样的人才，学校与企业合作，厘清学徒岗位的成长路径，遵循人才培养规律，把职业能力分析尤其是学徒岗位能力的分析，作为一项现代学徒制教学探索的重要内容，从职业能力的分析中获取现代学徒主要专业的典型工作任务和职业能力要求，最后转化为校企合作过程中工学一体化的课程体系内涵，使专业课程内容与职业标准要求实现有机的对接。

其次，要充分体现现代学徒制"双元育人、在岗培养"的育人特色。校企合作、工学结合是现代学徒制最为突出的育人特征。在现代学徒制教育过程中，学校和企业双方作为育人的两个"元"，负有共同培养专业人才的责任，学校和企业对学生（学徒）的专业教学标准建设，是由学校和企业这两个主体共同参与完成的，所有的标准制订与研发都必须有校企的紧密合作。也正因如此，现代学徒制教育过程中的学生身份是双重的，即他（她）既是学校的学生也是企业的学徒，故而学生（学徒）学习的场所既在学校课堂也在企业岗位，授课的人员既有学校的教师也有企业的师傅，学生（学徒）学习的课程既有学校的课程也有企业的课程。这些课程分阶段、分地点、分师资、分能力展开。一般来说，知识理论课程由学校教师在学校课堂完成，企业岗位操作课程由企业的师傅在企业岗位上指导完成。有时候，这些课程是交叉进行并完成的。例如根据需要，学校会邀约企业的导师到学校里教授操作方法与经验，企业也可以邀约学校的教师到企业的岗位上送教指导。校企教师（师傅）的教学课程内容，有必要的文化基础理论，也有基于岗位工作内容开发的岗位能力及素养培养的操作指导，使学生（学徒）能够将知识理论与岗位工作实践结合，在操作实践运用中实现岗位成才。因此，我们要建构模块化的专业课程体系,以满足现代学徒在岗培养的灵活性教学要求,为实施现代学徒评价的学分制奠定操作基础。

最后,要遵循"一致同意、简化优化"的标准化学徒培养操作原理。标准是一定范围内为获得最佳秩序,经协商一致制订并由公认机构批准后共同使用、重复使用的规范性文件,是协定方向、目标、原则的操作程序。构建现代学徒制教育的专业标准体系,即为现代学徒制探索走向规范化和科学化的重要标志。所以,现代学徒制专业教学标准的建设必须要遵循专业标准化原理,如协商一致原理、质量优化原理、操作简化原理、实施价值原理以及某些强制实施原理、选择固定原理和定期更新原理。其中,协商一致原理是最为基础同时也是最为难至的一项主要原理。为此,许多职业院校进行了结合各自地方特色的拟定、协商探索。例如,广东省的现代学徒专业教学标准以"政研校企"四方协同机,"管、办、评、研"相互分离为原则,即专业教学标准的立项、实施、试点工作由广东省教育厅负责,具体实施过程的组织与指导工作则由广东省的教育研究院负责。也就是说,有地方政府顶层设计现代学徒制教育的标准确立框架,通过竞标方式,吸引参加现代学徒制教育实践探索的职业院校、合作学校联合成立标准制订项目组,结合实际共同承担专业标准的研制工作,最后由教育厅组织的专家组对项目进行验收评审。这样,就有机地将专业标准制订的相关方联系起来,从机制上保证了现代学徒制专业教学标准建设的基础落实,再通过统一标准建设路径、统一标准文本形式,在过程和形式上真正体现现代学徒制专业教学标准建设的标准化特征。①

3.借鉴艺友制阶段落实举措,为专业教学核心内涵培养明确指向

艺友制的学习目标是在艺友培训和实习过程中,按不同的学习阶段预

---

① 杜怡萍、赵鹏飞、李海东等:《现代学徒制专业教学标准建设的实践探索》,《中国职业技术教育》2016 年第 31 期,第 75—81 页。

设需要的教学内容。这使艺友制教育整个过程的所有活动,都可以紧紧围绕艺友成才的总体目标,有步骤、有系统地采取相应的学习交流操作举措。这种指向总目标又按阶段细分具体教学内容的方法,为现代学徒制教育提供了围绕专业教学标准渗透学徒核心学习内涵的路径借鉴。

在现代学徒制专业教学标准的基本结构中,创新型人才培养目标及人才培养规格处于主导地位,具体的专业课程结构及学习操作内容则是现代学徒教学的核心任务,校企合作的校园设施和企业岗位是满足现代学徒制教学的基本条件和保障,达成高效的教学实施建议与方法则是指导现代学徒制教育发展的动力。

当前探索现代学徒制的学校中,其生源是多种多样的,既有中职类学校的对应性升学来源,也有普高学生的选择性升学来源;高职院校的学制也是多种多样的,有 2 年制、3 年制、"3＋2"一贯制等,这些学制的设置又是与不同的生源和学生的选择即企业的要求相对应的。2 年学制一般对应于那些有专业基础或工作经验的学员,例如那些应届或往届的中职相关专业毕业的学生、已在企业相关岗位工作又需要教学升级培训的优秀员工;而 3 年学制则对应于那些没有专业基础或工作经验刚考进或选拔进高职院校的应届高中毕业生;"3＋2"一贯制对应的是那些对专业有一定研究或专业继续提升需求的学生。这既是学生本身的专业性、学历性的技能提升选择,也是优秀企业或岗位对人才技术技能的提升性、延展性的需要。

现代学徒制专业人才的培养,既要与普通职业院校的学历教育要求保持一致,还要突出现代学徒面向的就业领域、目标岗位及职业能力的特征。在现代学徒的培养目标中,对学员岗位的要求是高于普通职业教育对学员的岗位需求的,即现代学徒制教育目标在"职业范围""人才规格""典型工作任务与职业能力"要求中,除明确普适性的目标内容外,还要体现现代学徒岗位特别要求的内涵,旨在为后续课程建构提供目标与教学内容依据。校企双方联合招生、联合培养、一体化育人的培养方式,是现代学徒制教育中专业教学标准结构所专属的内容,发挥好这一专属内容,就可以凸显现代学徒制教育的培养标准和培养目标。例如,杭科院现代学徒制试点专业的人才培养目标都是与合作企业共同制订的,双方共同建设基于工作内容的专业课程和基于典型工作过程的专业课程体系,共同开发基于岗位工作内容,融入国家职业资格标准的专业教学内容、课程资源和教材,共同推进实践性教学环节实施。在联合培养过程中,学校主要承担文化基础知识、专业知识教学和技能训练;合作企业通过师傅带徒弟,依据培养方案进行岗位技能训练,真正实现校企一体化协同育人。

当然,那些与普通职业教育相关的公共基础课程,在现代学徒制教学的总体课程结构中是基本相同的。例如专业课程分为专业技术技能课程、学徒岗位能力课程、专业拓展课程等,这些课程建基的是专业课程相关知识的理论、方法领域,属于可以应用于广泛课程的内涵。这些公共基础课程,在教学标准的制订中应该遵循简化的原理。在规定主要课程的同时,各校应拥有一定的自主安排具体课程与课时的空间,使课程结构的安排重点向必修课的专业技术技能课程及限定选修的学徒岗位能力课程或专业拓展课程倾斜。专业技术技能课程是现代学徒制教育的专业核心课程,体现着职业岗位(群)共同需要的职业能力,属于为解决实际工作问题而设置的操作性课程。该类课程以将工作领域中典型工作任务转化为学习领域里的工学结合课程为主要形式,也包括一些学科课程和技能训练课程及综合实训课程,还包括毕业设计或毕业论文。学徒岗位能力课程属于专业方向性课程,是为学徒选择岗位的特定要求而专门设置的个性化课程,这类为企业培养学徒岗位能力的选择性课程,需要更加突出创新创业能力的培养。

课程仅仅是实现目标的载体,课程内容才是实现专业人才培养目标、提升职业能力的内涵。所以,在现代学徒制专业教学中,校企双方必须规定"典型工作任务及职业能力"的教学内容,并翔实描述每一门课程的"课程内容及要求",列明该课程与哪些典型工作任务和职业能力的相互对接,即课程的主要教学内容和要求应是现代学徒制教育编制课程标准及开发课程内容的重要依据。不仅如此,在按阶段遵照教学规律循序渐进安排课程进度时,校企双方还需要合理安排教学的时间,以全面突出双元育人的现代学徒培养特色。例如 2 年制的高职学习总学分不应该低于 90 学分,总学时也应该限定在 2000 学时左右;而对于 3 年制高职学习总学分不应该低于 120 学分,总学时应该限定在 2500 以上。要正常开展这些课程,帮助学生参与这些课时学习并获得这些学分,就需要由学校和企业共同或独立承担相关课程,表明学校、企业应该承担的学时和具体开展内容。这样,一是要明确双导师的条件,说明校企双导师的规模、资格和能力等要求。例如要求企业导师应该是来自合作企业管理岗位、专业岗位、专业技术培训岗位、专业一线等的业务能力突出的优秀员工,至少具有 5 年工作经验,拥有较好的语言表达能力及基本教学能力,具有相关岗位的职业资格。二是要符合合作企业岗位教学实施的条件要求,以满足学徒对相关企业专业技术技能课程的教学要求。最后,由校企双导师教学团队和教学管理相关人员集体讨论、制订具体的评价方案,共同对学生(学徒)的学业业绩进行考核和评价,并将企业的绩效考核也引入到学业评价之中。其中,对岗位实训的评价考核由企业导师为主导,参照相关企业的业绩标准进行评价。而对于毕业设计或毕业论文的选题,必须源自学徒岗位实践中遇到的工作问题,规定属于实践应用的开发和研究范围,根据现代学徒制生源特点及行业企业发展和学生工作实际情况,建立相应的规范和制度,推进实施现代学徒制的学分制管理。

在校企合作关系上,职业院校是作为企业所需专业人才的供给方,企业则是学校培育人才的需求方。如此,学校在设置专业人才培养目标时就必须指向职业实践能力,因为职业实践能力是行业企业所需人才的基本素养。当学校的人才供给满足合作企业的人才需求时,校企合作方能体现出职业教育应有的服务宗旨。所以说,职业实践能力是能够持续牢固联系校企合作的重要纽带。这些职业实践能力要求实际上是蕴含在职业标准之中的,包含有国家标准、行业标准和企业标准,对特定岗位或岗位群中职业实践能力的条目化、系统化、精确化描述或制度化规定,就是企业职业实践能力的标准。那么,制订专业教学标准建设的关键是确定课程专业所对应的职业实践能力，使课程内容与职业实践能力在标准上实现真正的对接。而且，为保证专业标准建设的一致性，现代学徒制教育需要有统一的路径，采取"校企供需调研—职业能力分析—课程体系建构—专业标准编制"4 个基本的教学环节。在校企供需调研环节中，校企双方需要通过调研对每个专业的供给和需求进行分析对比，厘清教学与岗位之间存在的问题和面临的挑战，确定相关专业的岗位群数及职业生涯的发展路径，以达成专业人才培养层级分明的岗位目标，为学生（学徒）的职业生涯发展提供建基立业的能力标准和持续发展的路径纽带。在职业能力分析环节中，根据专业对应岗位及发展前景，通过行业企业专家的职业能力分析和借鉴国内外职业能力的研究成果，校企双方制订专业所对应的职业能力标准及其对应的典型工作任务。在课程体系建构环节中，校企双方要以职业能力分析为重要依据，遵照学生的认知规律，结合学生（学徒）的职业生涯发展要求，针对职业能力培养目标，将工作领域的典型工作任务和职业实践的能力要求转化为学习领域的具体课程，使课程与职业能力有机对接，最终构建起专业课程的标准体系。在专业标准的编制环节中，校企双方还需要有统一的、规范性的文本模板来撰写具体的标准，以使各专业教学以标准表述在形式结构上达成一致。

但是，我国当前的国家职业资格框架体系还未健全，职业标准也不够完善，导致与各专业相对应的职业标准无法精细明确，这就需要我们在制订现代学徒制专业教学标准时，必须通过科学方法来理解、制订职业实践能力的基本要求。杭科院的"三维四步五解"职业能力分解标准就是基于上述认识采取的标准制订探索。所谓"三维"，指的是知识理论维度、专业能力维度、职业素养维度；所谓"四步"，指的是先将专业与职业岗位精准对接，再将职业岗位职责细化为工作的几个项目，又将工作的项目细化为工作的具体任务，最后将工作具体任务细化为职业实践能力的对应性专业标准；所谓"五解"，指的是为完成具体工作任务，现代学徒应该具备的各种技能、辅助工具、过程方法、标准要求、理论知识 5 个方面，说到底就是所有能够运用职业实践能力分解、分析具体工作任务的抓手、方法。

　　那么，如何才能将源自行业企业的职业能力标准转化为课程培养的具体目标与内容呢？这就需要借鉴艺友制中指导者和学习者在"教学做合一"实践过程中进行相互学习交流与探讨的平等协商方式，在校企合作中学校教育专家和企业岗位专家进行交流与探讨，最终在理论与操作上达成共识，拟订出细致的对应性培训目标与内容。课程体系主要由以下3部分组成：一是与专业相对接的职业能力标准；二是体现学生学力水平的认知规律；三是兼顾学徒职业生涯发展的创新型知识和技术。将这些典型工作任务及工作项目转化成学习课程具体内涵的方式有直接转换、组合转换、提炼转换3种。所谓"直接转换"即直接按照教师（师傅）所教（示范）的方法，在实践中做出身体力行的反应；所谓"组合转换"指的是师徒之间、学徒之间、教师与师傅之间经过实践碰撞，汇合成兼顾多元的学习内涵；所谓"提炼转换"指的是现代学徒制教育相关方对于那些散见于各类行业专业的方法内涵，经过凝练和行业专业结合，做出统一的指向性行业专业规范的学习内涵标准。这3种转换与组成课程体系的3个部分相对应，体现了现代学徒制学习达成的3种思维路径。因此，要使现代学徒制专业课程体系的构建既科学有效又易于操作，就需要邀请行业企业的相关专家（如管理人员、企业师傅），以及学校教育的专家（如课程专家、专业骨干教师）等共同参与标准制订与人才培养目标的交流会，让这些行业企业专家、学校教育专家充分表达对课程体系构建的认识，努力使学校教育专家的知识技能分割和企业专家的岗位需求实际相结合，坚持以现代学徒职业实践能力标准为教育逻辑的起点和核心，将专业技术技能课程从工作领域的典型工作任务转化为学习领域的教学做合一的课程，侧重学徒岗位能力的岗位培训课程，在确定专业课程门类后，由这些专家们共同通过表格法将每一门课程与岗位典型工作任务、工作项目、工作任务、职业能力及职业素养等几个栏目有机对接，使课程与典型工作任务形成鲜明的对应关系，从而实现课程内容与职业能力标准的有机对接。

　　要完成行业目标、内容的对接和转换，还需要协同现代学徒制教育各方参与行业标准建设的过程。根据一致同意的原理要求，标准的制订必须建立在全体协商一致基础之上，以使相关各方最大限度地通过相互协作来推动标准的建设工作。根据最优化的原理，由于标准化活动涉及的系统非常复杂和庞大，因此校企双方采取的标准化方案也必须是最优化，这就更要求我们在现代学徒制专业教学标准建设过程中，要特别注重调研的广泛性、代表性，注重多主体参与协商，注重科学方法的运用。因为广泛的调研是标准建设的基础。标准建设不能仅是一所职业院校与一家行业企业之间的合作，也不能仅仅体现这种单打独斗的格式，至少必须调查一定区域内或者一个省开设同一专业职业院校的标准情况，兼顾同一行业或者相关联的行业企业的目标要求，以使制订的标准具有代表性。同样，共同协商则是标准质量的根本保证。无论是项目组内部的多主体之间的密切沟通、协同合作，还是开展标准建设时在思想、路径、方法等方面的一致性，都需要建基于关联方代表、校企专家的共同参与和协商。在标准制订的具体操作层面，由于是一个最优化方案的制订过程，我们还需要注意标准建设和运用的科学性，将定量分析与定性分析相结合。例如，学校可以建立基于杭州市乃至浙江省人才需求环境，在供需调研环节综合运用文献研究、问卷调查、访谈座谈、统计分析、个案分析等多种方法，使标准建设更为完整具体、更为切合社会实际、更具信度和效度。

总之，借鉴艺友制的课程开发、阶段实践、目标内涵，可以为职业院校开展现代学徒制教育提供指向性、过程性和目标性、标准性的借鉴。

二、借鉴艺友制分期分层分内容教学实践，有序落实教学目标、建构制度体系

据前述，在运用艺友制培训幼稚园教师的实践中，陶行知先生和其学生在制订学习目标、内容任务时，采取了分期、分内容、分层次的教学实践体系，明确各阶段艺友的具体学习内容与目标。这种按阶段、分层次、定内容的程序编码式教学体系，对于现代学徒制教育创新型技术技能人才培养过

程中如何落实具体目标,提供了整体实施程序编设的系统借鉴。

　　"知识论"告诉我们,现代学徒制实践探索的价值本源、影响职业教育人才培养的关键要素是产业及其构成产业的主体——人,尤其是共同锻造合格人才的教师、师傅和学生(学徒)。因此,我们在关注知识特征的同时,还需要关注学徒和企业专家,并从根本层面回答"培养什么样的人"以及"如何培养人"等问题。"知识特征"指的是各类知识所具有的专业属性及其组织方式,在现代学徒制教育实践三大产业中体现着职业人才应有的价值。这"三大产业"指的是现代制造业、现代服务业和文化创意业。知识特征在这些产业的一线从业人员中具有鲜明的体现。例如现代制造业,一线的从业人员所要使用的知识主要包括 8 个方面:①技术原理;②工艺技术;③软硬件使用;④操作技艺;⑤生产情境;⑥判断决策;⑦职业伦理规范;⑧相关岗位基本知识。这 8 个方面的知识还紧紧围绕"思考与设计—实施与运用—核实与决策"的工作过程,呈现现代学徒制建设特殊的组织方式。再如现代服务业,一线的从业人员所使用的知识主要包括 9 个类别:①服务理论类;②区域性服务类;③软硬件操作与工单使用类;④操作技能类;⑤判断决策类;⑥工作情境类;⑦相关岗位类;⑧行业知识类;⑨职业伦理规范类。9 类知识中又包括若干不同类型的具体内容。这些知识内容的学习转换,不仅围绕"需求识别—方案设计—方案执行—执行结果的判断与决策"的工作过程展开,还体现着各个阶段学习操作的不同组织方式。又如文化创意产业,一线的从业人员应该使用到至少 10 个方面的知识:①创意理论知识;②个性化创意知识;③软硬件使用知识;④操作技能知识;⑤判断决策知识;⑥工作情境知识;⑦相关岗位基本知识;⑧行业知识;⑨职业伦理规范知识;⑩素材库知识。这 10 个方面的知识呈现又是紧紧围绕"创意需求分析—创意设计—创意实现—创意检验"这一工作过程,体现着文化创意产业不同阶段、不同层次的不同要求,属于按阶段层次定学习知识内容的特殊组织方式。

　　这三大产业相关的知识,相应的都有其形成的提升机制。例如,创意理论类、服务类和技术原理类知识的形成,是与现象、经验等密切联系的;软硬件与工单使用类知识的形成,则属于操作性和认知性知识共变的结果;而操作技能或技艺类知识的形成,则是"具身认知"的积累过程;工作情境类知识的形成,是企业员工"组织社会化"过程的体验蓄积;关键性判断决策类知识的形成,属于非良构问题解决的思维过程;职员职业伦理规范类的知识的形成,反映了社会与工作场所规范两者互动的过程;相关岗位的基本知识,是积累于长期的学校理论教育、岗位群职业培训与企业情境学习;行业知识,形成于内生与外生知识的互动;储存于胸的素材库知识,是来源于学习个性编码与长时记忆增长;至于那些特殊的个性化创意的知识,则是个体、环境与文化多因素作用过程的结果;在操作中具有扩张性的工艺技术知识的形成,是经验体系的默会传递及理论体系的编码扩散集聚与升华;宏观的区域性服务知识的形成,则是对地方相关知识"双边缘"综合获取的反哺过程。

这些知识的形成机制,反映了现代学徒制在培育创新型合格人才所需知识的过程中,具有以下几大教育价值:一是能为学习者提供不同类型知识的学习情境,二是有利于促进知识深层次意义的建构,三是促进了知识从学校到工作场所、从工作场所到工作场所及从工作场所到学校的循环迁移,四是有利于促进学习者知识的创新,五是为知识之间联系提供了培养的环境与要素,六是促使学习者知识在不同时期的迭代与更新,七是能大大激发学习者的学习兴趣、提升学习者的元认知与非认知技能。这些教育价值,对于目前我国现代学徒制试点工作中解决诸如"终身育人价值""社区、社会作为育人主体""更高层面质量标准""工作任务中典型性及部分知识教学""行业特色""实施专业的遴选""师傅的资格遴选与教学方法"等方面存在的缺失现象和有待解决的遮蔽现代学徒制育人价值的问题,是有着切实的借鉴作用的。同时,这些价值还有利于我们充分运用宏观的区域性服务知识,结合研究与地方相关的"双边缘"信息,通过综合分析总结出能够对地方进行反哺甚至吸引地方参与现代学徒制建设的路径方法。例如培养现代产业的一线技术技能人才,可以与地方相关方按阶段构建培养专业人才的标准体系与实施计划,即既要改进未来现代学徒制服务于个体"经验生长"的育人理念,与地方共同搭建多主体、共协作的育人机制；也要在专业标准建设领域实施关键控制和管理均权的模式，使之体现"多元主体参与""多种情境过渡""双身份多导师""工学交替运作""周期灵活设计""教学评结构化"等专业内容标准的教学特点，鼓励和引导基于区域行业特点的培养模式的改进；更要注重基于岗位情境的职业核心素养培养，通过多元阶梯式的设计在不同阶段彰显现代学徒制教育的"终身性"特征等。这不仅是现代学徒制教育不同阶段的不同实践，更反映了分阶段按层次开展现代学徒培养的模式方法。[①]

三、借鉴艺友制教学做场所合一，建设工学一体学习空间和教学平台

艺友制最初是陶行知在晓庄中心幼稚园和中心小学开始实践的，中心学校既是当年开展儿童教育的场所，也是教师培训的场所。它是陶行知"教学做合一"方法论在师范教育的实践校场。陶行知认为，教师的生活是一种艺术生活，教师的职务也是一种手艺，既然是"手艺"，就应当亲自动手去实践，那样的人才是教学做合一的真教师。反之，那些只会高谈阔论、妄自尊大的人，就不能算是真教师。为培养那些具有"手艺"的"真教师"，他鼓励学校里凡是具有一技之长的老师都应本着"共学共教共做"的原则积极招收艺友，解决乡村师资紧缺的困难。根据做中学、做中教的艺友制教育方法，陶行知在教育实践中提出了"中心校"的概念，认为"中心学校有了办法，再办师范学校"，师范学校要运用中心学校的精神及方法去培养师资。这里的"中心校"既是教师教学的场所，也是学生学习知识的场所，还是艺友学习教学方法的实训场所，是一个真正体现陶行知"教学做合一"思想的教学空间和平台。以此可见，陶行知是将教学实训场所置于教师培养的重要地位的，借鉴在"中心校"里开展教、学、做的方法，现代学徒制职业人才培养可以采

---

① 李政：《职业教育现代学徒制的价值研究》，华东师范大学硕士论文，2019年。

用"教学—实践—教学—实践"的循环教学模式,通过校企合作、工学结合,充分整合校内外资源,将理论与实践对接,以实现"共教、共学、共做"。此外,现代学徒制还应重视校外实训基地建设,通过校企联合培养,调动企业参与人才培养的积极性。

例如,根据陶行知社会即学校原则,可以通过"请进来""走出去"的途径创新现代学徒制合作实训基地的模式。教育来源于生活,整个社会都是教育的场所。杭科院电子商务技术专业在现代学徒制实践探索中,采用"请进来"与"走出去"相结合的模式,建构起健康发展的现代学徒制教育的空间和平台。所谓"请进来",即专门在学校创业园设立电子商务技术专业现代学徒制实训基地,引入相关的专业设备、软件,通过双师教育和引导,让学生(学徒)进行"实战模拟"和及时了解对应企业的现况和最新发展战略。在这一环节中,该专业邀请电子商务企业专业人员走进课堂。为对应专业的学生(学徒)分享其丰富实战经验和方法是其中最为重要的组成部分,涉及双主体及多元学习和多方认同合作的问题。同样,这也牵涉到另一个方式——走出去。在现代学徒制的教学模式中,将现代学徒制的企业发展成为学校的校外实训基地,既是双主体多元素合作的一条有效路径,也是校企合作、共同发展过程中协力培养合格的现代学徒的重要方法。受训学生可以在企业岗位上积累操作的技巧和工作的经验,弥补课本知识学习存在的不足,又可以了解自己所拥有的长处、优势与喜好,从而找到适合自己发展的专业方向,为踏上工作岗位后更早地适应企业,得到真实的工作环境的良好体验甚至是良好的就业基础。

在"请进来""走出去"的校企合作中,学校可以借此更加深化职业教育的教学改革,不断提高现代学徒的人才培养质量。在现代学徒培养过程中,校企双方既要将传统的学徒制和现代的职业教育相融合,注重在实际生产过程中以口传手授的形式传授实践技能,也要在这个生产过程中借鉴艺友制教学做合一树立学生(学徒)应有的职业精神、职业道德,为我国社会发展培养合格的职业人才。

第四节　诠释现代学徒制技能
人才培养的教育内涵

职业教育人才培养具有鲜明的双重特色：一方面，职业教育作为教育的类型，不能忽视人才培养的高质量，特别是人才的可持续发展能力是人才培养的重要指标；另一方面，职业教育需体现鲜明的职业性特色，职业能力的培养是职业教育人才培养必不可缺的因素。这"鲜明的双重特色规格"要求现代学徒制人才培养的模式必须统筹兼顾学生的职业能力与可持续发展能力的培育，以实现目标设置上的双标准。陶行知"亦师亦友""亦生亦徒""现学现用""即学即评"的艺友制教育模式，能为现代学徒制教育落实双标提供借鉴。

一、借鉴艺友制即时层级评价，促进职业能力及专业素质的持续提升

在艺友制实践中，在设置固定学习时段及学习标准、学习内容后，艺友制中担任"师"者一方的艺友要根据要求，每天及时引导、指导艺友学习参与和实践体会，更重要的是还要对充当"学"者一方的艺友及时进行评价引导，使其能够即时纠错，快速达标，尽快成长。这种以即时评价为重要体现形式的高效学习举措，可为现代学徒制教育实践提供人才能力提升和持续发展的借鉴。

教学质量是学校发展的生命线，是教育成长的永恒主题。职业教育随着社会的需要和国家的战略，教育规模不断扩大，教育投入逐年增加，其教学质量问题也备受学校、企业、社会和国家的全面关注。因此，在现代学徒

制教育探索中,质量是现代学徒制的核心,而构建一个基于现代学徒制的教学质量内部监控体系,也成为解决现代学徒制试点过程中各类问题的根源性举措,因为质量线就是生命线。同时,多元参与也是现代学徒制的重要特征之一。企业作为教学质量监控的用人主体,学生作为教学质量监控的参与主体,与学校一起成为教学质量监控的多元主体,及时显示着现代学徒培养质量的所有要素。这种基于现代学徒制人才培养教学质量内部监控体系,是一个循环改进的闭环系统。它由双主体互动的目标系统、过程系统、评价系统、反馈系统等构成一组闭环,在校企协同组织系统、制度系统的运行保障下,最终推动教学质量内部监控闭环体系有效循环运行。这种闭环监控,实际上是现代学徒制教育提升教学质量的即时评价,有利于校企合作过程中问题的解决和学习实效的提增。

校企合作的现代学徒制,是基于企业本位和岗位工作进行学习的职业教育制度,集合了学历职业教育和在职职业培训共存的教学优点。虽然现代学徒制具有某些传统学徒制的特征,但在教学主体和传授知识方面是存在很大区别的,而且,现代学徒制与校企合作之间也存在着联系但又相互区别,可以说现代学徒制是一种包含在校企合作中的实践模式,而校企合作则是现代学徒制教育的重要方式。正因为此,现代学徒制在我国发展不足的关键原因是企业缺乏参与动力,要改变这一状况只有通过增加利益驱动以吸引更多企业积极参与现代学徒制教育实践。这也是促进现代学徒制发展的根本办法。而增加企业利益驱动不能单纯依靠教育部门,它更应该是由政府主持设置整体规划和采取相应的政策举措。

但对于现代学徒制教育的两个主体来讲,工学结合仍然是一种将学习与工作相结合的有效教育模式,是推进校企合作构建现代学徒制教育的主要途径。工学结合的形式可以是多种多样的,有一年分为两个学习单位的,也有一年分为三个学期的,或一个星期几天学习几天工作的,甚至每天半天学习半天工作的。无论哪种方式,都具有工作与学习交替进行的特征,使学生在校期间不仅学习而且工作。这里的工作不是模拟的工作,而是与普通职业人员一致的有报酬的工作。只有这种真正的工学一体，才能吸引学生（学徒）真正融入社会中进行有效锻炼。因此，作为由企业和学校共同推进的现代学徒制育人模式，既然其教育的对象既是学生，也可以算是企业员工，那么现代学徒的学便是岗位技术技能的提升，他们一部分时间在企业生产，一部分时间又在学校学习，也可以从企业领取相应的工资。但这种模式在推广过程中需要企业和学校专门制订相应的人事政策支持才能进行运作。

如此，校企合作双方既要有长期的发展合作规划，也要有即时评价的监控考核机制，进一步完善协同育人的机制，吸引更多的社会资源投入到创新型人才培养之中。这不仅是职业院校创新人才培养机制的重要方式，也是提高人才培养质量的有效途径，更是推进人才适应社会企业发展的技能需求。当前现代学徒制教育推进滞缓，既是政府在职业教育产教融合、校企合作中主导职能不强、行业指导能力薄弱所致，也是企业主体作用缺失或学校育人机制不完善直接导致的，反映了在教育界改革与产业界需求之间还缺少支持产教融合的顶层设计与运行机制。校企双方协作拟订即时评价的方式，有利于校企双方及时解决合作中遇到的一些困难，确保校企合作现代学徒制实践的推进。

二、借鉴艺友制边学边做边教教学内涵，契合社会持续发展创新需要

艺友制的教学内涵是比较丰富的，而构成这些丰富内涵的知识、经验和方法、能力，许多源自艺友间的交流互学及每阶段学习、教学过程中的心得与创新，再将这些新形成的知识与方法作为教学内涵渗透于接下来的教学做之中。这种边学习、边交流、边探索、边创造、边凝聚的教学做合一活动与途径，为现代学徒制教育不断完善、丰富和创新教学内涵，提供了更多的教学路径与操作抓手。

前面已经说到,作为企业与职业院校紧密合作的"双主体"职业人才培养教育模式,现代学徒制让职业院校的学生较早地进入企业真实的工作实践中学习操作,并在实践操作中获得为了发展所需的专业技能、知识和综合职业能力。这种工学一体的学习形式,与艺友制采取的边学、边做、边教、边提增知识内涵的学习模式,有异曲同工之处。校企、生企之间通过签订学徒工作的相关协议,建立起了围绕生、师、校、企之间学、培、育、工的教学培养关系和雇佣实践目标,这不仅能够明确利益攸关方各自应该承担的责任和义务,也促使学生(学徒)能够以正式、系统的方式,在学校和企业之间交替进行学习。学习是按期、按标准进行的,当学生完成每个学习期任务、达成每个学习期目标后,均可以在通过不同学习期的考核要求后获得相应的成绩及从业认可。当然,"以德育人"要求我们在每个学习期对学生(学徒)进行持之以恒、切实有效的职业教育,增强学徒的职业认同感和职业道德品质,这些都是现代学徒制所要求的教学特点。我们可以在一些新的领域探索采用这些职业教育教学模式,诸如采用"订单培养"方式和建立大师工作室等,尝试创新现代学徒的培养方法。

随着 20 世纪末世界范围内掀起的这场现代学徒制重返现代国家法制管理范畴的潮流,现代学徒制成为许多国家,尤其是发达国家的人力资源开发战略的重要组成部分。综观那些现代学徒制建设发展较好的国家,作为人力资源开发战略重要组成部分的现代学徒制,在人力资源管理体制建设方面还是具有一些优势的:(1)有利于建立全国和地方统一协调的法律规章体系,诸如《中华人民共和国职业教育法》《中华人民共和国劳动法》和其他相关经济法律、法规等,能为职业院校和企业合作开展人才培养提供制度保障和法规依据;(2)设立的行会、学徒中心等专门机构,或其他相关的公共机构,都能够承担学徒教育的组织管理和协调工作;(3)利益的相关者,诸如政府部门、企业、职业院校和职教机构等,都能够深入参与到职业教育的对话协商和标准建设、专业实践之中,形成行之有效的协调机制;(4)既有政府部门组织开发的全国统一的专业教学标准,又让各职教机构在课程实施过程中享有相对自主权,从而满足了不同企业的个性化要求,也得到了行业和社会的认可,适合社会的持续发展。

经济学中"技能形成理论"告诉我们,从国家整体技能竞争力形成角度来说,技能形成应有 3 种模式,即"国家主义"模式、"市场主义"模式和"集体主义"模式。现代学徒制则应该属于典型的集体主义技能形成模式——校企双元合作模式,校企分工明确、相互协调,将理论知识教学和实践技能培训相结合。此外,现代学徒制能够较好地协调教育体系和就业体系的关系,从而大大降低了年轻人从学校到工作岗位迁移时所遇到的"门槛"阻力,也由此大大降低了青年失业率,提高了企业特别是中小企业对优秀人才的吸引力。当制造业等实体经济具有强大竞争力时,职业教育和技术技能型人才自然也就有较高的社会地位,同时也就吸引了各类职业人才参与并适应社会企业的持续发展。[①]

三、借鉴艺友制应时应世顺势实践,培养精细化分工需要的个性化人才

艺友制脱胎于师徒制,但又不完全同于传统的徒弟制,其是对传统的徒弟制的一种改造,它是一种新的教育方式。陶行知先生首创的艺友制出现于 20 世纪二三十年代,既是教育救国的实践所需,又是他生活教育的理论诠释,"教学做是一件事不是三件事。我们要在做上教,在做上学。在做上教的是先生,在做上学的是学生。从先生对学生的关系说,做便是教;从学生对先生的关系说,做便是学,先生拿做来教,乃是真教;学生拿做来学,方是实学。不在做上用功夫,教固不成教,学也不成为学。"[②]因此,艺友制的学习内容也并非只有技术而无学识的,它不同于传统的徒弟制,艺友必须是既知

---

① 赵志群:《建设现代学徒制的必要性与实现路径》,《人民论坛》2020 年第 9 期,第 59—61 页。
② 方明:《陶行知全集》第 2 卷,四川教育出版社 2005 年版,第 10—11 页。

其然也知其所以然。导师和艺友要事事采用研究的态度,以教学做合一作为艺友制的根本方法。在教学做合一的情况下,教学双方的关系是:艺友是徒弟又是师傅,是学生又是先生。教学实施的方法是:事情怎样做便怎样学,怎样学便怎样教,教的法子要根据学的法子,学的法子要根据做的法子。如此,艺友制的教学既具有应时而作的时代特征,更具有应世而为的社会需求,其培养的人应该是能适应时代发展和社会需求的具有个性化特征的应用性与创新性相结合的人才。艺友制的这种应时应世所需培养合适人才的教育特征,为今天不断发展、分工精细的社会经济提供了培养个性化人才的操作切入口。

随着科学技术的长足进步,社会经济的持续发展,当经济走向共同体的同时,其局部地区和经济内部的精细化分工越来越突出,社会对人才需求的细分也越来越趋于个性化、岗位化,并对这些人才的个性特长提出了更高的要求。原先整齐划一的教学内容和方式、目标已经不能符合现代经济发展需求。现代学徒制借鉴艺友制应时应世教学方式,使职业院校的办学主体由一元走向了双元甚至多元,人才的培养呈现出了明显的"跨界"或"精细"特点,教学活动既涉及多个利益相关方,也考虑到众多能影响教学质量的错综复杂的因素,以对应社会经济发展的持续性和精细化特点。要达成适应时代和社会发展培育因应性人才这一目标,我们可以参照瑞士职业教育制度,因为它是一个典型的应时应世式培养职业人才的成功方式。

研究发现,瑞士职业教育的质量和发展水平在世界各国现代学徒制教育中是比较高的,拥有完整和融通特点的职业教育体系,个体、家庭和企业对职业教育的价值认同感较高,个体层面和机构层面在职业教育中的参与情况也比较好。究其原因,一是瑞士具有重视职业教育的历史传统,早在18世纪末,瑞士就开始出现了一些专门培养专业技术劳动者的学校。到19世纪下半叶,在瑞士工业化全面推进过程中,许多地方都开办了职业学校。瑞士全社会对职业教育具有非常务实的认识,有助于为社会经济发展培育细分的人才,即社会普遍具有的职业认知是一个健全的人必须有一个好的工作,而学校则是帮助人获得好工作的一种手段或途径。同时,并非接受学校教育的层次越高,才能使个人的成就越高。瑞士人对教育特别是职业教育和行业质量规范重要性的认知以及整个国家对于提高劳动者素质的强烈意识,让其立法、经费等方面对职业教育具有诸多的倾斜。这样的认知基础,为职业教育的发展提供了厚实的先决条件,不仅对从事职业教育的人特别尊重,而且工商企业、行政机构与个体劳动者等,都愿意出资进行职业培训的,促进了职业教育的后继有人和兴旺发达。尤为突出的一点是,瑞士畅通的职业教育升级渠道和终身职业教育体制,使在职业学校中就读和在企业做学徒的学生(学徒)长期拥有不断学习和进修的机会,让其具有了应时应世拓展知识、完善自我的机会。通过参加更高等的职业教育和为成人举办的各种正式和非正式的职业继续教育,学生可以获得"联邦职业技能证书(CFC)""职业会考毕业文凭(MP)"及"专业文凭""技师文凭""联邦文凭"等,从而获得从事某种职业、直接升入高等专业学校接受高等职业教育、参加高等专业考试(师傅考试)成为师傅等的资格。这些更新知识和技能、获得新资格的职业继续培训和高级专业考试以及面向失业人员的再就业培训等的教育体制,使职业教育培育的人才具有较为明显的适应性和个体特征。

分期、按时、定内容的实践性职业教育模式,既有利于学生接触各种实际的工作,学习到各种技能,也能够使学生毕业进入工作岗位后,很快就能适应工作角色。当然,政府、企业、各种行业与职业协会以及工会各司其职,形成相对独立的运作体制,促进了职业教育与社会经济的同步发展和职业教育的稳步发展。联邦政府的公共经济部职业教育司是主管职业教育与培训的部门,负责制定相关的法律、法规和政策,提供必要的经费支持,组织或参与制订职业技能资格培训的标准并组织职业资格考试,制订职业教育教学计划并监督学校的教学等。在州政府一级设有职教处,负责监督本州的职业教育具体事务,如职业培训资格证书考试、学生与企业签订的职业培训合同及实施、提供经费支持等。企业则负责提供职业培训场所、设施和学徒岗位,提供培训经费并向学徒支付一定的酬金。而参与试点的行业协会则负责向政府提出修订职业培训及考证的标准、内容、条例等建议，并在政府委托下组织实施本行业的职业培训、提供本行业的职业培训教材和方法，协调组织职业资格考试和技能考核考试……因此，应时应世的人才培养模式对现代学徒制教育培育合适精细化经济分工及社会持续发展的创新应用性性人才具有较为明显的借鉴价值。

四、借鉴艺友制因应时代危情教育，培养现代社会亟需的创新型技术技能人才

艺友制和现代学徒制都是一定的社会实践活动在某个特定历史时期的产物，其间有共通交融的内涵特征，在诸多维度体现着教育发展过程中历史沿袭的发展规律和超越时空的现实碰撞。

作为 20 世纪的产物，艺友制不可避免带有历史和时代的局限性。例如，陶行知创导的艺友制主要是培养适应于当时落后的中国农村的乡村教育师资，其实践范围仅局限于农村小学和幼稚园。虽然陶行知曾说过艺友制也可以应用到其他任何行业，但实际运用的不多。因此，无论从范围性、行业性、专业性、活动性来讲，艺友制都相对比较单一。这一时代局限，与我们今天现代学徒制所处的时代具有的开放性、发展性和创新性相比，完全不可同日而语。因此，我们学习陶行知先生的艺友制教育思想，不能机械地照搬照抄其教育理论和经验，而是要积极探索和挖掘其思想内涵中前瞻性的理论精髓和创造性的实践成果，借以指导现代学徒制实践，为培养高素质技术技能人才以适应经济社会发展需要。但是，艺友制是 20 世纪显著有效的本土探索教育改革的优秀文化成果，其应用于时代需要的危情式教育实践，对于今天中国为实现民族复兴大业培育优秀人才而开展的职业教育而言，依然具有重要的借鉴价值，可以借此探索中华民族优秀传统文化的创造性再生和创新性发展的教育方法，同时也可以尝试探寻一条具有中国特色的职业教育和现代学徒制人才培养模式新路。尤其是面对发达国家对我们进行的

核心技术封锁(例如关键芯片的禁售),我们更应该培育致力于创新研究和操作的高科技专业技术人才,以打破发达国家对我国核心产业发展的制约,促进我国经济的持续高效发展。应时而作,也成为我们借鉴艺友制实践现代学徒制的又一使命。

1.应时代所需:借鉴艺友制为现代学徒制教育提供适切目标

现代学徒制作为企业与职业院校紧密结合的"双元"育人的职业教育人才培养模式,与 20 世纪陶行知先生实践艺友制一样,其建立和发展不仅是职业教育发展之所需,也是社会经济发展之所求。校企共建现代学徒制,对深化产教融合和校企合作,加强职业教育办学机制建设,提升职业教育人才培养质量和促进就业,具有十分重要的意义。现代学徒制不仅是一个职业教育制度,也是一个集职业教育、企业培训实践、劳动与就业政策于一体的综合社会治理制度设计,它在产生教育成本的同时也为学校、学生、企业和社会带来一定的经济收益和社会效益,它能够对劳动力市场的需求做出快速的反映,并有效地调节职业教育体系和劳动就业体系的关系,使之成为一条经济有效、实用性和针对性强的人才培养途径。建立和发展现代学徒制,不仅是职业教育发展的需要,也是社会发展和经济细分提升发展的要求。

为促进产教融合、校企合作,一方面要有国家层面的相关制度设计,确定"学徒"的法律地位和参与学徒培训企业的权益,建立跨部门的学徒管理机构,并发挥行业组织的积极作用;另一方面作为现代学徒制探索的职业院校和参与企业,也要有明确的人才培养方案和教学目标,有既定的教学大纲和教材,有完整的课程设计,有翔实的教学内容,有科学的教学标准和评价体系,以保证现代职业教育的科学性、专业性和规范性。建立和发展现代学徒制,实现产学研协同创新,使企业、学校、研究机构以资源共享、优势互补为基础,以合作研发、利益共享、责任和风险共担为原则,组成利益共同体,共同开展科技创新、推进成果转化。这可以有效地促进行业、企业参与职业教育人才培养的全过程,从而提高我国技术技能人才培养的质量、效率和针对性。

但是,在实践中现代学徒制还是遇到了很多困难。在宏观层面,国家还没有建立运行有效的企业参与职业教育的促进机制和校企合作制度,地方政府和行业组织也缺乏相应的管理机制;在中观层面,校企合作实践缺乏专业的服务机构及相应的经费支持;在微观层面,学校缺乏管理手段和实践经验,学生到企业实践缺乏相应的组织管理制度和指导人员,效果难以保证。社会发展和技术进步对职业人才提出了新的更高要求,特别是要具备分析和解决复杂问题的综合素养和能力。单纯的校园教育教学很难从根本上消除职业教育脱离企业实际的"顽疾",培养的学生仍然不能完全满足企业的需求。要想解决这些问题,必须从更高层面对产教融合和校企合作进行制度化的顶层设计。

从国家层面出发,党和政府高度重视产学研合作及其协同创新。2012年党的十八大报告提出,"实施创新驱动发展战略。……要坚持走中国特色自主创新道路,以全球视野谋划和推动创新,提高原始创新、集成创新和引进消化吸收再创新能力,更加注重协同创新"。2013年,党的十八届三中全会文件要求,"深化科技体制改革。建立健全鼓励原始创新、集成创新、引进消化吸收再创新的体制机制,……建立产学研协同创新机制"。教育部于2014年开始进行现代学徒制的试点工作,推动职业院校招生与企业招工相衔接,通过"双重主体"育人方式,引导职业院校与企业共同开发课程和开展人才培养工作。2015年,党的十八届五中全会文件提出,"深化科技体制改革,引导构建产业技术创新联盟,推动跨领域跨行业协同创新,促进科技与经济深度融合"。人力资源和社会保障部联合财政部启动了全国的"企业新型学徒制"试点工作,即基于企业的现代学徒制。2016年《国民经济和社会发展第十三个五年规划纲要》要求,"明确各类创新主体功能定位,构建政产学研用一体的创新网络"。2017年1月《国家教育事业发展"十三五"规划》提出,"推动高校面向国家重大需求多学科交叉融合、校所企协同创新","健全产学研协同创新机制,支持高校与行业企业、科研院所联合建设创新中心和创新平台，组建产业技术创新战略联盟"。《中共中央、国务院关于开展质量提升行动的指导意见》把推广现代学徒制和企业新型学徒制作为质量教育的重要组成部分，并将其纳入全民教育体系中。根据习近平总书记在2018年全国教育大会上关于推进产学研协同创新、积极投身实施创新驱动发展战略的重要讲话精神，党中央、国务院发布的《中国教育现代化2035》进一步要求，探索构建产学研用深度融合的网络化、全链条、开放式协同创新联盟。2019年党的十九届四中全会审议通过的《中共中央关于坚持和完善中国特色社会主义制度、推进国家治理体系和治理能力现代化若干重大问题的决定》，重申党的十九大报告提出的关于"建立以企业为主体、市场为导向、产学研深度融合的技术创新体系"的总体目标，并把它作为"完善科技创新体制机制"的关键环节等。这一系列的政策举措说明我国现代学徒制模式下产学研协同创新、深度融合的总体思路已基本成形，相关政策导向也日益清晰，这对新时代我国企业、高校、科研院所的协同创新，开创合作共赢新局面，提出了新的更高要求，意义非常重大。

作为参与方的学校、企业、地方政府及学生（学徒），也要构建产学结合、工学结合、扶引结合的现代学徒制合作机制，消除各种协作过程中的障碍。例如，完善职业院校的教学设施、设备建设，按照学习理论，在职业实践共同体内部设计出合理的行动方案，通过完成具有范式意义的"发展性任务"，培养学生的综合实践能力，消除技术性障碍。又如不同行业领域的企业在参与学徒培养过程中，可以更好地发挥学校与企业双方的资源优势，通过利益共享和成本分担实现共赢。有些大型企业通过与职业院校合作，能够推广公司的技术和产品，提高企业的声望和社会价值。一些中小型企业在参与现代学徒制建设中，不但可以减少企业员工的招聘费用和新员工岗位训练成本，还能够为企业留住部分人才。对于一些特殊行业，如物流、能源和电子设备制造企业等，学徒工还可以临时弥补特殊生产时期特殊工种的大量空缺，解决企业的燃眉之急，并以此提高企业参与职业教育的积极性。一些技能大师则通过辅导学徒，相互间可以分享自己的知识和经验，不但能实现技能和工匠精神的传承,也能为树立崇尚技能和尊重技能型人才的社会风尚做出扎实的贡献。再如对学生(学徒)来说,参与学徒制培养还可以满足学习者多方面和个性化发展的需求。现代学徒制能给学生(学徒)提供学校教育之外的另一种学习选择和操作体验,这些体验对于那些拥有很多抽象思维能力的学生来讲,能够提高他们的学习兴趣和实践感知,明确人生的发展目标,更好地发挥个人特长。这种尝试对那些家庭经济比较困难的学生来说,也能获得一些企业学徒期间的培训津贴。① 这样的协调一致,有利于合作各方积极参与现代学徒制教育尝试。②

2. 顺时代之变:借鉴艺友制为现代学徒制教育创新理论价值

艺友制的探索,无论是理论思想还是教育实践都是具有创新价值的。在理论上,艺友制是陶行知教学做合一教育理论在培养农村急需幼稚园教师的新方法、新思想;在实践上,艺友制是陶行知推行平民教育过程中的一个重要组成部分。借鉴艺友制的思想内涵和实践成果,可以为探索实施现代学徒制教育提供创新的理论依据和操作路径的借鉴。

经过多年的试点工作,我国现代学徒制试点工作取得了一定的成效,教育部的试点项目大多通过了专家验收。但现代学徒制的推广和发展仍然存在着许多困难和问题,如校企合作缺乏相应的制度保障,没有相应的协调管理机制和机构,国家层面的顶层设计也尚未完全形成。"招工即招生"的实施过程与企业实际和劳动用工政策存在着诸多矛盾,企业员工直接招生也会遇到考生户籍和招生计划等方面的诸多问题。社会上也缺乏协调校企合作的合法中介机构和机制,一些不良人力资源公司"倒卖"学徒资源又会给学生和学校的利益造成损害。按照学徒成长规律,学生一入学就应在企业进行学习实践,并同步在学校学习相应的专业理论知识。但是,目前职业院

---

① 赵志群:《建设现代学徒制的必要性与实现路径》,《人民论坛》2020年第9期,第59—61页。
② 张力:《从产学研协同创新到深度融合的趋势分析》,《中国教育报》2020年4月16日,第6版。

校通常的做法是要求学生首先在学校进行系统的文化课和专业基础课学习,然后才会安排到企业进行专业课学习和岗位实践培训。如果按企业要求修改课程计划恐怕也是行不通的。因为,一方面是教育管理部门不会同意,而学校也缺乏相关的组织管理经验;另一方面教师教学能力和实践经验的欠缺,大大制约了针对实际工作任务的教学水平,使课程教学内容与企业实际需求相差较大,再加上学校教学设备设施和实训岗位的不足,也严重影响了教学实施的质量。本应作为人才培养主体的企业,对现代学徒制的参与积极性较低,很多企业对高素质技术技能人才的培养也没有足够的重视。有的企业过于重视学徒实习过程中岗位操作技能训练,相对忽视了"教育性"内涵的体现;一些学生(学徒)由于自身的岗位适应能力和自我调节能力较弱,在企业学徒期间常常会遇到很多困难和问题,这也降低了企业对学徒培训的满意度;个别目光短视的企业甚至"滥用"学徒制机会,"以工代学"将学生视为廉价劳动力,给现代学徒制推广造成了不良影响。由于工业文化和学徒文化在我国相对不够发达,技术技能型人才的经济地位和社会地位都不高,现代学徒制也较难得到广大家长的认可和支持,家长们更愿意让孩子在大学校园感受"校园文化"而不是到企业感受"企业文化"和"员工文化"。

面对以上这些问题,我们需要应时代之变,创新现代学徒制度建立和发展的理念、机制和操作路径。第一,国家需要对相关行业部门采取协调统一的法律法规管理体系,明确规定具有"准员工"和"学生"双重法律地位的"学徒"身份,并通过签订学生、学校和企业三方协议,保障企业的权益和义务,保障学徒的受教育权和劳动保护权益,确保满足标准要求的学徒能够获得国家认可的职业资格(等级)证书,并给予合格学员进入高一级别的学校继续深造的机会。第二,国家需要建立跨越传统的教育管理部门和人力资源管理部门的专门机构,实现职能的优化和整合,建立各方认可和参与的协调和实施机制,使学徒制可以真正成为一种国家治理制度,能对学校与企业的多种合作形式(如并行的双元制,分阶段教学和非正式学习等)进行规范化管理,在政策上应当向社会弱势青年和特殊群体倾斜,而不仅仅停留在"试点项目"层次。第三,成立企业自我管理的组织——行业协会,对企业开展的职业教育工作进行直接监督和管理,如确定参与本行业现代学徒实践的产教融合性企业,监督学徒和职业资格(等级)考试,协调、指导和服务校企双方参与学徒制探索实践。第四,鼓励企业积极参与现代学徒制建设,并给予贷款、税收等方面的优惠政策,使其认识到学徒培训的社会价值和经济价值,保证学徒在企业岗位学习、工作的时间和企业培训投入与产出效益之间的平衡效益。让学生从低年级开始就到企业进行识岗和跟岗学习,有利于其在为企业创造经济效益的同时建立和发展自己的职业意识。第五,要建立企业指导师傅任职资格和管理制度,规定带徒师傅的工作经历、学历水平、技能和职称级别以及绩效评价,并与津贴待遇、福利保障等劳动安全因素相结合。第六,要加强现代学徒制相关基础理论和创新战略的研究,包括职业分类、职业发展、职业标准和职业学习规律的研究,使现代学徒制专业的设置既能满足劳动市场的结构要求,又能保持专业设置的相对稳定。①

3.寄时代厚望:借鉴艺友制为现代学徒制教育培养复合型师资

艺友制教人求真的育人凤愿与现代学徒制构建高素质的复合型师资队伍的育人目标,境异愿同。

在20世纪二三十年代,陶行知先生提出"千教万教,教人求真"。"真人"是指具有完美人格与高超本领的人,即既有为追求真理而献身的精神品格,又有清晰判断是非的独立思维,还有智仁勇献身社会的健康身体。总之,"真人"指的是那些全面发展的人,培育这些"真人"就是要培育能够担负社会时代需要的能人。

进入21世纪后,培育创新型人才已成为职业院校的主要任务,将工学交替和校企合作进一步深化,将专业教学与职业指导相结合,既有利于教师了解行业的发展形势和工作岗位对人才的需求,也有利于行业专家、兼职专业

---

① 赵志群:《建设现代学徒制的必要性与实现路径》,《人民论坛》2020年第9期,第59—61页。

群的指导教师参与到专业人才培养方案的制订和指导过程中，成为专业教学团队的重要组成部分。借鉴艺友制契合时代需要，可以为我国社会经济发展培养适合于现代学徒制实践的创新型职业教育师资提供一些标准和路径。我们可以利用行业专家工作经验，将最新的行业动态、实践经验和典型实例引入课堂，以有利于学生和教师的实践操作能力提升和职业素养的培养，逐渐建设成为一支由专业带头人、骨干教师、双师型教师、行企专家共同组成的专兼结合的教学团队，增强教师与师傅的深度协作，为培养具有开拓性、创造性、服务性等基本素质的创新型人才提供师资。这些师资，需要拥有多元化的人生价值目标、多维度的创造思维和想象力、综合化的学科知识、鲜明化的个性品质，能在具体的工作岗位上整合、开发互联网信息化技术，以此开创一个持续的科学技术发展和经济结构发展的新局面，为社会稳定发展，实现中国梦和中华民族伟大复兴做出创造性贡献。

艺友制远去了，离开那灾难深重中乡村教育的改革之火已有百年之距；艺友制新生了，那辟开黑暗的职业教育之光，对今天职业院校实施现代学徒制仍作"亮鉴"，对我们开展现代学徒制教育实践仍具启示作用。因此，艺友制穿越了时空，为我国现代职业教育培养高素质技术技能人才做出了应有的贡献，使中华优秀传统文化在新时代得到了创造性转化和创新性发展。

参考文献

[1] 方明.陶行知全集(1—12册)[M].成都:四川教育出版社,2005.

[2] 章开沅,唐文权.平凡的神圣——陶行知[M].武汉:湖北教育出版社,1992.

[3] 周洪宇.陶行知生活教育导读[M].福州:福建教育出版社,2013.

[4] 周洪宇.陶行知画传[M].济南:山东教育出版社,2011.

[5] 周洪宇.开拓与创建——陶行知与中国现代文化[M].济南:山东教育出版社,2010.

[6] 周洪宇.陶行知教育名篇精选[M].福州:福建教育出版社,2013.

[7] 童富勇,胡国枢.陶行知传[M].北京:教育科学出版社,1991.

[8] 储朝晖.多维视野中的生活教育[M].合肥:安徽教育出版社,2011.

[9] 储朝晖.多维陶行知[M].北京:北京大学出版社,2016.

[10] 曹常仁.陶行知师范教育思想的现代价值[M].合肥:安徽教育出版社,2011.

[11] 谭斌.文化冲突视野下的陶行知[M].合肥:安徽教育出版社,2011.

[12] 孙铭勋,戴自俺.晓庄幼稚教育[M].上海:上海儿童书局,1934.

[13] 孙铭勋,戴自俺.幼稚园的生活进程[M].上海:上海儿童书局,1934.

[14] 陈鹤琴,张宗麟.幼稚教育论文集[M].上海:上海儿童书局,1934.

[15] 张宗麟.幼稚园的社会[M].北京:海豚出版社修订版,2012.

[16] 张宗麟.幼稚园的演变史[M].北京:海豚出版社修订版,2012.

[17] 张晓东,吴文华.民国时期职业教育研究[M].郑州:郑州大学出版社,2015.

［18］丁水娟.陶行知职业教育思想及其当代价值［M］.杭州：浙江工商大学出版社，2018.

［19］浙江省湘湖师范学校.浙江省湘湖师范学校校史［M］.杭州：浙江教育出版社，1998.

［20］姜大源.职业教育学研究新论［M］.北京：教育科学出版社，2007.

［21］赵志群，海尔伯特·罗什.职业教育行动导向的教学［M］.北京：清华大学出版社，2016.

［22］石伟平.中国教育改革 40 年：职业教育［M］.北京：科学出版社，2019.

［23］徐国庆，李政.职业教育国家专业教学标准开发［M］.上海：华东师范大学出版社，2018.

［24］周建松.高等职业教育内涵发展综论［M］.杭州：浙江工商大学出版社，2018.

［25］关晶.职业教育现代学徒制的比较与借鉴［M］.长沙：湖南师范大学出版社，2016.

［26］赵鹏飞.现代学徒制"广东模式"的研究与实践［M］.广州：广东高等教育出版社，2015.

［27］谭福河，阚雅玲，门洪亮.现代学徒制框架下零售店长培养模式研究与实践［M］.广州：广东高等教育出版社，2016.

［28］谭福河，阚雅玲，门洪亮，等.现代学徒制项目实施方法［M］.广州：广东高等教育出版社，2019.

［29］王金兰，陈玉琪.现代学徒制专业试点实践指导［M］.广州：广东高等教育出版社，2017.

［30］赵有生.职业院校现代学徒制育人模式的改革与实践［M］.北京：高等教育出版社，2019.

［31］欧盟委员会.欧洲现代学徒制［M］.孙玉直，译.北京：中国劳动社会保障出版社，2016.

［32］赵志群，陈俊兰.现代学徒制建设——现代职业教育制度的重要补充

[J].北京社会科学,2014(1):28—32.

[33] 赵志群.职业教育的工学结合与现代学徒制[J].职教论坛,2009(12):1.

[34] 赵志群.建设现代学徒制的必要性与实现路径[J].人民论坛,2020(3):
59—61.

[35] 关晶,石伟平.西方现代学徒制的特征及启示[J].职业技术教育,2011,
32(31):77—83.

[36] 徐峰,石伟平.瑞士现代学徒制的运行机制、发展趋势及经验启示[J].
职教论坛,2019(3):164—170.

[37] 徐国庆.我国职业教育现代学徒制构建中的关键问题[J].华东师范大
学学报(教育科学版),2017,35(1):30—38,117.

[38] 贾旭鑫,徐国庆.基于现代学徒制的"工匠精神"培养路径研究[J].职业
教育发展研究,2018(7):1—4.

[39] 陈旭,徐国庆.论现代学徒制开展下技术技能型人才培养的问题与对策
[J].机械职业教育,2017(3):41—45.

[40] 吴学峰,徐国庆.职业教育现代学徒制发展的路径选择——一个制度分
析的视角[J].江苏高教,2017(4):94—98.

[41] 申存宁,徐国庆.现代学徒制中师傅带徒能力培养策略研究[J].当代职
业教育,2018(4):85—89.

[42] 关晶.现代学徒制办学模式:内涵、现状和发展策略[J].职教论坛,2018
(6):31—36.

[43] 关晶.当前主要国家现代学徒制的制度分析[J].职教论坛,2016(16):
81—84.

[44] 马树超.发展职业教育,呼唤具有时代特征的新举措[J].中国职技术教
育,2014(21):18—22.

[45] 马树超,郭文富.高职教育深化产教融合的经验、问题与对策[J].中国
高教研究,2018(4):58—61.

[46] 多淑杰.德国现代学徒制演变及形成的制度基础[J].职业教育研究,

2017(2):71—74.

[47] 郭雪松,李胜祺.德国现代学徒制的制度建构与当代启示[J].中国职业
技术教育,2019(3):30—36.

[48] 赵鹏飞.现代学徒制人才培养的实践与认识[J].中国职业技术教育,
2014(21):150—154.

[49] 赵永胜.破解现代学徒制开展困境的新思考[J].成人教育,2019(4):
60—66.

[50] 王辉,李岷.我国现代学徒制政策研究及启示[J].中国职业技术教育,
2018(7):55—58.

[51] 张俊勇,张玉梅.英国现代学徒制的发展及其启示[J].职业技术教育:
2017(1):74—79.

[52] 查建中.关于"现代职业教育体系"讨论中若干名词术语的思辨[J].高
等工程教育研究,2014(6):6—11.

[53] 张忠伟等.基于"双线交织、三标融合、四阶递进"的高职现代学徒制的
人才培养模式研究与实践[J].吉林工程技术师范学院学报,2018(11):
81—84.

[54] 曾元源,胡海祥,白燕.现代学徒制教学过程的理论逻辑与设计[J].教
育评论,2018(3):19—23.

[55] 王扬南.把握质量核心突出双元主体扎实推进现代学徒制试点工作
[J].中国职业技术教育,2017(1):31—35.

[56] 王振洪,成军.现代学徒制:高技能人才培养新范式[J].中国高教研究,
2012(8):93—96.

[57] 杜启平,熊霞.高等职业教育实施现代学徒制的瓶颈与对策[J].高教探
索,2015(3):74—77.

[58] 高葵芬.高职院校实施现代学徒制存在的问题与解决对策——基于首
届职业院校现代学徒制教学交流研讨会的思考[J].河南科技学院学
报:2014(6):5—9.

[59] 崔允漷.课程实施的新取向:基于课程标准的教学[J].教育研究,2009(1):74—79,110.

[60] 杜怡萍,赵鹏飞,李海东,等.现代学徒制专业教学标准建设的实践探索[J].中国职业技术教育,2016(31):75—81.

[61] 郑玉清.国外现代学徒制成本分担机制探析——兼论现代学徒制企业的成本与收益[J].中国职业技术教育,2016(15):63—68.

[62] 丁水娟,许淑燕."艺友制"与现代学徒制的比较研究[J].中国职业技术教育,2019(4):87—91.

[63] 丁水娟,茅佳清.贾儒结合:陶行知职业教育思想的本土化特质探析[J].历史教学问题,2018(2):109—115.

[64] 程舒通,徐从富.我国现代学徒制之研究进展[J].成人教育,2019(3):53—58.

[65] 吴建设.高职教育推行现代学徒制亟待解决的五大难题[J].高等教育研究,2014,35(7):41—45.

[66] 郑鹏飞,散晓燕.基于现代学徒制的高职人才校内培养机制研究[J].宁波职业技术学院学报,2018,22(6):9—12.

[67] 陈晓勇,王谦.基于知识图谱的国内现代学徒制研究述评[J].宁波职业技术学院学报,2019,23(1):1—6.

[68] 汪锋.高职教育现代学徒制从试点到推广的桎梏与突破[J].职教论坛,2017(13):73—76.

[69] 柯昌林.我国职业教育现代学徒制构建:形式、障碍与路径[J].教育与职业,2018(9):31—36.

[70] 陈德泉.德国双元制职业教育的重新审视[J].中国高教研究,2016(2):92—96.

[71] 欧阳忠明,韩晶晶.雇主参与现代学徒制的利益与权力诉求——基于英国学徒制项目调查报告的分析[J].教育发展研究,2014,34(11):52—59.

[72] 胡秀锦."现代学徒制"人才培养模式研究[J].河北师范大学学报(教育科学版),2009,11(3):97—103.

[73] 杜广平.我国现代学徒制内涵解析和制度分析[J].中国职业技术教育,2014(30):88—91.

[74] 王琦.现代学徒制困境、案例与对策[J].中国职业技术教育,2017(33):95—99.

[75] 郑玉清.现代学徒制成本分担机制研究[J].职教论坛,2017(7):15—19.

[76] 田钊平,胡丹.新时代高职院校构建现代学徒制人才培养模式的制度创新研究[J].四川民族学院学报,2018,27(5):80—87.

[77] 贾文胜,潘建峰,梁宁森.高职院校现代学徒制构建的制度瓶颈及实践探索[J].华东师范大学学报(教育科学版),2017,35(1):47—53,119.

[78] 张启富.高职院校试行现代学徒:困境与实践策略[J].教育发展研究,2015,35(3):45—51.

[79] 黄蘋.德国现代学徒制的制度分析及启示[J].湖南师范大学教育科学学报,2016,15(3):121—125.

[80] 杨全利.德国师傅考试制度对现代学徒制企业师傅队伍建设的启示[J].中国职业技术教育,2017(12):64—68.

[81] 曾树华,黄银秀,石纪虎.我国实施现代学徒制困惑及对策研究[J].高等职业教育(天津职业大学学报),2016(4):35—38.

[82] 徐丽,张敏.从国内外学徒制的变迁看我国现代学徒制的发展[J].教育与职业,2015(4):9—12.

[83] 张攀.从"艺友制"到"现代学徒制"——陶行知艺友制教育思想对高职人才培养模式改革的启示[J].现代教学科学,2013(4):36—38.

[84] 杨黎明.关于现代学徒制(一)——什么是现代学徒制[J].职教论坛,2013(6):1.

[85] 杨黎明.关于现代学徒制(二)——英国的现代学徒制[J].职教论坛,

2013(9):1.

[86] 杨黎明.关于现代学徒制(三)——澳大利亚的现代学徒制[J].职教论坛,2013(12):1.

[87] 杨黎明.关于现代学徒制(四)——关于中国特色的现代学徒制[J].职教论坛,2013(15):1.

[88] 王书晖,谭福河.中国现代学徒制中的师徒关系:特征、困境与重构[J].高等职业教育探索,2019,18(3):33—40.

[89] 赫延春.现代学徒制中师徒关系制度化:变迁历程、影响因素及实现路径[J].中国职业技术教育,2018(31):38—43.

[90] 仇梦华,陈明昆,周玉婧.现代学徒制中师傅带徒弟激励机制研究[J].中国职业技术教育,2018(21):28—32.

[91] 陈沛酉.企业师傅参与现代学徒制的激励策略——基于期望—价值理论的分析[J].江苏教育,2017(68):20—23.

[92] 吕玉曼,徐国庆.现代学徒制中影响师傅带徒积极性的制约因素探析[J].职教论坛,2017(4):35—38.

[93] 黄文伟.企业充分参与现代学徒培养的制度设计研究[J].高教探索,2019(7):103—107.

[94] 黎娜.英国、澳大利亚职业资格考评实践及其对我国的启示[D].上海:华东师范大学,2005.

[95] 刘静慧.现代学徒制实践状况及对策研究[D].上海:上海师范大学,2016.

[96] 李苏.现代学徒制在高职院校中的应用研究[D].广州:广东技术师范学院,2016.

[97] 雷成良.职业教育现代学徒制人才培养模式研究[D].重庆:西南大学,2016.

[98] 陈小婷.英国、瑞士现代学徒制比较研究[D].兰州:西北师范大学,2016.

[99] 陈旭.现代学徒制中师徒关系的现状与问题研究——基于学生的视角[D].上海:华东师范大学,2017.

[100] 刘红.我国现代学徒制企业师傅带徒能力探究[D].上海:华东师范大学,2017.

[101] 贾文胜.我国高职院校现代学徒制运行机制研究[D].上海:华东师范大学,2018.

[102] 李政.职业教育现代学徒制的价值研究——知识论的视角[D].上海:华东师范大学,2019.

[103] 教育部职业教育与成人教育司.现代学徒制,国外什么样?[N].光明日报,2015-10-13.

[104] 张力.从产学研协同创新到深度融合的趋势分析[N].中国教育报,2020-04-16(6).

[105] 叶东,吴晓.中国式"现代学徒制"[N].中国产经新闻报,2013-11-21.

[106] 国务院.国务院关于加快发展现代职业教育的决定:国发〔2014〕19 号[A/OL].(2014-05-02)[2021-08-09].http://www.gov.cn/zhengce/content/2014-06/22/content_8901.htm.

[107] 人力资源社会保障部办公厅,财政部办公厅.人力资源社会保障部办公厅、财政部办公厅关于开展企业新型学徒制试点工作的通知:人社厅发〔2015〕127 号[A/OL].(2015-08-03)[2021-08-09].http://www.mohrss.gov.cn/zynljss/ZYNLJSSzhengcewenjian/201508/t20150803_216721.html.

[108] 国务院.国务院关于印发《中国制造 2025》的通知:国发〔2015〕28 号[A/OL].(2015-05-08)[2021-08-09].http://www.gov.cn/gongbao/content/2015/content_2873744.htm.

[109] 教育部办公厅.教育部办公厅关于公布首批现代学徒制试点单位的通知:教职成厅函〔2015〕29 号[A/OL].(2015-08-06)[2021-08-09].http://www.moe.gov.cn/srcsite/A07/moe_737/s3876_cxfz/201508/t20150817

_200588. html.

[110] 国务院办公厅.国务院办公厅关于深化产教融合的若干意见:国办发〔2017〕95 号〔A/OL〕.(2017-12-19)〔2021-08-09〕.http://www. gov. cn/zhengce/content/2017-12/19/content_5248564. htm.

[111] 教育部办公厅.教育部办公厅关于公布第二批现代学徒制试点和第一批试点年度检查结果的通知:教职成厅函〔2017〕35 号〔A/OL〕.(2017-08-25)〔2021-08-09〕.http://www. moe. gov. cn/srcsite/A07/moe_737/s3876_cxfz/201709/t20170911_314178. html.

[112] 教育部办公厅.教育部办公厅关于公布第三批现代学徒制试点单位的通知:教职成厅函〔2018〕41 号〔A/OL〕.(2018-08-02)〔2021-08-09〕.http://www. moe. gov. cn/srcsite/A07/moe_737/s3876_cxfz/201808/t20180810_344970. html.

[113] 教育部办公厅.教育部办公厅关于做好 2018 年度现代学徒制试点工作的通知:教职成厅函〔2018〕10 号〔A/OL〕.(2018-03-13)〔2021-08-09〕.http://www. moe. gov. cn/srcsite/A07/s7055/201803/t20180319_330486. html.

[114] 国务院.国务院关于印发国家职业教育改革实施方案的通知:国发〔2019〕4〔A/OL〕.(2019-02-13)〔2021-08-09〕.http://www. gov. cn/zhengce/content/2019-02/13/content_5365341. htm.

[115] 教育部等九部门.教育部等九部门关于印发《职业教育提质培优行动计划(2020—2023 年)》的通知:教职成厅函〔2020〕7 号〔A/OL〕.(2020-09-23)〔2021-08-09〕.http://www. moe. gov. cn/srcsite/A07/zcs_zhgg/202009/t20200929_492299. html.

后　记

　　2018年7月,"陶行知'艺友制'教育思想对现代学徒制的价值研究"课题项目有幸获2018年度教育部人文社会科学研究一般项目立项。自此,我和课题组其他成员进入了课题研究的实战阶段:在前期研究的基础上,我们查阅文献资料、参加学习培训、实地走访调研、组织研讨交流、总结实践经验、撰写论文著作等。经过三年的努力,我们终于完成了课题的最终研究成果——拙作《陶行知艺友制教育思想对现代学徒制的启示价值》。

　　现代学徒制作为职业教育的一种新模式,目前在我国还处于探索和试点阶段。我校(杭州科技职业技术学院)在2016年被列为浙江省现代学徒制试点单位,在2018年又成为教育部第三批现代学徒制试点单位。因此,课题组主要成员也是学校现代学徒制试点工作领导小组的成员和试点专业负责人,他们全程负责或参与学校现代学徒制试点工作。为进一步提高自己对现代学徒制的理论认识和实践理解,学习借鉴他人的成功经验,我作为课题负责人于2018年7月先后赴上海、广东参加了华东师范大学的现代职业教育项目培训和广东番禺职业技术学院的现代学徒制项目培训,汲取了许多有益的探索经验和实践方法,为本课题的研究和实践应用提供了指导和帮助。接着,通过从线上、线下收集有关陶行知艺友制、现代学徒制的文章和书籍,我获得了许多有助于研究的参考资料。难得的是,我在孔夫子旧书网上买到了1934年儿童书局出版的由陶行知主编,他的学生戴自俺、孙铭勋编著的《晓庄幼稚教育》《幼稚园的生活进程》等书籍的电子版图书。这些电子版图书为内文竖排的原书扫描件,为方便阅读,我对书中的主要内容进行了整理编辑和摘抄。通过对这些原始资料的阅读和研究,我进一步了解到当年陶行知及其学生在晓庄师范中心小学、幼稚园开展艺友制教育的许多实践案例。这些电子书为我深入研究陶行知艺友制教育思想提供了大量的第一手资料。

为了有效地完成课题研究,课题组成员先后走访调研了浙江耀华建设集团有限公司、浙江钜元建设集团有限公司、长安福特汽车股份有限公司、友成控股有限公司、格力电器(杭州)有限公司、杭州国际博览中心、完整家居(浙江)有限公司、上海统一星巴克咖啡有限公司、浙江罗森百货有限公司等现代学徒制试点企业,实地察看和了解学生(学徒)工作岗位和工作情况,与企业负责人、企业师傅、学生(学徒)、学校指导老师进行座谈交流。根据实地调研了解到的现代学徒制试点工作开展情况,结合试点专业现代学徒制人才培养目标及教育实施方案,课题组成员多次组织召开了课题研讨交流会和工作推进会,借鉴、运用陶行知艺友制教育思想的精髓,指导现代学徒制试点工作的开展,对工作中存在的问题和不足,提出改进的意见与建议。

2020年初,一场突如其来的新冠肺炎疫情袭击全国,打破了我们平静有序的日常生活。在居家"抗疫"的日子里,除了每天密切关注武汉及全国其他地方的"抗疫"情况,有时到所在小区值班或为当班保安烧饭送餐当个志愿者外,在两个多月的时间里,我和先生茅佳清(课题组主要成员之一)静静地待在家里收集、整理课题资料信息,撰写和修改部分书稿。碰到问题时,我们与课题组其他成员及时进行线上讨论交流。当疫情缓和、小区解封时,初稿已基本完成。这也算是疫情带给我的著述时间保障吧。

书稿能够顺利完成,要感谢的人很多。首先,感谢学校领导的大力支持和帮助。学校先后成为浙江省现代学徒制试点单位、教育部第三批现代学徒制试点单位,为课题研究提供了一个强大的平台支撑。学校党委书记谢列卫教授长年来对行知文化建设的高度重视和对陶行知教育思想的深度研究,为我的研究提供了许多全新的理念和实践探索的启示;学校原校长许淑燕教授对本课题研究的大力支持和热情指导帮助,是我一辈子记得的恩情,万分痛心的是她因病离开了这个世界……我们永远怀念她! 其次,非常感谢我的恩师——第十三届全国人民代表大会常务委员会委员、湖北省十二届人大常委会副主任、中国陶行知研究会原常务副会长、华中师范大学博士生导师周洪宇教授多年来对我的关心鼓励和指导帮助,每当我在课题研究中碰到困难和瓶颈,周老师总能在百忙之中及时给予指导和帮助,让我受益良多。老师就像一盏明灯,照亮和指引学生前行的道路和方向! 再次,感谢学校和试点专业老师为本课题研究提供了大量实践案例和教学管理资料。我要感谢课题组成员:学校党委副书记何树贵教授、教务处刘昀副处长、商务管理学院李悦教授、杭州师范大学丁贤勇教授、萧山区教研室茅佳清老师等。他们为本课题的研究付出了大量的时间和精力。正是因为课题组团队成员的通力合作、辛苦努力,才使本课题研究能够顺利进行,形成了一系列阶段性成果,并使我完成了书稿的编写。同时,要感谢浙江工商大学出版社领导和编辑的帮助与努力,最后促成了本书的出版和发行。

陶行知先生的教育思想博大精深、人格品德崇高伟大。毛泽东主席称他为"伟大的人民教育家",周恩来总理评价他为"一个无保留追随党的党外布尔什维克",宋庆龄先生誉之为"万世师表"。习近平总书记于2014年教师节前夕同北京师范大学师生代表座谈时,谈到"四有"好老师的标准,引用了陶行知先生的许多原话,他把陶行知的思想精神作为新时代好老师的标准。习近平总书记还在多个场合倡导陶行知"捧着一颗心来,不带半根草去"的高尚精神。陶行知教育思想蕴含着丰富的职业教育内涵,在大力发展职业教育的今天,我们如何把陶行知教育思想的精髓与当今职业教育人才培养模式改革有机结合起来,使其在新时代职业教育领域中进行创造性转化、创新性发展,是我们每一个职教人的责任和使命。拙作《陶行知艺友制教育思想对现代学徒制的启示价值》正是希望通过对艺友制与现代学徒制的分析比较和价值研究,为现代学徒制这一职业教育人才培养模式的探索与实践起到抛砖引玉的作用。由于本人的认知能力和理论水平有限，书中难免存在诸多缺陷和错误，敬请各位读者予以批评指正，尤其是那些值得商榷的观点，烦请各位读者能够不吝赐教。陶研路上、职教路上，我期望能够与您一路同行！

丁水娟

2021 年 7 月 20 日于杭州萧山湘湖边